**Zur Ästhetik
der Demokratie**

STIFTUNG BUNDESPRÄSIDENT-THEODOR-HEUSS-HAUS
WISSENSCHAFTLICHE REIHE 6

DEUTSCHE VERLAGS-ANSTALT · STUTTGART

Zur Ästhetik der Demokratie

FORMEN DER POLITISCHEN
SELBSTDARSTELLUNG

Herausgegeben von
Hans Vorländer

DEUTSCHE VERLAGS-ANSTALT · STUTTGART

Bildnachweis
American School of Classical Studies at Athens – Agora Excavations: S. 38, 43 (Quelle: John M. Camp: The Athenian Agora, London 1986, S. 98, fig. 73; Gorham Phillips Stevens: The Periclean Entrance Court of the Acropolis of Athens, in: Hesperia 5 (1936), S. 443-520, hier S. 494, fig. 44.)
Bundesarchiv: Rückseite, 4. Abb. v. o. (Paul von Hindenburg)
Deutsches Archäologisches Institut Athen: S. 40 (Foto: Goette, DAI-Neg.-Nr. 2001/708); Rückseite, 1. Abb.
Deutsches Archäologisches Institut Rom: S. 37; Rückseite, 1. Abb.
Monika Fielitz, Berlin: S. 166
Hirmer Fotoarchiv, München: S. 51
Kunsthistorisches Institut der Universität Bonn: S. 113, 115, 121, 122, 129, 131, 133, 135; Rückseite, 3. Abb. v. o.
Stefan Müller, Berlin: S. 160
Andreas Muhs, Berlin: S. 173
Photothèque des Musées de la Ville de Paris: S. 82 (r. u.)
Presse- und Informationsamt der Bundesregierung, Bundesbildstelle, Berlin: S. 162 (Foto: Andrea Bienert); Rückseite, 5., 6., 7. Abb. v. o. (Theodor Heuss, Skulptur »Berlin« von Eduardo Chillida – Foto: Andrea Bienert; Gerhard Schröder, Foto: Julia Faßbender)
Réunion des Musées Nationaux, Paris: S. 80, 82 (l. u.); Rückseite, 2. Abb. v. o.
Verwertungsgesellschaft Bild-Kunst, Bonn: S. 92 (r. u.)
Die Bildrechte konnten nicht in allen Fällen ermittelt werden.
Die Stiftung Bundespräsident-Theodor-Heuss-Haus ist ggf. bereit, Gebühren nachträglich zu begleichen.

Bibliographische Information der Deutschen Bibliothek
Die Deutsche Bibliothek verzeichnet diese Publikation
in der Deutschen Nationalbibliographie; detaillierte
bibliographische Daten sind im Internet über
http://dnb.ddb.de abrufbar.

© 2003 Deutsche Verlags-Anstalt GmbH, Stuttgart/München
Alle Rechte vorbehalten
Gesetzt aus der Stone
Reproduktionen: Die Repro GmbH, Tamm
Druck und Bindearbeit: Freiburger Graphische Betriebe, Freiburg
Printed in Germany
ISBN 3-421-05794-X

Inhalt

Vorwort 7

I. Einführung

HANS VORLÄNDER — Demokratie und Ästhetik. Zur Rehabilitierung eines problematischen Zusammenhangs 11

II. Historische Formensprache

TONIO HÖLSCHER — Symbolische Manifestationen in labilen Zeiten. Demokratie und Bildkunst im antiken Athen 29

EBERHARD STRAUB — Von der repraesentatio maiestatis zur nationalen Symbolik. Zur Formensprache von Hof, Reich und Nation 54

III. Die Selbstdarstellung der modernen Demokratie

DANIEL SCHULZ — Republikanismus und demokratische Ästhetik. Zur symbolischen Repräsentation der Republik in Frankreich 73

HANS MAIER — Politische Selbstdarstellung – ein deutsches Problem? 95

TILMANN BUDDENSIEG — Die Gewerkschaften als Bauherren. Vom Aufstieg des Proletariats zur künstlerischen Avantgarde in der Weimarer Republik 111

MICHAEL S. CULLEN	Ein fast lautloses Unternehmen. Der fünfte Reichstagswettbewerb 1960/61	139
HEINRICH WEFING	Das Ende der Bescheidenheit. Rollenspieler vor Staatskulisse: Anmerkungen zur Architektur des Berliner Kanzleramtes von Axel Schultes und Charlotte Frank	161

IV. Die Inszenierung von Politik in der Mediendemokratie

ULRICH SARCINELLI	Von der repräsentativen zur präsentativen Demokratie. Politische Stilbildung im Medienzeitalter	187
ANDREAS DÖRNER	Demokratie – Macht – Ästhetik. Zur Präsentation des Politischen in der Mediengesellschaft	200

Anmerkungen 225
Die Autoren des Bandes 248
Personenregister 249

Vorwort

Der vorliegende Band »Zur Ästhetik der Demokratie. Formen der politischen Selbstdarstellung« ist aus dem dritten Theodor-Heuss-Kolloquium hervorgegangen, das die Stiftung Bundespräsident-Theodor-Heuss-Haus vom 7. bis 9. Juni 2002 in Marbach am Neckar veranstaltet hat. Der Herausgeber dankt Vorstand und den Mitgliedern des Beirates der Stiftung, vor allem Hermann Rudolph, die das Projekt befürwortet und beratend begleitet haben. Dank zu sagen ist dem Direktor des Deutschen Literaturarchivs, Ulrich Ott, für die Gastfreundschaft in Marbach und dem Geschäftsführer der Stiftung Bundespräsident-Theodor-Heuss-Haus, Thomas Hertfelder, sowie seinem Team für die organisatorische Unterstützung. Frieder Günther hat sich der Redaktion der Beiträge mit großer Energie und Sorgfalt unterzogen. Ihm und Ulrich Volz, der dieses Buch verlegerisch betreut hat, gilt herzlicher Dank.

Im April 2003   Hans Vorländer

I.
Einführung

HANS VORLÄNDER

Demokratie und Ästhetik.
Zur Rehabilitierung eines problematischen Zusammenhangs

1. Kann es eine Ästhetik der Demokratie geben?

Von der Ästhetik der Demokratie zu sprechen, ist ungewöhnlich. Verstörend gar wirkt es, von einer genuin demokratischen Sinnlichkeit zu sprechen. Die Ästhetik hat, so scheint es, mit der Demokratie rein gar nichts zu tun: Das Schöne, Erhabene, Geschmackvolle ist nicht Sache der Demokratie. Leichter fällt es da schon, von der »unästhetischen Demokratie« zu sprechen: »Das politische Geschäft gilt auch und gerade in der Demokratie als unästhetisch.«[1] Aber dieser ästhetische Generalsoupçon gegenüber der Demokratie verdeckt zwei Gesichtspunkte. Zum einen verstellt er den Blick für die ästhetische Dimension des Politischen. Denn selbstverständlich ist auch die Politik in der Demokratie auf sinnliche Ausdrucksformen angewiesen. Nicht nur der Diskurs, nicht nur die rationale Satzung, nicht nur das rechtliche und institutionelle Gerüst der Politik, nicht nur der politische Kampf um Macht konstituiert das Politische – es sind immer auch die symbolischen und ästhetischen Formen, in denen Politik dargestellt und inszeniert wird und die einer politischen Ordnung Sinn und Bedeutung geben. Politik vollzieht sich in Bildern, in Ritualen, in Verkörperungen, in Räumen, in Rhetoriken. Die Demokratie unterscheidet sich hier prinzipiell nicht von anderen Formen und Arenen, in denen Politik gemacht wird. Es wäre zu kurz gegriffen, den Begriff der Ästhetik von vornherein, unzulässig einengend, auf jene Idee der Einheit von Schönheit, Güte und Sinnerfülltheit zu fokussieren, die schon Platon mit dem Begriff des Ästhetischen verband und die auch Schiller in seinem sechsten Brief über die ästhetische Erziehung im Sinn hatte, als er festhielt: »[...] und ewig bleibt der Staat seinen Bürgern fremd, weil ihn das Gefühl nirgends findet«.[2] Politik kann schön sein, sie muss es aber nicht. Es kann auch nicht von ihr erwartet werden.

Gleichwohl besitzt das Ästhetische für die Demokratie eine nicht zu unterschätzende Bedeutung. Es ist dies die Frage nach den genuin demokratischen Formen politischer Repräsentation. Gemeinhin findet ein politisches Gemeinwesen, ein Staat, seinen symbolischen Ausdruck in Wappen, Flaggen oder Hymnen, auch in Zeremonien, Feiern oder in der Architektur.[3] Doch ist es immer wieder als ein »merkwürdiges Manko« der Demokratie bezeichnet worden, dass diese, anders als andere, vor allem monarchisch-höfische und diktatorisch-tyrannische Regierungsformen »auf eine bündige ästhetische Repräsentation«[4] zu verzichten scheint. Die Demokratie, so ist der Eindruck, bringt keine geschlossene ästhetische Repräsentation hervor. Allerdings werden lebhafte, zum Teil leidenschaftliche Debatten ausgetragen, die immer wieder in Demokratien über den Zusammenhang von Politik und Ästhetik geführt werden – wie zuletzt in und um Berlin als dem symbolischen Mittelpunkt des wiedervereinigten Deutschland. Der Kampf um eine der Kapitale adäquate politisch-ästhetische Repräsentation wurde auf nahezu allen Feldern, von der Memorialkultur über die Stadtplanung bis zur Architektur geführt. Und selbstverständlich wurden die Entwürfe für den Reichstag, das Kanzleramt, das »Band des Bundes« zwischen Friedrichstraße und Spreebogen und die Rekonstruktionen von Reichsbank, Reichsluftfahrtministerium und Stadtschloss auf die Kompatibilität von ästhetischer Formensprache und demokratischer Repräsentativität befragt.[5] Die »Kuppel des Volkes«[6], Norman Fosters gläserne Konstruktion auf dem Reichstagsgebäude, konnte noch unisono als gelungene Form demokratischer Transparenzarchitektur gefeiert werden, während das neue Kanzleramt der Architekten Schultes und Frank von den einen als »monumentales Missverständnis« und »wagnerianische« Kathedrale exekutiver Macht kritisiert,[7] von den anderen als »Monument der Berliner Republik«[8] und als weltoffener und »heiterer Amtssitz unseres Staatswesens«[9] belobigt wurde. Auf jeden Fall aber schien das Kanzleramt jenes repräsentative Projekt darzustellen, das der Bonner Republik fehlte und nun den »neuen Willen zur Staatsästhetik«[10] verkörperte. Die Demokratie muss nicht unbedingt schön sein, aber Geschmackssache ist ihre Formensprache sehr wohl.

Wenn die Demokratie auch kein bündiges Konzept ihrer ästhetischen Repräsentation zu haben scheint, so hat die Demokratie keineswegs immer auf ihre ästhetische Repräsentation verzichtet. Was für die Bonner Nachkriegsrepublik gelten mochte, dass sie sich nämlich einer Formaskese unterzog, die gerade jene monumentalästhetischen Repräsentationen des Nationalsozialismus zu konterkarieren und gleichzeitig ihren transitorischen Charakter als nationalstaatliches Provisorium abzubilden suchte, gilt keineswegs für alle modernen Demokratien. Die bewusst an klassische Repräsentationsformen der griechischen und römischen Antike anknüpfende Selbstdarstellung der amerikanischen Republik, der ältesten modernen Demokratie, belegt dies eindrücklich. Vom *Capitol Hill*, dem Sitz des amerikanischen Kongresses, dessen Kuppelbau Modell für andere Parlamentsgebäude stand, über das zwischen Tempelbau und aristokratischem Landsitz changierende *White House* bis zur *Mall* mit *Lincoln Memorial* und Vietnamkrieg-Gedenktafel zieht sich ein Band demokratischer Repräsentationsarchitektur. Dass auch Rhetoriken, Gedenktage, Feiern und Zeremonien, auch die Zurschaustellung von Unabhängigkeitserklärung und Verfassung in einem Schrein, eine spezifisch amerikanische Ästhetik politischer Selbstdarstellung abbilden, muss nicht besonders betont werden.

Was für die moderne Demokratie gilt, gilt auch für die antike Demokratie, die athenische Demokratie des fünften und vierten Jahrhunderts vor unserer Zeitrechnung. Diese bediente sich zwar teilweise einer aristokratischen Formensprache der Selbstdarstellung. Zugleich aber errichtete die Demokratie eine neue Topographie des öffentlichen Raumes – von den Ehrendenkmälern für die Begründer und Retter der Demokratie über die Neueinrichtung der Pnyx, dem Hügel, auf dem die Volksversammlung tagte, bis hin zu Stelen, die unter anderem *Demokratia* als Göttin zeigen, die einen bärtigen Mann, den *Demos* darstellend, bekränzt. Demos und Demokratia wurden personifiziert und in religiösen Kulten verehrt. Die Demokratie wurde zum Motiv der allegorischen Bildersprache, eine genuin demokratische Formensprache war teilweise gefunden – sie zeigte sich etwa in der dialogisch-kommunikativen Gestaltung des Ortes der Volksversammlung – und der öffentliche Raum von Bildern und Erzählungen der athenischen Demokratie imprägniert worden.[11]

2. Totalitarismus und Ästhetik

Jede Diskussion um das Verhältnis von Ästhetik und Politik steht im Schatten von Nationalsozialismus und Faschismus, von Kommunismus und Sozialismus. Es war Walter Benjamin, der gerade in der »Ästhetisierung der Politik«[12] ein wesentliches Herrschaftsmittel des Faschismus gesehen hatte, das genau darin bestand, die Legitimationsfrage durch politische Inszenierungsformen des schönen Scheins zu überspielen. Walter Grasskamp hat, daran anknüpfend, zu Recht festgestellt, dass die Verknüpfung von Politik und Ästhetik nur deshalb zu »den speziellen Themen des 20. Jahrhunderts« werden konnte, weil »die beiden großen Tyranneien, Nationalsozialismus und Kommunismus, den Künsten eine so herausragende Bedeutung bei der Durchsetzung und Festigung ihrer Machtansprüche beigemessen haben. [...] Es läßt sich nicht leugnen, daß beim Einsatz der Künste für die Tyrannei Pracht entwickelt wurde, auch solche, die ästhetisch stimmig war, und daß diese Pracht verfing, gerade dann, wenn sie Kitsch war.«[13]

Aber die Ästhetisierung der Politik beschränkte sich nicht alleine auf die Indienstnahme der Kunst. Faschismus und Nationalsozialismus machten die ästhetische Inszenierung von Parteitagen, Aufmärschen, Fackelzügen, Nationalgeschichten, Symbolen und Mythen zu einem konstitutiven Element ihrer Politik der Massenbewegung. Gerade das sinnlich-berauschende Erlebnis von – direkter oder medial-mediatisierter – Teilhabe an der Inszenierung formte die Masse erst zu einer Gemeinschaft Gleichgesinnter und dadurch zu einer politischen Bewegung. Der Marsch auf Rom durch Mussolini gehört genauso zu diesen Stilmitteln totalitärer Ästhetisierung des Politischen wie die Lichtdome auf dem Nürnberger Reichsparteitag und der Auftritt des Führers in der Pose des Messias vor der ihm ergebenen Menschenmenge. Dass sich diese Formen ästhetischer Inszenierung religiöser Zeichen- und Bildersprachen bedienten, ist früh schon von Theodor Heuss in seiner Schrift über »Hitlers Weg« bemerkt und als »profane Liturgik«, die das »Pseudo-Kultische« inszeniert, auf den Begriff gebracht worden.[14] In der Tat kann mit Eric Voegelin und George Mosse von Formen einer »politischen Religion« oder einer »säkularisierten Theologie und ihrer Liturgie« gesprochen werden.[15] Totalitäre Herrschaft und Führerkult wurden als Ordnungen des Numinosen, des Heiligen, inszeniert, um Massen affektuell zu binden und Gefolgschaft zu erzeugen.

Unter dem Eindruck der totalitären Diktaturen hat jeder Befund des Ästhetischen in der Politik eine negative Konnotation erfahren. Jede Rehabilitierung dieses Zusammenhangs wird sich des strategischen und instrumentellen Gebrauchs ästhetischer Stilmittel zu Herrschaftslegitimierung und Regimestabilisierung bewusst bleiben müssen. Die ideologiekritische Aufdeckung des bösen Scheins ist und bleibt Aufgabe einer Wissenschaft des Politischen, die mehr als nur demütige Dienerin der herrschenden politischen Verhältnisse sein will. Gleichwohl lassen sich die Zusammenhänge von Politik und Ästhetik nicht auf ihre strategischen und »verschleiernden« Gebrauchsweisen reduzieren. Zum einen besitzt Politik, also auch demokratische Politik, stets eine ästhetische Dimension. Zum anderen kann es als eine »peinliche Schwäche« der Demokratie angesehen werden, dass sie der »Pracht der Tyrannis so gut wie nichts entgegenzustellen weiß«.[16] Der erste Gesichtspunkt betrifft die Frage nach der konstitutiven Funktion des Ästhetischen für das Politische, der zweite Aspekt stellt die Frage nach den genuin demokratischen Formen ästhetischer Selbstdarstellung.

3. Funktion und Bedeutung politischer Ästhetik

Die Rehabilitierung des Zusammenhangs von Ästhetik und Politik hat zunächst einmal die konstitutive von der expressiven Seite zu unterscheiden. Gesellschaftliche und politische Wirklichkeit wird über symbolische und ästhetische Mechanismen nicht nur vermittelt, sondern auch erzeugt. Eine jede Gesellschaft lebt in Sinnbezügen, die als solche nur über Sprache, Handeln und Erleben erfahrbar werden. Symbol- und Zeichensprachen erzeugen einen sozialen Raum, ein »Bezugsgewebe«[17], der individuellem wie politischem Handeln Sinn, Bedeutung und Orientierung verleiht. Das sinnliche Erleben von Farben, Hymnen, Liedern, Rhetoriken, Umzügen, Inszenierungen, Diskussionen, Wahlen usw. konstituiert den Raum des Politischen ebenso wie der Kampf um die Macht die Politik prägt. Sprache ist dabei ein, vielleicht der bedeutendste »Hermeneut aller Sinne«[18], aber auch sprach-lose Formen der Bedeutungserzeugung und der Sichtbarmachung von Sinnstrukturen wie Symbole (Flaggen, Münzen), Rituale (Wahlen) und Mythen, aber eben auch die Architektur, können in ihrer sinnlich-ikonischen Verdichtung jene Orientierung und Identität stiftende Leistungen erbringen, die für die Einheitsbegründung politischer Gemeinwesen wesentlich sind. Wie die gesellschaftliche, so wird auch die politische Wirklichkeit über eine ästhetische Dimension vermittelt.[19]

Hinzu tritt die expressive Seite des Ästhetischen. Politische Ordnungen sind für die Aufrechterhaltung und die Durchsetzung ihrer Geltungsansprüche auf symbolische und ästhetische Formen der Eigendarstellung angewiesen. Im Prinzip greift eine jede politische Ordnung, unabhängig von ihrer jeweiligen Regierungsform, auf Formen der politischen Inszenierung zurück – wobei auch nicht von vornherein auf einen strategischen oder manipulatorischen Gebrauch solcher Inszenierungen geschlossen werden muss. Sie sind zunächst einmal Ausdrucksweisen politischer Kultur und Verkörperungen »politischer Sinnlichkeit«. Den Unterschied machen immer die Kontexte, in denen diese Ästhetisierungen des Politischen ihre praktische Institutionalisierung finden und aus denen sie ihre Bedeutungsaufladung erfahren. Ein Aufmarsch in der Diktatur bedeutet eben etwas anderes als ein Protestzug in der Demokratie. Ein und dasselbe Gebäude bedeutet nicht das Gleiche. Die Differentsetzung im Identischen ergibt sich durch den Kontext, die Gebrauchsweise und die Zuschreibung von Bedeutung. Ein und dasselbe Gebäude kann in der Diktatur dem Reichsluftfahrtministerium und in der Demokratie dem Finanzministerium dienen und von Nutzer und Betrachter eine gänzlich andere Bedeutungszuschreibung erhalten, ohne dass sich die äußere Hülle verändert hätte. Alkibiades konnte sich als Olympiasieger inszenieren, Bill Clinton als Saxophonspieler. Die Absicht war die gleiche: Steigerung des politischen Charismas durch Schaffung einer Aura in politikfremder Arena. Die ästhetische Inszenierungsform war unterschiedlich, aber dennoch war eine jede für sich Ausdruck der Wert- und Sinnstrukturen ihrer jeweiligen Gesellschaft: Athens Demokratie schätzte den Triumphator, Amerikas Gesellschaft das Sexsymbol. Beide Gesten versprachen politischen Profit – wenn auch nur für kurze Zeit.[20]

Bei solchen ästhetischen Inszenierungen des Politischen kann es sich um die Darstellung des Besonderen und des Außeralltäglichen handeln, das für den Bestand politischer Ordnungen wesentlich ist. Feiern und Zeremonien, Jahrestage und Staatsakte gehören zu diesen symbolischen Momenten der Eigenstabilisierung, in denen die politische Ordnung dem alltäglichen Geschäft enthoben wird und in der Sakralisierung von Gründung und Geschichte ihre Geltung zu behaupten sucht. Dabei spielt die ästhetische Gestaltung einer solchen Symbolisierung mitunter eine entscheidende Rolle. Symbolisierungshandlungen können gelingen, weil sie würdig und angemessen inszeniert werden. Sie können aber auch scheitern, weil sie kitschig und überzogen sind.

Ästhetische Inszenierungen des Politischen stehen im politischen Raum natürlich auch in einem engen Zusammenhang mit dem Erwerb und der Erhaltung von Macht. Sie können Macht sichtbar machen, in Szene setzen, sie können aber auch Macht verdecken, unsichtbar machen.[21] Der große Auftritt, sei es des Königs am Hofe oder des Kanzlers im Fernsehen, sind sichtbare Inszenierungen von Macht. Sie sind machtvolle Verkörperungen von Herrschaft, ganz so wie Königspaläste oder Kanzlerämter Symbolisierungen des politischen Zentrums in architektonischer Form darstellen. Die Inszenierung von Politik als »Krönungsmesse« ist nicht nur monarchischen Regierungsformen eigen.[22] In der Mediendemokratie lassen sich so auch demokratische Politiker auf das Podest der Kanzlerkandidatur heben.[23] Und Palastarchitektur ist ein unübersehbares Zeichen für Machtansprüche, wie ein (post)modernes Kanzleramt als »Kathedrale der Kanzlerdemokratie« die Kulisse für die mediale Inszenierung von demokratisch legitimierter Macht ist.[24]

Politische Ästhetik bedient sich indes nicht nur pathetischer Formen, sie kommt auch in alltäglichen Erscheinungsweisen daher und beeinflusst unmerklich, aber nachhaltig die Wahrnehmungen des Politischen. Das fängt an bei der architektonischen Gestaltung öffentlicher Räume, umfasst die mediale Präsentation von Politik und Politikern und findet schließlich ihren Ausdruck in vielen scheinbar unpolitischen Sphären wie der populären Unterhaltungsindustrie, in Spielfilmen, Quizsendungen oder *Late Night Shows*. So wie politische Kommunikation immer auch auf ästhetische Vermittlungsformen angewiesen ist, so sind Ästhetiken des Alltags nicht ohne Bedeutung für die Wahrnehmung und Sinngebung des Politischen. Die Frage indes ist, ob es hier einen spezifisch demokratischen Aspekt des Zusammenhangs von Politik und Ästhetik gibt.

4. Formen demokratischer Selbstdarstellung

Was soll in der Demokratie repräsentiert werden? Haben demokratische Staatsformen eine genuin demokratische Bilder- und Formensprache entwickelt, die die demokratische Ordnung und die damit verbundenen Vorstellungen guter Politik sinnfällig machen können? Oder ist die Selbstdarstellung von Demokratie und demokratischer Politik auf vordemokratische, feudale und imperiale Darstellungsmittel verwiesen? Gilt für die Demokratie etwa, was Ernst-Wolfgang Böckenförde als die Paradoxie des säkularen Staates identifiziert hat:[25] Lebt die Demokratie symbolisch und ästhetisch von Voraussetzungen, die sie selbst weder zu garantieren noch zu generieren vermag? Ist die Demokratie zur Selbstdarstellung auf jene traditionellen und charismatischen Restbestände vordemokratischer Symboliken und Zeichensprachen verwiesen – oder hat sie eine eigene Formensprache entwickelt?

Die Demokratie kennt keinen verbindlichen Formenkanon. Sie übernimmt Formen- und Bildersprachen, die sie vorfindet, die sie aus der historisch-politischen Tradition der jeweiligen Kultur übernimmt und anpasst. Das war in Athen nicht anders als in den USA nach der Unabhängigkeit oder in Frankreich nach der Revolution. Die Demokratie schreibt sich in die ästhetischen Bestände vordemokratischer Symboliken und Zeichensprachen ein. Genauso wenig, wie es reine Formen der Demokratie gibt, gibt es reine Formen demokratischer Ästhetik. Demokratische Ästhetiken sind immer Mischästhetiken. Dass Demokratien auch nie autoritativ über ihre Formensprachen befinden können, liegt letztlich in der Natur der Demokratie selbst. Allein die Grenzziehungen zwischen öffentlichen und privaten Bereichen, zwischen den unterschiedlichen gesellschaftlichen Teilsystemen, zwischen Politik, Wirtschaft und Kunst lassen einen etatistischen Durchgriff auf verbindliche Formen- und Bildersprachen, auch die Indienstnahme der autonomen Künste, nicht zu. Die Demokratie lebt von der Pluralität ihrer Eigeninszenierung. Sie kann nicht über ihr ästhetisches Repertoire autoritativ verfügen. Darin unterscheidet sich die Demokratie in ihrer symbolischen Selbstdarstellung von anderen, vor allem von den totalitär-diktatorischen Regierungsformen.

Die deutsche Geschichte stellt einen besonders interessanten Fall dar, hat sie doch im 20. Jahrhundert den Wechsel von der monarchischen über die demokratische, die diktatorische bis zu einer wiedererrichteten demokratischen Ordnung durchlaufen. Die Weimarer Republik suchte die bewusste Ablösung von einer monarchischen Ikonographie und die Begründung einer demokratischen Zeichen- und Formensprache. Sie richtete das Amt eines »Reichskunstwarts« ein, das Edwin Redslob bekleidete. Mit ihm war die Hoffnung verbunden, dass die junge Republik durch eine bildliche und bauliche Formgebung auch »die Volksfantasie ergreifen« könne, ganz so »wie die Kirchen im Mittelalter und die Bauten der Fürsten im 18. Jahrhundert«[26]. Redslob suchte der deutschen Demokratie »im Geistigen einen neuen Ausdruck zu schaffen«. Er dachte unter anderem an die Neugestaltung von Marken, Scheinen, Dokumenten, Formularen und Druckschriften. Reichsinnenminister Erich Koch-Weser wies unter Mitwirkung des Reichskunstwarts an, »alle Bilder zu entfernen, deren Verbleib als Widerspruch gegen die verfassungsmäßige Staatsform« anzusehen sei. Standbilder, Hoheitszeichen, Embleme und Inschriften der Monarchie waren zu entfernen. Die Zeitschrift »Das Plakat« formulierte 1920 die Hoffnungen, die sich mit dem Amt des Reichskunstwarts verbunden hatten:

> »Er soll mit eisernen Besen die leer gewordenen Sinnbilder einer abgelaufenen Zeitspanne wegkehren. Er soll uns befreien von der ausdruckslosen Germania auf der Briefmarke, deren Brustpanzer einem Schützengrabenvolk nicht mehr gefällt; er soll das klassische Gesindel der Merkure und Herkulesse, der Adler und Eulen, an dem wir uns übersatt gesehen haben, heimschicken und dazu helfen, daß unsere Banknoten, Münzen, Sigel und Stempel schlichter, bescheidener und deutscher werden; möge er auch Ziffern und Buchstaben, Schilder und Buden, Wände und Räume der Reichseisenbahnen und Reichsposten sachlich und schön formen lassen.«

Es war schon eine eigentümliche, wenngleich ehrenwerte Intention, die so ganz der deutschen Tradition entsprach, eine neue, demokratische Formgebung von oben, auf dem Wege der Administration, implementieren wollte. Die Revolution der Bilder und Formen, die Erfindung einer neuen demokratischen Ikonographie scheiterte – wenngleich es vielversprechende Ansätze gab.[27] Aber die Weimarer Republik blieb letztlich eine umkämpfte Republik. Und das galt auch für ihre Symbole. Das Schwarz-Rot-Gold der Flagge wurde vielerseits ignoriert; der Verfassungstag wurde, von wenigen Ausnahmen abgesehen, kaum angemessen gefeiert; und der Reichstag galt als Ort des Parteienzwists, aber nicht als das demokratische Zentrum der Republik.

Ähnlich, wenngleich sehr viel weniger ambitioniert, versuchte Theodor Heuss etwa dreißig Jahre später als Bundespräsident zumindest eine bescheidene Remedur der Staatssymbolik zu bewirken. Heuss, der im Übrigen mit Redslob über die gemeinsame Arbeit im Werkbund verbunden war, war der festen Auffassung, dass der »tiefe Einschnitt in unsere Volks- und Staatengeschichte einer neuen Staatssymbolik bedürftig« sei[28]. Heuss hatte schon die Einführung staatlicher Orden, wie beispielsweise des Bundesverdienstkreuzes, betrieben. Vor allem in der Hymnenfrage drängte er auf eine neue Symbolik. Die Weiterverwendung der Hymne von Hoffmann von Fallersleben, ursprünglich aus der deutschen Freiheitsbewegung stammend und vom ersten Reichspräsidenten der Weimarer Republik, Friedrich Ebert, 1922 zur offiziellen Nationalhymne erklärt, hatte Heuss abgelehnt, weil sie bei den Deutschen mit dem Pathos des Nationalsozialismus verbunden wurde, auch regelmäßig im Zusammenhang mit dem Horst-Wessel-Lied gespielt worden war und deshalb fatale Assoziationen wecken musste. So hatte Heuss bei dem Dichter Rudolf Alexander Schröder eigens eine neue Hymne in Auftrag gegeben, selber Textvorschläge gemacht und den Entwurf von dem Komponisten Hermann Reutter mit einer getragenen Melodie, einem »Pathos der Nüchternheit« vertonen lassen.[29] Heuss' Versuch endete jedoch fast als Humoreske. Das Bundeskabinett testete die Singbarkeit der Hymne, das Lied wurde über Rundfunk und Schallplatten verbreitet, konnte sich aber nicht durchsetzen. Als Kurt Schumacher Schröders »Hymne an Deutschland« öffentlich als »pietistischen Nationalchoral« verspottete und Gottfried Benn höhnte: »Der nächste Schritt wäre dann ein Kaninchenfell als Reichskriegsflagge«, da kam die Episode zu einem Ende.[30] Heuss akzeptierte die dritte Strophe des »Deutschlandliedes« als Hymne, verzichtete aber auf eine offizielle Proklamation. Die neue Symbolgebung war gescheitert. Heuss erklärte resigniert: »Ich weiß heute, daß ich mich täuschte. Ich habe den Traditionalismus und sein Beharrungsbedürfnis unterschätzt.«[31]

Die Bonner Demokratie besaß ein »Untermaß an Staatsrepräsentation«[32], wie nicht ohne sarkastischen Unterton mit Blick auf das ästhetisch-symbolische Understatement der rheinischen Republik bemerkt worden ist. Aber die »defiziente Ästhetik des Staates«[33] war gewollt, auf machtvolle Gesten wurde bewusst verzichtet. Das war, genau betrachtet, weniger eine Flucht vor der ästhetischen Selbstdarstellung, sondern vielmehr gerade die adäquate Repräsentation eines Provisoriums und Transitoriums. Westdeutschland wollte eben in der Rumpfform eines amputierten Nationalstaates nicht auf jene machtvollen Pathosformeln der Staatsrepräsentation zurückgreifen, die gemeinhin dem Nationalstaat seine symbolische Größe gegeben hatten, die aber auch durch die Monumentalästhetik des Totalitarismus entwertet worden waren. Die Not wurde zu einer Tugend. Denn als sich einmal mehr die französische Spruchweisheit zu bewahrheiten schien, *c'est le provisoire qui dure*, die pure zeitliche Dauer die Bundesrepublik Deutschland zu einem Definitivum zu machen schien, da wurde die formasketische Symbolisierung der zweiten deutschen Demokratie auch zu einem ästhetischen Programm erhoben. An die Stelle des funktionalen Schwippert-Baus, der ehemaligen Pädagogischen Akademie, die lange Zeit den Bundestag beheimatet hatte, trat nun ein Bundestagsgebäude, das in seiner konsequenten Formensprache keinen Zweifel an seiner genuin demokratischen Ästhetik zuließ. Das wiederum war sowohl von der »Demokratie als Bauherrn«[34] wie von Günter Behnisch, dem Architekten, so gewollt, es wurde aber auch vom Publikum so verstanden. Allein die Ironie der Geschichte ließ die Bonner Demokratie erst in dem Moment auch ästhetisch zu sich kommen, als sie selbst Geschichte geworden war.

Der Umzug der Bundeshauptstadt nach Berlin schien das Ende der politischen Symbolarmut einzuleiten. Der »Wiederholungswunsch« nach Bonner Verhältnissen war nur schwach ausgeprägt. Dagegen wurden jetzt in Berlin die architektonisch und städtebaulich eingefrorenen Brüche der deutschen Geschichte, auch die doppelte Nachkriegsgeschichte der beiden deutschen Staaten zu einem vorrangigen Problem ästhetischer Gestaltung. Die politische Ikonographie der Berliner Republik war in einem gewissen Sinne neu zu erfinden. Dabei zeigte es sich, dass weder ein Anschluss an die preußisch-wilhelminische noch an die nationalsozialistische Formensprache in der politischen Architektur möglich war – sie war aber eben, aufgrund der noch vorhandenen Bauten, auch nicht gänzlich zu umgehen. Erst die Rekonstruktion und partielle – innere – Neugestaltung machte den Altbestand nicht nur neuen Funktionen gefügig, sondern ließ sie auch erst für die Demokratie adaptionsfähig werden. Nicht immer gelang der Übergang in die Berliner Republik so beeindruckend wie die Passage des Reichstags zum

Bundestag. Christos Verhüllung und die anschließende Entkernung wirkten wie eine »rituelle Reinigung«[35], bevor sich die neue Demokratie des alten Wallot-Baus bemächtigte. So einfach war mit dem Palast der Republik, einem Symbol der DDR, nicht umzugehen.[36] Auch die Wiedererrichtung des Berliner Stadtschlosses hätte eine Anknüpfung an eine vordemokratische Formensprache signalisiert und war deshalb – vorerst jedenfalls – nicht durchsetzbar. Die Umbettung der Gebeine Friedrichs des Großen schien hier schon das falsche symbolische Zeichen zu setzen. Das Stelenfeld von Peter Eisenman als Mahnmal an die deutsche Vernichtung des europäischen Judentums war als Bekenntnis zur deutschen historischen Verantwortung im Grundsatz letztlich weniger strittig als seine ästhetische Umsetzung. Und Hans Haackes Kunstprojekt, den Innenhof des Reichstagsgebäudes »Der Bevölkerung« zu widmen und ihn mit »Muttererde« aus den Regionen der Republik zu füllen, blieb bis zuletzt, wegen der multikulturellen Umdeutung der Reichstags-Inschrift »Dem deutschen Volke« und dem ironischen Spiel mit der Blut-und-Boden-Metaphorik, heftig umstritten.[37]

Jene Auseinandersetzungen um die politische Ikonographie der Berliner Demokratie, die sich in Kommissionen, um Entwürfe und an Bauten entzündeten, sind als ein grundlegender Diskurs um das Selbstverständnis des vereinigten Deutschland zu verstehen. Es war und ist eine Selbstthematisierung, die in der Diskussion um die ästhetischen Formen der Eigendarstellung die grundlegenden Prinzipien und Leitideen der deutschen Demokratie vor dem Hintergrund ihrer verhängnisvollen Geschichte verhandelte.[38] Dass dieser Diskurs leidenschaftlich und über lange Zeit geführt wurde, liegt in der Natur der demokratischen Sache. Das war übrigens in der Demokratie Athens schon nicht anders gewesen.

Überhaupt scheint es so zu sein, dass es vor allem die Debatten, die öffentlichen Diskussionen, sind, die das Eigentümliche des Zusammenhangs von Ästhetik und Politik in der Demokratie ausmachen. Die Intensität und Leidenschaftlichkeit des Streites um ein öffentliches Bau- oder Denkmalprojekt weist ästhetische Fragen als – auch – demokratische aus. Das »Säurebad eines erbarmungslosen öffentlichen Diskurses«[39] entscheidet über die Akzeptanz der spezifischen Ästhetik politischer Selbstdarstellung: Ästhetische Fragen sind keine Arkanfragen mehr der Experten aus Kunst und Wissenschaft. Über das Schöne, Erhabene und Geschmackvolle, die Angemessenheit der ästhetischen Repräsentation, das Verhältnis von Form und Funktion, befindet letztlich das demokratische Publikum. Das aber macht Entscheidungsprozesse selbstverständlich auch mühsam und langwierig. Bürger und Repräsentanten wollen einbezogen sein und an den Prozessen von Deliberation und Dezision – in Gremien und öffentlichen Foren – teilhaben.

In der Demokratie kann die Ästhetik des Politischen nur als ein Prozess der öffentlichen Debatte, der Interpretation und Reinterpretation, der ständigen ästhetischen Affirmierung und Verwerfung und der kulturellen Aushandlungsprozesse verstanden werden. Sichtweisen, Interpretationen und Deutungsmuster lagern sich den Objektivationen politischer Ästhetik, den öffentlichen Bauten, Denkmälern und Kunstwerken, an und bestimmen ihren ästhetischen Gebrauchswert. Der Reichstag mit seiner wechselvollen Geschichte ist ein beredtes Symbol: Errichtet als Repräsentation bürgerlich-demokratischen Selbstbewusstseins inmitten einer monarchisch-aristokratischen Umwelt, von Wilhelm II. als »Gipfel der Geschmacklosigkeit«, von anderen wegen seiner Kuppel als »Bonbonniere« verunglimpft, von vielen als »Schwatzbude« denunziert, wird der Reichstag 1918 die Geburtsstätte der deutschen Republik, in nationalsozialistischer Zeit in Brand gesetzt, zerstört, von sowjetischen Truppen, die sich in das Mauerwerk eingeschrieben haben, in Besitz genommen, sodann ein Mahnmal der deutschen Trennung, schließlich verhüllt, entkernt und wieder aufgebaut.[40] Dass Norman Foster die Brüche der deutschen Geschichte in den verschiedenen (Ge)Schichten des Gebäudes freigelegt und auch sichtbar gelassen hat, macht den Reichstag zum Palimpsest der Leidenswege demokratischer Emanzipation in Deutschland. Eine angemessenere ästhetische Symbolisierung hätte kaum gefunden werden können.

5. Einheit und Vielheit – die Repräsentation des Demos

Die Demokratie lebt nicht mehr von Repräsentationen der Einheit, wie es *der* Monarch, *die* Nation, *der* Staat gewesen sind oder zumindest zu fingieren vermochten. *Das* Volk als Souverän in der Demokratie lässt sich kaum angemessen repräsentieren. Nur selten tritt es als Kollektivsubjekt oder direkt als einheitlicher politischer Körper in Erscheinung. Das war zu Zeiten der athenischen Versammlungsdemokratie auf den Agorai oder auf der Pnyx noch anders. In der modernen Demokratie ist die Vollversammlung des Demos, nur in einigen Schweizer (Halb)Kantonen noch praktiziert, die Ausnahme. Das Volk lässt sich durch Repräsentanten, in parlamentarischen Repräsentativkörperschaften, vertreten. Die ästhetische Symbolisierung dieses Repräsentationsverhältnisses findet in Parlamentsgebäuden sowie in parlamentarischen Ritualen und Debatten ihren Ausdruck.[41] Transparenz und Kontrolle als die Grundpfeiler dieses Repräsentationsverhältnisses übersetzen sich dann in eine als genuin demokratisch angesehene Form und Sprache der Parlamentsarchitektur. Gläserne und transparente Konstruktionen werden als ästhetische Symbolisierungen der Offenheit und der Sichtbarkeit repräsentativer Vorgänge für die Repräsentierten verstanden. Ganz ähnlich auch ist die runde beziehungsweise halbrunde Anordnung der Sitzreihen im Plenarsaal Ausdruck von Gleichrangigkeit der Repräsentanten und der Diskursivität des Beratungsprozesses. Allerdings trifft diese Raumgestaltung nur auf moderne Parlamentsbauten zu, und dort auch nicht immer. Es lassen sich auch, dem athenischen Vorbild entsprechend, Anordnungen wie in einem Theater, mit Rednerbühne und Zuschauerraum finden.

Das Parlament ist der zentrale Ort ästhetischer Symbolisierung des Volkes in der Demokratie. Wo indes der Demos weniger als Kollektivsubjekt und einheitlicher Akteur, sondern als Vielheit von Bürgern vorgestellt wird, da stellt sich auch die Frage der ästhetischen Symbolisierung anders. Die Arenen, in denen Politik gemacht wird, werden zu Foren bürgerschaftlicher Selbstinszenierung. Wahlen sind Rituale, in ihnen wird die Bürgerschaft als Bürgerschaft inszeniert und der Kampf um die politische Macht als ein geregelter ausgewiesen. Protestzüge, Bürgerinitiativen und Versammlungen symbolisieren sowohl den gesellschaftlichen Diskurs wie den politischen Konflikt und sind in vielfältigen ästhetischen Formen inszenierbar. Eine besondere Bedeutung kommt der Gestaltung offener Räume in der Öffentlichkeit, den Foren bürgerschaftlicher Selbstdarstellung, zu; nicht von ungefähr planten die Architekten des Berliner Kanzleramtes, das »Band des Bundes« mit einem zentralen »Bürgerforum« auszustatten, das als Agora, als offener, wenngleich umbauter Raum symbolisch prägnant zwischen das Kanzleramt und Einrichtungen des Bundestages platziert werden sollte.[42] Dass hierfür bislang kein Geld zur Verfügung stand und deshalb das neue Kanzleramt eine Dimension des Erhabenen gewinnt, die ihm ursprünglich nicht zukommen sollte, verdeutlicht den Rang zivilgesellschaftlicher Selbstsymbolisierung in der bundesdeutschen Demokratie.

Das Problem der ästhetischen Repräsentation der Demokratie ist ganz wesentlich ein Darstellungsproblem der bürgerschaftlich-demokratischen Öffentlichkeit.[43] Öffentlichkeit gilt als konstitutives Element der Demokratie und kann als ein Raum gedacht werden, »in dem ein Kollektiv sich selbst gegenwärtig wird durch ein gemeinsames Interpretationsrepertoire«[44]. Die »Öffentlichkeit« ist auch in Demokratien nach repräsentativen Mustern strukturiert, die an Attribute der Person geknüpft sind, an Insignien (Abzeichen, Orden), an Habitus (Kleidung, Haartracht), Gestus (Auftreten) und Rhetorik.[45] Personale Verkörperung, auch die ästhetische Inszenierung von Personen, eine bestimmte Art, öffentlich zu reden, sich zu verhalten, vermag demokratische Öffentlichkeit zu repräsentieren.[46] Ausprägungen repräsentativer Öffentlichkeit zeigen sich auch in »hochherrschaftlichen« Zurschaustellungen, wie sie die zeremonielle Erscheinung der Königin im englischen Unterhaus, die Rituale des Einzugs des amerikanischen Präsidenten in den Kongress zur Abgabe seiner jährlichen Botschaft an die Nation oder die Inszenierung des französischen Präsidenten in prunkvoller Umgebung darstellen. Die Demokratie lebt hier eben auch vom Zeichenrepertoire vordemokratischer, monarchisch-höfischer Regierungsformen. In diesen Formen wird zugleich die Einheit des politischen Gemeinwesens ästhetisch inszeniert. Wo kein Monarch diese Einheit repräsentiert, treten die Inhaber der exekutiven Macht – seien es (Minister)Präsidenten oder Kanzler – an ihre Stelle und suchen in Formen quasi höfischer Inszenierungen die symbolische Leerstelle der Einheitsrepräsentation zu besetzen.

Dabei ermöglichen die audiovisuellen Medien der Politik auch, sich bei politischer Inszenierung und Selbstdarstellung der Ästhetik der Bildmedien zu bedienen. Auf mediale Präsenz kommt es nun an. Aus der repräsentativen Demokratie wird eine medial-präsentative Demokratie.[47] Politik wird, wo sie sich der Darstellungsformen des populären Unterhaltungsgenres bedient, zur (Talk)Show, Politik und Entertainment werden im Extremfall ununterscheidbar, sie verschmelzen zu »Politainment«. Die Mediendemokratie scheint dann das ihr gemäße Korrelat in der Zuschauerdemokratie gefunden zu haben und als Mittel der Aufmerksamkeitssteigerung bietet sich die Inszenierung von Politik als Theater an.

Die Effekte sind ambivalent. Zunächst einmal schaffen Medien eine kommunikative Arena, in der Politik dargestellt, dramatisiert und reflektiert, damit aber auch transparent und zugänglich gemacht wird. In Talkshows wird Politik personalisiert, aber nicht immer auch in banalen Formen inszeniert. Die Agonalität der Inszenierung, der Wettbewerb von Personen und Positionen ermöglicht auch die Ausbildung konkurrierender Teil- und kritischer Gegenöffentlichkeiten, die dem öffentlichen Meinungs- und Willensbildungsprozess der Bürger genau jene Transparenz und argumentative Gesichtspunkte bieten, die für Mitwirkung und Mitsprache unverzichtbar sind. Insofern kann durchaus argumentiert werden, dass die modernen Massenmedien genau die politische Funktion einnehmen, die schon das Theater im antiken Athen besaß: ein öffentlicher Raum, in dem mit künstlerisch-ästhetischen Formen das Politische reflexiv wird. Übertreibung, Vereinfachung, Verkörperung werden als bewusste ästhetische Stilmittel eingesetzt, um komplexe Sachverhalte einsichtig zu machen und das moralische Urteilsvermögen zu befördern. Anders jedoch als das Theater im demokratischen Athen machen die modernen audiovisuellen Leitmedien eine Bilder- und Formensprache verbindlich, die auf sehr kurzzeitige Aufmerksamkeitsgewinne programmiert ist. Politik wird auf eine Logik des Darstellbaren und Inszenatorischen festgelegt, hinter der die politischen Beratungs-, Kompromissbildungs- und Entscheidungsverfahren notwendig zurückbleiben müssen: Was sich nicht visualisieren und inszenieren lässt, entgeht dem Wahrnehmungshorizont des Zuschauers, ist deshalb nicht existent. Die Dramatologie des Visuellen unterläuft damit die Komplexität des Politischen. Die visuellen Leitmedien erzeugen eine neue ästhetische Konformität, die dem Faktum pluraler Öffentlichkeit zuwiderläuft. Gegen ihre eigene Raison erfährt die Demokratie damit genau jene bündige ästhetische Darstellung, die sie in ihrer tatsächlichen politischen Struktur eben nicht repräsentiert. Wieder einmal, so ist zu befürchten, gereicht damit die Ästhetisierung der Politik der Demokratie zum Schaden.

II.
Historische Formensprache

TONIO HÖLSCHER

Symbolische Manifestationen in labilen Zeiten. Demokratie und Bildkunst im antiken Athen

1. Kunst in der Demokratie – Kunst für die Demokratie

Demokratie und Kunst: Das sind zwei sehr verschiedene Geschichten. Zum einen ist es die vielfältige Geschichte der Kunst *in der* Demokratie, im Rahmen von demokratischen Staatsformen und unter den Voraussetzungen von demokratischen Gesellschaften. Zum anderen ist es die viel enger begrenzte Geschichte der Kunst *für die* Demokratie, für demokratische Staaten und ihre politischen Positionen.

Kunst im Rahmen und unter den Voraussetzungen der Demokratie wäre eine weit ausgreifende, fast allumfassende Geschichte der betreffenden Gesellschaften und Kulturen. Winckelmann konnte die politische Freiheit Griechenlands im 5. Jahrhundert v. Chr. als Voraussetzung für die Entfaltung des »hohen Stils« der klassischen Kunst als solcher begreifen. Damit sah er nicht nur die Vorgänge und Entwicklungen der Antike aus der Perspektive seiner eigenen Zeit, mit den Idealen der Aufklärung des Bürgertums gegen die Zwänge des Absolutismus, sondern er setzte auch die zugrunde liegenden Begriffe und Vorstellungen in einem neuzeitlichen, allumfassenden Sinn ein: Freiheit umfasste ihm sowohl die Befreiung von der Unterdrückung der Tyrannis und von der Bedrohung durch die Perser als auch die innere Freiheit des schöpferischen Künstlers. Dem entsprach ein Begriff von Kunst als Werk einer freien schöpferischen Tätigkeit.

Heute würden wir vielleicht in unseren Sternstunden noch den umfassenden Anspruch Winckelmanns zu unserem Maßstab machen, aber dabei würde alles unendlich viel komplexer und fremdartiger werden. Die umfassende politisch-geistige Freiheit ist uns in partielle, oft nur postulierte oder fiktive Freiheiten aufgesplittert, nicht zu reden von den neuen, in Kauf genommenen und nur partiell wahrgenommenen Zwängen. Das gilt ebenso für unsere Sicht der Antike, wo jedenfalls die Gleichung von politischer Freiheit und künstlerischer Kreativität keinen Sinn mehr ergibt. Vor allem aber steht »Kunst« in der Antike nicht mehr für die Vorstellung einer allgemeinen freien Entfaltung des schöpferischen Geistes zur Verfügung. Denn alle Bildkunst war sehr eng an feste Funktionen gebunden: als Kultbilder in Tempeln, Weihgeschenke in Heiligtümern, Grabstatuen in den Nekropolen, Denkmäler auf öffentlichen Plätzen, Ausstattung von Theatern, Sportstätten, Thermen, privaten Wohnsitzen; entsprechend stark war die Bindung an konkrete Zwecke, Vorgaben der Auftraggeber und Erwartungen des Publikums. Die spezifische Institution der neuzeitlichen funktionsfreien »Kunst«, das Museum, wie auch alle anderen Voraussetzungen von »Kunst« als solcher, fehlten in der Antike. Das bedeutet, dass Bildwerke in antiken Demokratien, wie auch in anderen Staatsformen, nicht daraufhin zu befragen wären, wie weit sie eine allgemeine Entfaltung von kreativer »Freiheit« unter den Bedingungen der Demokratie bezeugten, sondern es müssten die einzelnen kulturellen Bereiche, Götterkult und Grab, politische und soziale Repräsentation, Theater und Athletik, Freizeit und Privatsphäre, daraufhin untersucht werden, wie weit sie von demokratischen oder anderen Staatsformen beeinflusst und in ihrem Ausdruck durch Bildwerke geprägt wurden. Es ist nicht von vornherein ausgemacht, dass die Staatsform auf alle diese Bereiche in gleicher Weise durchschlägt.

Noch mehr gilt dies für die allgemeinen künstlerischen Stilformen. Wie ambivalent und schwierig Stilformen zu entziffern sind, zeigt sich schlagend immer wieder an Bau- und Bildwerken der 1920er Jahre, die oft kaum von späterer faschistischer Kunst zu unterscheiden sind, aber zumindest unmittelbar gar nichts mit Faschismus zu tun haben. Doch auch wenn künstlerische Stile eine klar verständliche Semantik haben, braucht diese nicht auf der Ebene der Politik zu liegen: Die intentionale politische Ideologisierung von Kunstformen, etwa im Sinn des »sozialistischen Realismus«, ist erst ein Phänomen der modernen totalitären Einvernahme von »Kunst«. In der Antike wurden Stilformen der Bildenden Kunst, wie auch der Musik und der Rhetorik, zwar durchaus als Ausdruck eines ethischen Habitus mit Folgen für die Gesellschaft gesehen. So wurden im klassischen Athen Debatten über die Folgen der modernen emotionellen Flöten-Musik gegenüber dem traditionellen, zurückhaltenden Spiel auf Saiteninstrumenten, insbesondere auf die heranwachsende Jugend, geführt;[1] und seit dem 1. Jahrhundert v. Chr. wurden sowohl in der Rhetorik wie in der Bildenden Kunst Theorien entwickelt, die die pathetischen Ausdrucksformen des »asianischen« Stils diffamierten und klassizistische Formen attischer Provenienz zum Kanon erhoben, mit weitreichenden Folgen für die kulturelle Praxis.[2] In allen diesen Fällen ging es aber weitgehend um Fragen der allgemeinen ethischen und emotionalen Verhaltensnormen, um psychagogische Wirkung versus Selbstkontrolle; also um Ausdrucksformen, die nicht notwendig mit politischen Positionen korrelierten. Darum konnten etwa die Kunstformen der demokratischen Poleis des klassischen Griechenland zu Vor- und Leitbildern für die Repräsentationskunst des Augustus und seiner neuen Monarchie werden.[3] Eine »demokratische« Bildkunst als solche hat es in der Antike nicht gegeben.

Sehr wohl aber stellt sich die Frage, in welcher spezifischen Form demokratische Staaten und ihre politischen Exponenten sich in Bildwerken sichtbaren Ausdruck verschafften. Dabei muss man sich klar machen, dass in den antiken Gesellschaften der Bereich der Politik sich weitgehend in der Form des »öffentlichen Lebens«, im Miteinander der Bürgerschaft oder ihrer führenden Gruppen, *face to face*, abspielte; dass diese öffentliche Kommunikation weniger im Medium der Schrift als in dem des Wortes und in der Form des persönlichen Auftretens, in akustischer und visueller Wirkung ausgetragen wurde; und dass in solchen Situationen auch visuelle Botschaften durch Bildwerke in weit höherem Maß als in vielen anderen Kulturen zur Wirkung gebracht wurden. Die antiken Staaten, ob von aristokratischer, demokratischer oder monarchischer Staatsform, haben diese Möglichkeiten der politischen Repräsentation vielfach genutzt.[4] Insofern ist es berechtigt, nach Bildwerken der Demokratie zu fragen.

Die Botschaften von politischen Bildwerken werden in spezifischen Bildmotiven dargestellt und in bestimmten formalen Gestaltungen zur Wirkung gebracht. Bei der Interpretation der Bildformen ist es entscheidend, zwischen den allgemeinen Stilformen einer Epoche, einer Region oder eines Künstlers auf der einen Seite und der spezifischen Gestaltung des betreffenden Themas in einem einzelnen Bildwerk auf der anderen Seite zu unterscheiden. Hier liegen die größten Fallen für gut gemeinte, aber unreflektierte Bildanalyse. Allgemeine Stilformen für die Darstellung von Körpern, Aktion und Raum sind zwar durchaus historisch bedingt und lassen historische Phänomene erkennen; aber diese liegen in sehr allgemeinen Bereichen der psychischen und geistigen Verfassung der betreffenden Gesellschaften. Einzelne politische Denkmäler mit spezifischen Botschaften werden mit spezifischen formalen Mitteln aus dem allgemeinen Stilrepertoire gestaltet. Nur diese spezifischen Gestaltungen sind in Hinblick auf politische Themen interpretierbar. Nur in diesem Sinn sind Bildformen für eine präzise Semantik der politischen Ikonologie zu nutzen.[5]

Diese Semantik betrifft andererseits nicht nur die politischen Bildwerke oder die Bildwerke mit politischen Themen, sondern ebenso den ganzen Bereich der politischen »Lebenswelt«. Alle Aktionen und Manifestationen des politischen Lebens spielen sich, ob unbewusst entstanden oder mehr oder minder bewusst gestaltet, manipuliert und inszeniert, in bestimmten visuellen Formen ab, die ihre Wirkung bestimmen: mit signifikanten Gesten, stilisierten Haltungen, kalkulierten Auftritten, symbolischen Handlungen, zeremoniellen und rituellen Aktionen. Auch diese visuellen Formen haben eine präzise Semantik. Die Bildwerke, mit ihren spezifischen Bedingungen und Möglichkeiten, stehen in diesem Rahmen.[6]

2. Denkmäler der Demokratie: Sieben Thesen

Wie also stellte sich Athen in der Epoche jener Staatsform, die zunächst als »Isonomie«, »gleiche Teilhabe« am Gemeinwesen, dann in ihrer ausgeprägten Form »Demokratie«, »Herrschaft des Volkes«, bezeichnet wurde, visuell dar? Wie weit präsentierte es sich als spezifisch demokratische Gemeinschaft? In welchen Formen, nach welchen Regeln, mit welchen Folgen?

Die Zeugnisse zu diesen Fragen sind vielfältig. Ich schicke die Ergebnisse in sieben Thesen voraus:

1. Die Demokratie von Athen brauchte in besonders hohem Maß Symbole der Sicherung, weil sie eine Staatsform war, die konzeptuell auf Entscheidungen von wechselnden Mehrheiten in der Bürgerschaft angelegt war und darum ein hohes Maß an innerer Labilität zum Prinzip erhoben hatte.

2. Die Polis Athen hat nach der Einrichtung einer »isonomen« und »demokratischen« Staatsform wirkungsvolle Staatsdenkmäler

errichtet, in denen die spezifische politische Identität dieser Bürgerschaft zum Thema gemacht und zum Symbol des Staates erhoben wurde.

3. Als Orte dieser Denkmäler wurden die öffentlichen Räume gewählt, in denen Politik im weitesten Sinn vollzogen und artikuliert wurde. Dadurch ergab sich eine differenzierte politische Topographie, in der zum einen die Agorai und die Hauptheiligtümer der Städte, zum anderen die panhellenischen Kultstätten in ihren spezifischen Funktionen zur Wirkung gebracht wurden.

4. Unter den Vorgaben der »demokratischen« Staatsordnung entwickelte sich eine spezifische Praxis der Errichtung von öffentlichen Denkmälern, insbesondere von Ehrenstatuen für verdiente Bürger, mit entsprechenden Verfahrensweisen und Kriterien, Usancen, Regeln und Gesetzen.

5. In diesen Denkmälern zeigt sich, dass der Bereich der Politik als solcher eine grundsätzlich neue Qualität, als ein zunehmend autonomer »Raum« politischen Handelns und Denkens, erhalten hat.

6. Die neuen Formen demokratischer Politik führten dazu, dass die konkreten Räume der politischen Institutionen neu auf die spezifischen Strukturen des politischen Handelns und Interagierens hin konzipiert und gestaltet wurden.

7. Die Ikonographie der Staatsdenkmäler Athens stellt jedoch auffallend selten die »demokratischen« Qualitäten des Staates explizit in den Vordergrund. Offenbar stand die Staatsordnung als solche oft weniger im Zentrum der Interessen als die Auswirkungen, die sie auf die Lebensqualität und das Lebensgefühl der Bürger hatte. Vielmehr wurden, neben spezifischen Bildmotiven der Demokratie und ohne inhärenten Widerspruch, auch Leitbilder der vorangehenden Epoche der Aristokratie weitergeführt. Die demokratische Staatsordnung präsentierte sich damit nicht als eine allumfassende Umwertung sozialer und kultureller Traditionen, sondern als die beste, »modernste« Sachwalterin einer allgemein anerkannten, über den politischen Gruppierungen gültigen Werteordnung.

3. Denkmäler und Politik der frühen Demokratie

In Athen muss, gleich in der Frühphase der »isonomen« Staatsform, in der Volksversammlung ein Antrag zur Errichtung eines Denkmals von völlig einzigartigem Charakter gestellt worden sein. Im Jahr 510 v. Chr. war dort der Tyrann Hippias mit seiner Familie und vielen Anhängern verjagt worden, und sein adeliger Kontrahent Kleisthenes hatte eine politische Ordnung durchgesetzt, die breiten Schichten der Bürgerschaft die Mitwirkung an den politischen Fragen sicherte. In dieser Situation erinnerte man sich an ein Paar von adeligen Freunden, den älteren Aristogeiton und den jungen Harmodios, die bereits im Jahr 514 v. Chr. beim Fest der Panathenäen ein Attentat auf das Brüderpaar der Tyrannen verübt, jedoch nur den jüngeren Hipparch getötet und dann selbst den Tod gefunden hatten. Gleichwohl waren sie, noch während der sich verschärfenden Herrschaft des überlebenden Hippias, als Helden gefeiert, in heimlichen Trinkliedern bei den Gelagen besungen worden – und dann, nach der Befreiung, entstand die Idee, ihnen zum Ruhm Standbilder auf der Agora zu errichten.[7]

Wir wissen nicht, ob es den Athenern bewusst geworden ist, dass sie damit einen Schritt von ungeheurer politischer und kulturgeschichtlicher Tragweite taten. Bisher hatten in Griechenland Bildwerke in großem Format immer klar definierte religiöse Funktionen gehabt: als Kultbilder in den Tempeln, als Weihgeschenke in den Heiligtümern, als Bilder der Toten auf den Gräbern. Die Standbilder der »Tyrannenmörder« dagegen waren keiner Gottheit geweiht, waren auch nicht selbst Gegenstand kultischer Verehrung, markierten auch nicht ihr Grab. Sie standen im politischen Zentrum der Stadt, allein zum rühmenden Gedenken an eine politische Tat, als Denk-Mal im eigentlichen Wortsinn.

Voraussetzung dafür ist eine grundlegende Neuerung in der Praxis der Aufstellung. In den archaischen griechischen Stadtstaaten hatten ambitionierte Mitglieder der Oberschicht selbst Standbilder von sich als Votive in den Heiligtümern aufgestellt; die Gemeinschaft der Polisbürger aber errichtete in der Regel Bildwerke von kollektiver Thematik, aus dem Bereich der Götter, Heroen oder der mächtigen Monster. Dass die Bürgerschaft des »isonom« gewordenen Athen in einer gemeinschaftlichen Aktion zwei Mitbürger der jüngsten Vergangenheit zu Leitbildern politischen Verhaltens erhob und sich selbst öffentlich vor Augen stellte, zeigt eine völlig neue Einstellung der Verantwortung und Initiative für das eigene Staatswesen an.[8]

Wir machen uns heute, angesichts der Möblierung unserer städtischen Plätze mit Denkmälern für Fürsten, Bismarck und die Helden des Ersten Weltkriegs, kaum eine Vorstellung, welch dominierende Wirkung öffentliche Denkmäler haben können. Denkmäler sind Zeichen von Macht und Überlegenheit. Sie haben ihren Platz im öffentlichen Raum, bezeichnen den öffentlichen Charakter des Raumes und entfalten ihre Wirkung in diesem öffentlichen Raum. Sie richten sich unausweichlich an die Gemeinschaft und fordern sie mit ihrem öffentlichen Anspruch heraus; sie provozieren Zustimmung oder Widerspruch und lassen keine Indifferenz zu, denn Hinnehmen würde Zustimmung bedeuten. Denkmäler stellen die öffentliche Macht von Personen oder ideologischen Konzepten dar. Sie proklamieren eine öffentliche Botschaft und fordern deren allgemeine und kollektive Anerkennung ein. Sie werden umstritten und umkämpft, gegen Widerstand durchgesetzt, von erfolgreichen Gegnern verhindert oder vernichtet. In diesem Sinn repräsentieren und schaffen Denkmäler ideologische Identität; sie sind konkrete Zeichen solcher Identität, sei es der ganzen Gemeinschaft oder einzelner Gruppen oder Individuen. Sie grenzen die Identität ihrer Gemeinschaft nach außen ab und wenden sich aggressiv gegen fremde und feindliche Gemeinschaften. Ihre Zerstörung bedeutet die Auslöschung dieser Identität. In diesem Sinn sind Denkmäler wirkungsvolle Faktoren im öffentlichen Leben: nicht sekundäre Spiegelungen, sondern primäre Gegenstände und Symbole in politischen Aktionen und Konzepten. Denkmäler sind Waffen.

Wenn die Tyrannenmörder das erste politische Denkmal im eigentlichen Wortsinn waren, dann sagt das etwas über den kämpferischen Charakter dieser frühen Form der »Demokratie« aus. Der Ort ihrer Aufstellung war nicht nur allgemein auf der Agora, sondern genauer am Rand der sog. Orchestra, der kreisrunden Stätte der Volksversammlung zur damaligen Zeit. Dort standen sie als konkrete, weithin sichtbare Leitbilder politischen Verhaltens. Die demokratische Bürgerschaft Athens entwickelte ihre politische Identität vor allem in der Abwehr einer neuen Tyrannis.[9] Während der Debatten und Entscheidungen erhielten die Standbilder daher eine stark protreptische Wirkung: Jeder Bürger sollte ein potentieller Tyrannenmörder werden!

Damit war der politische Raum Athens eindeutig definiert. Die Tyrannenmörder repräsentierten die öffentliche Dominanz der Vertreter von Isonomie und Demokratie, die die Errichtung dieses Denkmals durchgesetzt hatten. Und sie proklamierten öffentlich und unaufhörlich die Botschaft der demokratischen Ideologie. Die Anhänger der alten Tyrannis, die es noch in beträchtlicher Zahl in Athen gab, müssen sich buchstäblich aus dem politischen Zentrum der Stadt vertrieben gefühlt haben.

Als die Perser, in Begleitung des alten Tyrannen Hippias, 480 v. Chr. die Stadt eroberten, realisierten sie sehr klar die politische Bedeutung dieses Denkmals als wirkungskräftigstes Symbol der Identität ihrer Gegner: Sie zerstörten alle anderen Bildwerke auf der Akropolis und in der ganzen Stadt, doch dies Denkmal transportierten sie in ihre Hauptstadt Susa ab, als stolze Trophäe, und nahmen damit den Athenern ihr ideologisches Wahrzeichen. Die Athener ihrerseits, als sie nach dem Sieg in ihre Stadt zurückkehrten, ließen alle zerstörten Heiligtümer als eklatante Zeugnisse für die Gottlosigkeit der Perser in Ruinen liegen,[10] doch für die Tyrannenmörder stellten sie sofort ein Ersatz-Denkmal auf, das sie über Jahrhunderte als Protagonisten der Demokratie feierte, eine Statuengruppe aus Bronze, von der römische Marmor-Kopien eine Anschauung geben.

Ob die erste Gruppe der Tyrannenmörder ähnlich gestaltet war wie die Ersatz-Figuren, ist nicht mehr mit Sicherheit zu erkennen. Die zweite Gruppe, die dann für Jahrhunderte im Zentrum der Agora stand, zeigt eine Reihe signifikanter Leitvorstellungen der attischen Bürgerschaft, die zum Teil bereits eine alte Tradition in den archaischen Adelsgesellschaften hatten, zum Teil aber in der neuen Staatsform neue Aktualität erhielten. Das Thema ist nicht der historische Vorgang des Attentats auf die Tyrannen, denn Aristogeiton und Harmodios sind ohne Gegner dargestellt. Es geht einzig um ihre ruhmreiche Rolle und Leistung. Mit ihren nackten Körpern entsprechen sie nicht der realen Situation, sondern einem Leitbild des griechischen Mannes, in dem Kraft und Beweglichkeit für Krieg, Jagd und Athletik ebenso enthalten waren wie Schönheit und Liebreiz, die für das öffentliche Auftreten und insbesondere für die homoerotischen Beziehungen hohe Bedeutung hatten. Das berühmte Freundespaar repräsentierte zunächst die beiden großen Altersstufen, auf denen die Bürger-Gemeinschaft beruhte: den erwachsenen Mann im Alter der politischen Verantwortung und Ent-

Symbolische Manifestationen in labilen Zeiten 37

Die Darstellung der Tyrannenmörder Aristogeiton und Harmodios auf der Agora von Athen, ursprünglich aus dem Jahr 510 v. Chr., ist das erste politische Denkmal im eigentlichen Wortsinn. Es forderte die Bürger zu einer entschiedenen Parteinahme für die Demokratie auf.
Ersatzgruppe des verlorenen ursprünglichen Denkmals, 477/76 v. Chr. Rekonstruktion in Gipsabgüssen, Rom, Università La Sapienza, Museo dei Gessi.

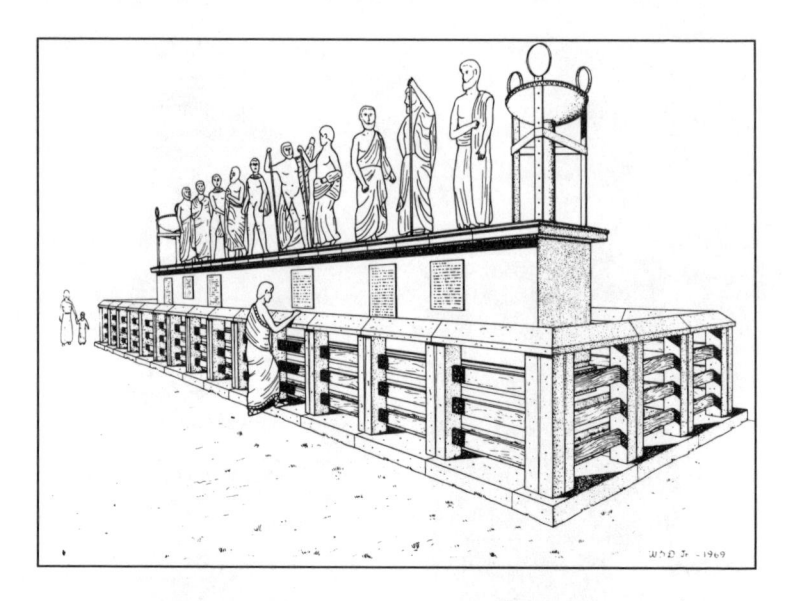

Das Denkmal der Heroen der zehn attischen Phylen auf der Agora von Athen, entstanden etwa 440-430 v. Chr., war ein Ort der öffentlichen Verlautbarung. Er diente der politischen Kommunikation aller Bürger. Zeichnerische Rekonstruktion (Figuren nur im allgemeinen Charakter rekonstruierbar).

scheidung und den jungen Mann im Alter der Ausbildung und Bewährung. Charakteristisch ist die Differenzierung der Aktionen: exponierter Angriff des Jugendlichen, überlegte Vorsicht bei dem Älteren. Gleichwohl sind ihre Haltungen in einem hohen Maß zu parallelen Aktionen koordiniert. Darin wird ein Leitbild des kollektiven Handelns, der Kooperation, der solidarischen Disziplin aufgerufen, das zu den zentralen Elementen der Bürger-Gleichheit gehörte, wie sie in der Staatsform des Kleisthenes konzipiert war. In dieser Gestalt standen Aristogeiton und Harmodios den Bürgern als Exempel des abwehrbereiten Einsatzes für die Freiheit von Tyrannis und Unterdrückung jeder Art vor Augen.

Das Gründungs-Denkmal der demokratischen Staatsform blieb in dieser Form einzigartig. Aber die Idee der demokratisch organisierten Bürgerschaft artikulierte sich in weiteren Bildwerken. Wahrscheinlich zur Zeit des Perikles, auf dem Höhepunkt demokratischen Überlegenheitsgefühls, wurde auf der Agora eine Statuengruppe errichtet, in der die Heroen der zehn attischen Phylen dargestellt waren, das heißt der Untergliederungen der Bürgerschaft, die Kleisthenes zur Grundlage seiner Reformen gemacht hatte.[11] Auch dieses Denkmal hatte eine konkrete Funktion im politischen Leben: An seinem Postament wurden öffentliche Verlautbarungen, Programmpunkte für die Volksversammlungen, Einberufungen zum Krieg usf. angebracht, und man kann vermuten, dass dies nicht eine sekundäre Benutzung, sondern der primär intendierte Zweck der Statuengruppe war. Ein Ort öffentlicher Verlautbarungen wurde nötig in einer Gemeinschaft, die traditionell auf Kommunikation *face to face* angelegt war, die aber durch die emphatisch hergestellte Mitwirkung aller Bürger über die Größenordnung direkter Interaktion hinausgewachsen war und deren politische Angelegenheiten eine solche Dichte erreicht hatten, dass auf Hörensagen kein Verlass mehr war. Das Denkmal der Phylenheroen stellt diese Öffentlichkeit für die demokratische Bürgerschaft her. Die Bürger insgesamt waren damit in ihren idealen Repräsentanten auf der Agora präsent, sie sanktionierten mit dieser Präsenz gewissermaßen ihre eigenen politischen Vorgänge, die unter den Figuren publik gemacht wurden.

Schließlich hat die neue Staatsform und die sie tragende Bürgerschaft einen so konzeptuellen Charakter angenommen, dass dafür eine eigene Ikonographie entwickelt wurde: personifizierende Gestalten des Demos von Athen und der Demokratia. Beide wurden

Demokratia bekränzt den Demos von Athen. Das Relief ist Ausdruck einer neuen Ikonographie der demokratischen Staatsform.
Relief einer Inschriftenstele mit einem Gesetz zur Bewahrung der Demokratie, 337/36 v. Chr. Athen, Agora-Museum.

in religiösen Kulten verehrt: An verschiedenen Orten in Athen gab es Heiligtümer für den Demos zusammen mit den Nymphen oder den Chariten, d. h. für den Repräsentanten der Bürgerschaft und die Gottheiten der Jugend und des Liebreizes, die die ideellen Grundlagen der Stadt Athen bilden sollten.[12] Demokratia erhielt ihre Kultstätte auf der Agora, wo sie die Ordnung des Staates in späteren Zeiten der Gefährdung emphatisch sichtbar machte.[13] Damit waren neue Möglichkeiten allegorischer Bildsprache geschaffen worden: Statuen, Reliefs und Gemälde stellten Demos und Demokratia in verschiedenen politischen und religiösen Zusammenhängen in der Öffentlichkeit dar.[14] Das Grab des Kritias, eines der 30 Tyrannen, die am Ende des Peloponnesischen Krieges kurzzeitig die Macht in Athen an sich gerissen hatten, soll mit einer politischen Allegorie geschmückt gewesen sein: eine Figur der Oligarchia, die eine Demokratia mit einer Fackel in Flammen setzte.[15] Wir können uns eine Vorstellung von dieser Bildersprache durch Reliefs machen, die über steinernen Stelen mit inschriftlichen Staatsurkunden stehen: Eine Urkunde zur Verleihung von Ehren an einen Bürger zeigt im Relief Demos und Boule, Volk und Rat von Athen, in Gegenwart der Stadtgöttin Athena, die den Geehrten mit einem Kranz auszeichnen.[16] Über einem Gesetz zur Sicherung der demokratischen Institutionen steht Demokratia, die dem sitzenden, ehrwürdigen Demos einen Kranz aufsetzt.[17]

Dies ist eine Entwicklung von zunehmender ideeller Konzeptualisierung: Zunächst erscheinen die konkreten Protagonisten der neuen Staatsordnung, dann die heroischen Repräsentanten der Bürgerschaft, schließlich die ideellen Personifikationen des politischen Souveräns und der Staatsform.

4. Die Räume politischer Denkmäler

Die Orte, an denen politische Denkmäler zur Wirkung gebracht wurden, sind die Räume der größtmöglichen politischen Öffentlichkeit. Diese Öffentlichkeit wurde auf zwei verschiedenen Stufen gesucht: einerseits im Inneren der Städte, vor allem in Richtung auf die eigenen Bürger; andererseits im Rahmen der gesamten griechischen Welt, vor allem in Hinblick auf die Bürger anderer griechischer Städte.

Innerhalb der Stadt hatten politische Denkmäler ihren Ort zum einen auf der Agora, zum anderen in einem Haupt-Heiligtum einer sog. »poliadischen« Gottheit.[18] Neben dem Zentrum der politischen Institutionen, an und im Umkreis der Agora, bildete das poliadische Heiligtum einen zweiten Fokus der Bürgergemeinschaft: Das politische Zentrum mit den Stätten der Volksversammlung, des Rates und der Gerichtsstätten war der Ort der männlichen Vollbürger als Träger der politischen Debatten, des Streits und der Entscheidungen, das Haupt-Heiligtum dagegen war der Raum, in dem die ganze städtische Gemeinschaft beim Götterfest ihre Solidarität fand und wo die getroffenen Entscheidungen in Inschriften fixiert und unter dem Schutz der Gottheit ihre Sanktionierung fanden.

Außerhalb der einzelnen Städte waren die großen gesamtgriechischen Heiligtümer, vor allem in Delphi und Olympia, die Orte der politischen Repräsentation, wo alle ambitionierten Städte Denkmäler ihres Ruhmes errichteten. Diese Konzentration war darin begründet, dass der Kampf um öffentliches Ansehen nur auf einer gemeinsamen öffentlichen Bühne ausgetragen werden kann, vor einem möglichst allumfassenden Publikum, das die Manifestationen der einzelnen Konkurrenten gemeinsam wahrnimmt, vergleicht und bewertet. Dies war am ehesten bei den großen panhellenischen Festen in Delphi und Olympia gegeben, wo offizielle Gesandtschaften und individuelle Teilnehmer aus der ganzen griechischen Welt zu den Spielen und den Orakelstätten zusammenkamen.

Das demokratische Athen hat diese Räume der Öffentlichkeit in extensiver Weise für die Repräsentation mit Denkmälern genutzt und sie sehr zielgerichtet differenziert. Unmittelbar nach der Einrichtung der neuen Staatsordnung durch Kleisthenes hat die Stadt einen militärischen Sieg gegen die benachbarten Gegner Chalkis und Boiotien errungen, den noch Herodot auf die erhöhte Schlagkraft des Heeres unter den Vorzeichen der Demokratie zurückführte.[19] Zum Dank dafür errichtete die Stadt ein Denkmal auf der Akropolis: einen Wagen mit Viergespann, als kostbares Geschenk für die Stadtgöttin Athena, und daneben die Fesseln der vielen Kriegsgefangenen, die man bei dieser Gelegenheit gemacht hatte und die offenbar den besonderen Stolz dieses Sieges ausgemacht hatten.[20] Auch dies ist ein politisches Monument – aber die Unterschiede zu dem etwa gleichzeitigen Denkmal für die Tyrannenmörder sind bezeichnend: auf der einen Seite ein Erfolg gegen einen äußeren Gegner, der auf die Gunst der Gottheit zurückgeführt wird, für den man mit einem Gegengeschenk dankt, aufgestellt in einem Heiligtum; auf der anderen Seite eine politische Tat

SYMBOLISCHE MANIFESTATIONEN IN LABILEN ZEITEN 43

Nach einem militärischen Sieg wurde die Gottheit mit einem Denkmal auf der Akropolis von Athen geehrt: Athena Promachos (Mitte) und Viergespann mit Fesseln der Gefangenen für den Sieg gegen Chalkis und Boiotien (rechts).
Ansicht von Denkmälern auf der Akropolis von Athen, nach Eintritt durch die Propyläen.

im Inneren der Bürgerschaft, die als Leistung von Personen aufgefasst wird, für die man diese Personen mit einem Denkmal ehrt, errichtet auf der Agora.

Die athenische Demokratie führte bald zu einer ausgreifenden Machtpolitik. Eine Generation später hat Athen, nach innen wie nach außen, seinen Anspruch auf eine Position der Vormacht in Griechenland mit seiner führenden Rolle in den Kriegen gegen die Perser, vor allem in der Schlacht von Marathon, begründet. Dabei spielten wieder Denkmäler eine starke Rolle, und wieder wurden sie in differenzierter Weise für die verschiedenen öffentlichen Räume konzipiert. Auf der Agora wurde eine Halle errichtet, die nach ihrer Ausmalung mit einem Bilderzyklus die »Bunte Halle« genannt wurde. Das zentrale Bild verherrlichte die Schlacht von Marathon als eine heroische Leistung der Bürgerschaft und ihrer militärischen Führer.[21] Auf der Akropolis wurde dagegen eine kolossale Statue der Athena Promachos, als Kämpferin, errichtet, deren Lanzenspitze man schon vom Hafen Piraeus sehen konnte.[22] Weiterhin wurde, als eine große Neuerung, das Schlachtfeld von Marathon zu einer Ruhmesstätte der Stadt gemacht, indem man zum ersten Mal ein großes Siegesmal aus Marmor, das heißt mit der Intention auf Permanenz dort aufrichtete: eine hohe Säule, auf der eine Figur zu ergänzen ist, etwa die Siegesgöttin Nike.[23] Schließlich wurde in Delphi eine vielfigurige Statuengruppe aufgestellt, die Miltiades, den Feldherrn bei Marathon, umgeben von Apollon, dem Herrn des Heiligtums, und Athena, der Göttin der eigenen Stadt, zeigte, dazu die Heroen der attischen Phylen und andere mythische Helden Athens. An der Agora die Leistung der Bürgerschaft, im städtischen Heiligtum die Ehrung der Stadtgöttin, auf dem Schlachtfeld ein Siegesmal und in Delphi, für die Außensicht, die ideellen Vertreter der Identität der Stadt: Dies ist eine bemerkenswert systematische Besetzung der politischen Räume, je nach ihren spezifischen Funktionen.

5. Die Praxis der Errichtung von Staatsdenkmälern

Alle öffentlichen Denkmäler, die der Staat, das heißt die Bürgerschaft in eigener Sache aufstellte, mussten in den institutionellen Organen der Polis, im Rat und in der Volksversammlung, beschlossen werden. Diese Vorgänge, Antrag und Durchsetzung, machten die eigentlich politischen Aspekte der Denkmäler aus. Es gab heiße Debatten.[24]

Das politische Selbstbewusstsein der Athener war zum einen von einem starken Gefühl der Superiorität und Dominanz gegenüber anderen griechischen Staaten, zum anderen von einer unnachgiebigen Forderung nach Egalität unter den eigenen Bürgern geprägt. Beides hatte starken Einfluss auf die Errichtung von Staatsdenkmälern – aber in entgegengesetzter Richtung. Einerseits stellte die Bürgerschaft ihren eigenen Mitgliedern und den Besuchern von auswärts ihre herausragenden Leistungen und ihre politische Identität immer wieder mit großem Anspruch vor Augen – andererseits waren Größe und Ruhm der Stadt meist mit Leistung und Ruhm einzelner Personen verbunden, und diese wurden weitgehend der Ideologie der Egalität geopfert. Hier kam es zu Konflikten.

Denkmäler der kollektiven Identität, etwa die Statuengruppe der Phylenheroen oder Kult und Statue der Demokratia, fanden sicher ziemlich allgemeine Zustimmung. Problematischer wurde es dagegen, sobald implizit oder explizit eine Auszeichnung für einen individuellen Vertreter der Bürgerschaft gefürchtet wurde. Hier stieß man systembedingt an die Grenze der politischen Belastbarkeit. Plutarch berichtet über einen Antrag in der Volksversammlung, Miltiades für den Sieg bei Marathon mit einem Ehrenkranz auszuzeichnen – und die wütende Gegenrede eines gewissen Sophanes aus Dekeleia, nur wenn Miltiades die Perser allein besiegt hätte, solle man das tun.[25] Ähnlich wird zu dem Gemälde der Schlacht von Marathon ein Antrag überliefert, Miltiades als Einzigen unter den Kämpfern mit einer Inschrift hervorzuheben – der dann jedoch als zu große Ehre abgelehnt wurde, worauf man ihn nur mit ausgestreckter Hand als Heerführer kennzeichnete.[26] In Theben wurde wenig später die öffentliche Aufstellung eines Schlachtbildes mit einem herausgehobenen Feldherrn abgelehnt mit dem Argument, es sei dort nicht üblich, einzelne Männer zu ehren, denn der Sieg gehöre der ganzen Stadt.[27]

Besonders heftig umstritten war, wie wir immer wieder in politischen Reden des 4. Jh. v. Chr. lesen, die Aufstellung von politischen Ehrenstatuen in Athen.[28] Nach den Tyrannenmördern erhielt ein Jahrhundert lang überhaupt kein Athener ein Ehrenbildnis. Als man dann im 4. Jh. doch die egalitären Restriktionen etwas lockerte, war dies ein Anlass zu unendlichen Diskussionen. Es bildete sich ein ganzes Spektrum von Kategorien und Präzedenzfällen, Traditionen und Bräuchen, Regeln und Gesetzen für die Aufstellung von Ehrenbildnissen heraus. Dabei ging es um Fragen wie: für welche Verdienste eine Ehrenstatue errichtet werden sollte, ob an einem mehr oder minder wirkungsvollen Platz, etwa neben einem anderen ehrenwerten Denkmal, ob zu Lebzeiten oder nach dem Tod, nicht zuletzt ob auf Kosten des Staates oder des Geehrten selbst. Durch Gesetz war es verboten, eine Ehrenstatue neben den Tyrannenmördern zu errichten, denen keiner gleichgestellt werden sollte – natürlich wurden dann Ausnahmen gemacht, etwa für Antigonos I. und Demetrios Poliorketes, die Befreier von der Herrschaft des Demetrios von Phaleron, später für Brutus und Cassius, die Mörder des neuen Tyrannen Caesar.

Der normierende Zwang der politischen Egalität gegen die Ambitionen auf herausragenden Rang und Einfluss wurde bis in die Rituale und Anlagen der Gräber wirksam. Gräber wurden zwar von den Familien errichtet und gepflegt, hatten aber an den großen Ausfallstraßen der Städte oft eine beträchtliche öffentliche Wirkung; daher hat der Staat immer wieder Rahmenbedingungen für die Entfaltung von Ritualen und Denkmälern des Grabes erlassen. In Athen hatte die vornehme Oberschicht der archaischen Zeit die Leitbilder glanzvoller Lebensformen in einer außergewöhnlich reichen Grabkunst zum Ausdruck gebracht: Standbilder junger Männer und Mädchen, Stelen von Kriegern und Athleten. Diese aristokratische Grabkultur hört in den ersten Jahren der neuen isonomen Staatsform auf, umstritten ob durch ein Gesetz oder, was noch eklatanter wäre, durch soziale Selbstkontrolle gegenüber ambitiösen Formen der Repräsentation.[29] Zwei Generationen lang, während der Zeit der kompakten Demokratie zwischen 490 und 430 v. Chr., wurden die Restriktionen figürlicher Grabkunst, ob durch staatliches Verbot oder gesellschaftliches Verdikt, streng eingehalten – und als dann wieder eine unvergleichlich reiche Ausstattung von Gräbern in Athen einsetzte, wurden die Verstorbenen in bürgerlichen Rollen gepriesen und betrauert, die kaum je individuelle Verdienste und Ambitionen erkennen lassen und ganz im Rahmen kollektiver Egalität bleiben: Väter und Mütter, junge Männer und Mädchen, mit Dienern und Dienerinnen, in normierten Haltungen und Konstellationen.[30]

Die Demokratie mit ihren Forderungen nach bürgerlicher Egalität hat auf die Kunst in mancher Beziehung restriktiv gewirkt. Man kann sich heute fragen, ob diese Restriktionen und Normierungen ein Hindernis der Entfaltung oder einen Vorzug der Konzentration bedeutet haben. Das wäre aber eine anachronistisch ästhetische Frage. Gerade in den Restriktionen zeigt sich, welch große Wirkkraft man den Bildwerken im öffentlichen Leben beigemessen und zugetraut hat. Wenn Denkmäler Waffen waren, bedurften sie einer umso stärkeren Kontrolle, insbesondere in einer politischen Ordnung, die die Labilität zum Prinzip gemacht hatte.

6. Der neue »Raum der Politik«

Das Denkmal der Tyrannenmörder ist, über seine unmittelbare politische Wirkung hinaus, in verschiedener Hinsicht ein Zeichen für eine neue Epoche:
– Aristogeiton und Harmodios erscheinen hier als Leitbilder eines neuen politischen Verhaltens. Die neue politische Ordnung Athens hatte zur Folge, dass die Bürger plötzlich vor der völlig neuen Verantwortung standen, Entscheidungen über den ganzen Bereich der Politik zu treffen. Viele werden sich in dieser Situation unsicher und hilflos gefühlt haben: Da sie darauf ganz unvorbereitet waren, mussten sie politisches Handeln überhaupt erst lernen. Noch Generationen nach Einführung der demokratischen Staatsform galt der Demos als wankelmütig und unberechenbar.[31] Es muss darum von besonderer Bedeutung gewesen sein, Maßstäbe für richtiges Handeln zu setzen. Die Tyrannenmörder, als Protagonisten der neuen Ordnung, waren dabei hilfreiche Leitbilder.
– Das Denkmal stellt Mitglieder der gegenwärtigen menschlichen Gesellschaft als entscheidende Kräfte der politischen Ordnung dar. Die politische Ordnung wird nicht als von den Göttern geschenkt, sondern als von Menschen geschaffen und verändert begriffen. In Athen hatte Solon drei Generationen zuvor den ersten Schritt in diese Richtung bedeutet, doch mit Kleisthenes war dieser Habitus zum Durchbruch gekommen.[32] Am deutlichsten hat dies der Philosoph Xenophanes von Kolophon formuliert: »Nicht haben die Götter von Anbeginn den Menschen alles gezeigt, sondern diese selbst haben im Lauf der Zeit zum Besseren gefunden.«[33] Es ist dies Vertrauen in die Macht der Menschen, das im Bereich der Politik so viel Kraft gewinnt, das das Bewusstsein der politischen Identität stärkt und das in politischen Denkmälern sichtbar gemacht wird.

– Das Denkmal der Tyrannenmörder bezeugt eine neue Autonomie des »Raumes der Politik«. Christian Meier hat gezeigt, dass die Staatsordnung des Kleisthenes ein entscheidender Schritt und zugleich ein bezeichnendes Symptom der »Entdeckung des Politischen«, das heißt einer zunehmend autonomen Sphäre politischen Handelns und Denkens war.[34] Die Gruppe der Tyrannenmörder mit ihrer rein politischen Funktion auf ihrem politisch definierten Platz ist das deutlichste Symbol dieses neuen »Raumes der Politik«.

In der Gattung des öffentlichen Denkmals wurden Ruhm und Bedeutung des Staates emphatisch als menschliche Leistungen im Raum und in der Zeit der aktuellen Geschichte verankert. Dieser neue Nachdruck auf der spezifischen geschichtlichen Leistung ist als solcher keine exklusiv »demokratische« Position. Aber es ist wohl kein Zufall, dass solche Denkmäler gerade in der frühen Demokratie von Athen entstanden sind, die eine enorme Intensivierung der Politik, des politischen Handelns und eine Fokussierung der Bürgerschaft auf Fragen der Politik mit sich gebracht hat. Andere Staatswesen mit aristokratischen und monarchischen Staatsordnungen haben sich bald ebenfalls mit politischen Denkmälern präsentiert.[35] Die Denkmäler des demokratischen Athen zeichnen sich aber durch eine besondere Emphase spezifischer Bildmotive und eine einzigartige Systematik der Aufstellungspraxis aus.

7. Eine neue Topographie der Politik

Im Zug dieser Entwicklung haben die politischen Räume selbst in Athen eine strukturelle Veränderung erfahren, die mit den neuen Strukturen des politischen Handelns zusammenhängt. Beide Veränderungen, die des Handelns wie die der Räume, wurden in sichtbaren, gewissermaßen »ästhetischen« Formen deutlich. In archaischer Zeit fand die Versammlung der Bürger in Athen wie an anderen Orten auf der Agora auf einem kreisrunden Platz, der sog. Orchestra, statt.[36] Die Agora war damals noch ein Platz, der vielen verschiedenen öffentlichen Funktionen diente, für religiöse Rituale, athletische Agone, szenische Aufführungen ebenso wie für Handelsgeschäfte und die Aufstellung des Heeres.[37] Die Orchestra, in der die Versammlungen der Bürger stattfanden, diente einer hierarchischen Ordnung, mit den führenden Aristokraten in einem inneren Kreis und den Gefolgsleuten und niedrigeren Klassen im weiteren Umkreis. Wer von den führenden Männern sprach, trat in die Mitte und brachte dabei vor allem sein soziales Gewicht zur Geltung. Die Entscheidungen müssen im Wesentlichen aufgrund statischer Manifestationen von Autorität gefallen sein. Der Raum des politischen Handelns war entsprechend strukturiert, mit dem Ziel allseitiger Entfaltung autoritativer Sichtbarkeit.

Die Reformen des Kleisthenes führten zunächst zu einer starken Intensivierung der politischen Tätigkeiten. Die Agora war bald überlastet, so dass man schließlich die Volksversammlung an eine eigene Stätte auf dem Hügel Pnyx verlegte.[38] Das war zunächst eine Maßnahme vernünftiger Funktionentrennung, die zwar indirekt von der neuen demokratischen Ordnung hervorgerufen war, im Prinzip aber auch in anderen politischen Ordnungen hätte hervorgerufen werden können. Ganz neu war aber die antithetische Disposition mit einer Rednerbühne an einer Seite und einem gegenüber liegenden Raum für das Publikum.[39] Damit war eine kommunikative Raumstruktur geschaffen, die ganz auf die Entfaltung der Wirkung von Argumenten und Rhetorik angelegt war. Da grundsätzlich jeder Zuhörer zum Redner werden konnte und umgekehrt, war dies eine Raumsituation des intensivierten reziproken Dialogs. Es ist deutlich, wie angemessen diese Raumstruktur für die dialogisch geführten Debatten der Demokratie waren. Der autoritative Raum ist durch einen dialogischen Raum ersetzt worden.

8. Die Bildmotive:
Demokratische Ordnung und aristokratischer Habitus

Nimmt man die politische Selbstdarstellung Athens zur Zeit der Demokratie insgesamt in den Blick, dann fällt auf, dass in den öffentlichen Denkmälern explizit »demokratische« Ideale relativ selten auftreten. Neben den genannten Zeugnissen wie den Tyrannenmördern oder den Bildwerken von Demos und Demokratia findet sich eine weit überwiegende Zahl von Monumenten mit Themen, wie sie jede andere griechische Polis ebenso hätte propagieren können. Im Vordergrund steht zum einen die Verherrlichung militärischer Siege, allen voran der Schlacht von Marathon, bei denen »demokratische« Grundlagen kaum explizit zur Darstellung gebracht werden.[40] Zum anderen geht es um die mythische Tradition der Stadt, etwa am Parthenon, wo in den Giebeln die

Geburt der Stadtgöttin Athena und ihr siegreicher Kampf gegen Poseidon um das attische Land gefeiert werden: eine religiöse Fundierung, wie sie jede griechische Stadt sich geschaffen hatte.[41]

Offensichtlich kam es auch in einer Stadt mit einer selbstbewusst geschaffenen neuen Staatsordnung niemand in den Sinn, aus diesen Vorstellungen auszusteigen. Im Gegenteil: Man übertrumpfte die konkurrierenden Städte auf eben diesem Feld. Athena, die in vielen Städten als Hauptgöttin verehrt wurde, wurde für Athen mit besonderer Emphase reklamiert, wo sie im Namen der Stadt in einzigartiger Weise verankert war: Niemand konnte den Athenern diese Göttin im Ernst streitig machen!

Besonders bezeichnend ist der Fall des Stadtheros Theseus.[42] Seit archaischer Zeit hatte man ihn in Athen verehrt, schließlich hatte man ihm einen Katalog von Heldentaten zugeschrieben, der dem des Herakles gleichkam. Die neue Staatsordnung hat sich aber keinen neuen Heros geschaffen, sondern seine Verehrung noch gesteigert, seine Gebeine in einem spektakulären Akt nach Athen überführt und ihm sein Heiligtum neu gebaut.[43] Grundsätzlich kann Konkurrenz zwischen politischen Gruppen oder Positionen auf zwei verschiedene Weisen ausgetragen werden: Entweder wählt jede Gruppe ihre eigenen ideellen Leitbilder und sucht sie gegen die Leitbilder anderer Gruppen durchzusetzen; oder alle Gruppen halten an denselben Leitbildern fest und suchen sich als beste Sachwalter der gemeinsamen Sache zu profilieren. In Athen war dies das herrschende Modell.

Ein gemeinsames Leitbild aller Poleis war militärische Überlegenheit. Das Übermaß an militärischen Siegen, die die athenischen Heere errungen hatten, war der stärkste Beweis für die Überlegenheit der neuen Staatsordnung. Marathon war einzigartig: der erste Sieg über den »Erzfeind«, die Perser, und im Gegensatz zu allen späteren Siegen (fast) allein von Athen errungen. Ein Ruhmesblatt, wie es jede andere Stadt sich auch gewünscht hätte.

Die Konkurrenz gegenüber anderen Konzepten der politischen Ordnung, bei der die Dominanz des demokratischen Athen sich erweisen sollte, wurde auf den gemeinsamen Feldern aller Konkurrenten ausgetragen: militärische Macht und religiöse Tradition. Die politische Ordnung musste nicht als solche zum Thema gemacht werden, sie musste sich nur in ihren Erfolgen beweisen.

Darum wurden zum Teil auch Leitbilder der archaischen Aristokratie von der neuen demokratischen Gesellschaft übernommen

In der Darstellung einer Kavalkade jugendlicher Reiter beim Fest der Panathenäen zeigt sich eine enge Verbindung zwischen demokratischer Ordnung und aristokratischem Habitus.
Fries des Parthenon, Ausschnitt von der Nordseite, um 440 v. Chr. British Museum, London.

und weitergeführt. Schon das erste Siegesdenkmal unter der neuen Staatsordnung, die Quadriga für den Sieg über Chalkis und Boiotien, war ein Geschenk an die Göttin in Form des stärksten Symbols aristokratischer Lebensformen: Pferde und Wagen waren der höchste Stolz adeligen Ranges. Selbst die Gruppe der Tyrannenmörder, in der die Protagonisten der neuen Staatsordnung explizit gefeiert wurden, verkörperte eine Reihe von Qualitäten, die seit archaischer Zeit zu den Normen der adeligen Oberschicht gehört hatten. Auf dem Fries des Parthenon, der die Gemeinschaft der Athener in der Prozession zum Fest der Stadtgöttin Athena darstellt, erscheint diese demokratische Bürgerschaft vor allem in Gestalt von jungen Männern mit Wagen und Gespannen und insbesondere von glanzvollen jugendlichen Reitern.[44] Kein neuer demokratischer Habitus wird hier entwickelt, sondern ein altes Leitbild der Oberschicht wird vorgeführt und zu Eigen gemacht. Und doch ist dies alles andere als ein unbedachter Rückfall oder ein hilfloser Rückgriff auf vor-demokratische Traditionen. Denn die Aussage ist durchaus selbstbewusst: Die neue Staatsordnung vermag es noch viel besser als alle anderen früheren und zeitgenössischen Ordnungen, dem Staat diesen Glanz zu verleihen. Dass dabei von der sozialen Situation großer Teile der Bürgerschaft abgesehen werden musste, die selbst weit von diesem Glanz entfernt waren, steht auf einem anderen Blatt: Die antike Demokratie hat ohnehin immer nur Teile der Gemeinschaft umfasst, sie hat immer nur die Gleichheit der politischen Rechte, nicht die der sozialen Verhältnisse im Blick gehabt – und sie hat den Erfolg der Staatsform immer mehr vom Ganzen der Polis als vom einzelnen Bürger her gesehen. Darum können die vornehmen Reiter ohne inhärenten Widerspruch für den Glanz des demokratischen Athen stehen.

9. Schluss

Das demokratische Athen hat seine Selbstdarstellung in öffentlichen Bauten und Staatsdenkmälern mit einem Aufwand und einer Intensität wie kein anderer griechischer Staat betrieben. Das deutlichste Zeugnis dafür ist der Parthenon, der nach der Größe und dem finanziellen Einsatz wie nach der Vielfalt und Komplexität seines Bildschmucks alle Tempelbauten seiner Zeit weit überragt. Die Zeitgenossen hätten das wohl in einem unmittelbaren

Zusammenhang mit der Staatsform der Demokratie gesehen. Perikles, in der berühmten Rede auf die Kriegsgefallenen bei Thukydides, begreift den kulturellen Glanz und die Liebe zur Schönheit als manifeste Leistung der athenischen Staatsform;[45] darin ist gewiss die Pracht der öffentlichen Bauten, die Thukydides selbst in eklatanten Gegensatz zum dürftigen Stadtbild von Sparta stellt,[46] mit eingeschlossen. Es entspricht wohl einer damals verbreiteten Meinung, wenn Thukydides den Staatsmann dafür typische Eigenschaften der demokratischen Bürgerschaft, Aktivität für die Polis und Mut zu großen Unternehmungen, *politikōn epimeleia* und *tolma*, ins Feld führen lässt. Gegen eine solche Auffassung könnte man zwar aus der Sicht des heutigen Historikers gewichtige Gründe anführen: vor allem dass Athen selbst bereits in archaischer Zeit, also weit vor der Entstehung der Demokratie, die reichste Entfaltung großformatiger Bildkunst im öffentlichen Raum aufzuweisen hat. Es scheint sich also um eine durchgehende kulturelle Praxis auf einem Feld zu handeln, auf dem in Athen seit alter Zeit solche gesellschaftliche Kommunikation ausgetragen wurde, über die politischen Gruppierungen und Entwicklungen hinweg. Allerdings: Auch wenn man einen Zusammenhang von demokratischer Staatsform und allgemeiner Blüte der Kunst nicht als historisches Faktum akzeptiert, bleibt doch die Behauptung dieses Zusammenhangs durch Vertreter der Demokratie bestehen. Und dies Selbstbewusstsein ist wohl auch ein historisches Faktum.

Eberhard Straub

Von der repraesentatio maiestatis zur nationalen Symbolik.
Zur Formensprache von Hof, Reich und Nation

1793 schrieb Friedrich Schiller in »Anmut und Würde«: »Majestät hat nur das Heilige. Kann ein Mensch uns dies repräsentieren, so hat er Majestät, und wenn auch unsere Knie nicht nachfolgen, so wird doch unser Geist vor ihm niederfallen.« Schiller verband noch ganz selbstverständlich mit Repräsentation numinose Mächte, wie das Heilige und die Majestät, die sacra maiestas. Die Majestät hält uns, wie er fortfährt, ein Gesetz vor, das uns nötigt, »vor dem gegenwärtigen Gott« in uns selbst zu schauen. Gesetz meint dabei nicht strafbewehrte Vorschriften, sondern eine überpersönliche Ordnung mit ihren harmonischen Proportionen. Das Heilige haftet an der Ordnung, am Gesetzten, zugleich aber auch an dem, der ganz zu ihrem Ausdruck wurde. Als Mensch erweitert er sich zur Person, die das Bleibende, die Dauer verkörpert jenseits der individuellen Unwägbarkeiten in der Erscheinungen Flucht. »Er soll alles in sich vertilgen, was bloß Welt ist, und Übereinstimmung in all seine Veränderungen bringen; mit anderen Worten: Er soll alles Innere veräußern und alles Äußere formen. Beide Aufgaben, in ihrer höchsten Erfüllung gedacht, führen zu dem Begriff der Gottheit zurücke«, wie er später im 11. Brief über die »Aesthetische Erziehung« erläuterte.

Schiller spricht vorzugsweise von dem idealen Menschen, wie das inkommensurable Individuum sich diesem Bilde angleichen und zur freien Person werden könne. Aber er tut es mit Wendungen, die früher der Staatsperson galten, dem höchsten Repräsentanten einer alle umgreifenden Ordnung, also dem Kaiser oder König. Im Bilde der Majestät erscheint vor dem »entzückten Blick« allerdings auch der Mensch »in des Sieges hoher Sicherheit« zu seinem Ideal geadelt, fern von allen Spuren »menschlicher Bedürftigkeit«. Solche Überlegungen sind dem heutigen Zeitgenossen vollkommen fremd geworden. Keiner würde es noch wagen, von der Majestät des Volkes zu sprechen, obschon dieses doch der Souverän ist. Dem Staat Maiestas zuzubilligen, gilt als lästerliche Staatsvergottung, die Demokraten unwürdig ist. Wer unter dem Eindruck eines motorisierten Gesetzgebers an die Heiligkeit des Rechts erinnert, macht sich lächerlich oder verdächtig. Denn das Recht muss sich den gewandelten Bedürfnissen einer ständig bewegten Gesellschaft anpassen. Konkrete Bezeichnungen wie »Bürger« lösen sich auf. Es gibt nur noch Menschen irgendwo »vor Ort« »draußen im Lande«. Personen kommen vielleicht bei Verkehrsunfällen noch vor. Ansonsten vollendet sich der Mensch im Zuge der Individualisierung als Verbraucher. Seine konsumierende Bewertungsfreiheit erlaubt es ihm, sich selbst zu verwirklichen und seine kreativen Kräfte zu erproben.

Ordnung ergibt sich aus dem Gespräch, das alle mit allen führen. Im »kritischen Dialog« werden Angebote problembewusst ausgebreitet, um das unvermeidliche Konfliktpotential zwischen Individuen phantasievoll »abzubauen«. Alles Dauerhafte bestätigt schon allein, weil es immer noch dauert, dass »verkrustete Strukturen« endlich aufgebrochen werden müssen, um einen »Reformstau« innovativ zu beheben. Das Flüchtige, die wechselnden Zustände, die individuellen Lebensentwürfe, die nach »Erlebnissen« in allen möglichen Erlebnisräumen verlangen, lassen sich schwer repräsentieren. Zumal wenn unermüdlich wechselnde Erwartungen, mal weniger Staat, mal mehr Demokratie, darauf gerichtet sind, beliebige Stagnationen zu verflüssigen. Staatliche Repräsentation kann nur das Stabile sichtbar machen. Denn der Staat ist, wie sein Name andeutet, der status, die Gleichgewichtslage der Meinungen. Herrschaft – und jede Ordnung ist mit Herrschaft verbunden, mit der Herrschaft des Gesetzes – ist die ruhige Ausübung der Herrschaftsrechte. »Kurz, herrschen heißt sitzen – auf dem Throne, der sella curulis, dem Ministersitz, dem Heiligen Stuhl. Entgegen einem harmlosen Zeitungsschreiber-Standpunkt ist Herrschen weniger eine Angelegenheit der Faust als des Sitzfleisches«, wie Ortega y Gasset einmal zu bedenken gab.

Herrschaft ist ein Begriff aus der Welt, die die Französische Revolution als ancien régime bewusst zur alten und veralteten erklärt hat. Herrschaft hatte ihren angemessenen Platz im Zeitalter des Feudalismus und des königlichen Staates. Zur alten Gesellschaft, die sich seit dem 11. Jahrhundert herausbildete und im 18. Jahrhundert an Altersschwäche litt, gehörte auch die Verpflichtung zur Repräsentation. Denn »beredte« Bilder sollten jeden von der Lebenskraft der Ideen überzeugen, die das innere Leben des Staates und seiner gesellschaftlichen Ordnung wach hielten. Von dieser Vorstellung war die gesamte Gesellschaft durchdrungen. Hatte Gott als der architectus elegans die Welt als ein beziehungsreiches wohlproportioniertes Kunstwerk entworfen, so konnte alles in der durch den sündhaften Menschen verdorbenen Wirklichkeit auf ihn verweisen, Anteil an seiner Wahrheit haben. Gott ist die Wahrheit, er ist aber auch die Schönheit. Alle Annäherungen an die Wahrheit bedürfen daher der schönen Form. Wer sich vor der Schönheit ängstigt, der fürchtet das Göttliche, das Wahre und Gute. Er verwirrt sich im Hässlichen und Bösen, das ihn gerade mit der pompa diaboli zu blenden vermag, die die Sinne betört und die Vernunft zum Schweigen bringt.

Gott ist aber auch der Allmächtige und insofern ist die Macht gut, die als Gegenmacht des Bösen den Satan, den Fürsten der Welt, entmachtet. Dazu hat Gott, der König aller Könige, die Könige eingesetzt, damit sie die verworrene Welt vor der Unordnung des Bösen schützen und in den stets bedrohten Erinnerungen an die gottgewollte Ordnung ein Vor-Bild auf das Reich des Friedens und der Seligkeit schaffen, das hinter aller Wirklichkeit als Urbild schimmert. Das himmlische Reich des Weltenkaisers ist eine Sphäre der Hierarchien, die sich alle im splendor veritatis, im Glanz der göttlichen Herrlichkeit, harmonisch ergänzen. Die weltlichen Hierarchien bilden in analogen Formen Hinweise auf eine vollkommene Harmonie, die sich erst dann ergibt, wenn nichts mehr die ursprüngliche Sphärenmusik harmonischer Beziehungen zu stören vermag.

Jeder Mensch muss in einer hierarchischen Ordnung repräsentieren. Er muss auf der Bühne der Welt im großen Welttheater seine Rolle spielen, was heißt, den glücklichen Gedanken Gottes, der sich in seinem Stand verbirgt, entdecken und demgemäß leben, indem er ihn sich zu Eigen macht und veranschaulicht. Der göttliche Spielmeister beurteilt am Ende, nicht ob er sich als wahrer Mensch zu erkennen gab, sondern ob er als Bauer, Ritter, Priester, Kaufmann oder König der jeweils von ihm geforderten Nachfolge Christi genügte. Alle sollen wie Christen leben, aber je auf ihre Art, gemäß der Rolle, die ihnen im Welttheater zugesprochen wurde. Eine

Harmonie ergibt sich nur aus dem Zusammenklang von Besonderheiten. Ein Bischof kann nicht wie ein Mönch leben, ein Ritter nicht wie ein Bauer. Das ergäbe einen Missklang. Die Gleichheit in der Sünde und vor den Gnadenmitteln schafft keine Gleichheit bei der Anerkennung der Tugendbemühungen, den Anstrengungen, gottselig zu leben. Wem viel in dieser Welt gegeben wurde, von dem darf auch viel erwartet werden.

Das Individuum war nicht unbekannt. Jeder musste sich ja mit sich selbst beschäftigen, um seiner Aufgabe gerecht zu werden. Das hieß aber, alles Menschlich-Allzumenschliche zu überwinden, individuelle Beliebigkeiten abzuschwächen, um einen Typos zu veranschaulichen, dem der topos entprach, besondere sittliche Anforderungen, die sich aus dem sozialen Rang ergaben. Das Individuum sollte Person werden, eine Standesperson, und als solche auftreten. Person gehört als Wort zum Theater. Personam agere, das meint eine bestimmte Rolle auszufüllen, das Dauernde und Typische zu repräsentieren und individuelle Schwachheiten zu überwinden. Die Komödie lebte davon, zu zeigen, wie ein Individuum seine Bestimmung verfehlt, die Tragödie, wie es trotz einiger Schwächeanfälle sich der auferlegten Rolle würdig erweist. Die Alte Welt war eine bunte Welt der Verschiedenheiten, die sich zeremoniös in ihrer jeweiligen Ehrbarkeit untereinander verständigten. Es war eine Welt der Personen und Autoritäten, erfüllt vom Pathos personaler Autorität. Autorität war allerdings mit mannigfachen Pflichten verbunden, die als Tugenden verstanden wurden. Sie haben nichts mit unserer Verantwortung zu tun. Tugenden lebt man, sie können wie alles Lebendige veranschaulicht, dramatisiert und repräsentiert werden. Verantwortung gehört zur bürokratischen Routine, um den Geschäftsgang übersichtlich zu halten. Verantworten lässt sich alles, was Verantwortliche in die Wege leiten, solange sie sich an die Regeln, die Funktionstüchtigkeit des Apparates halten. Wer unverantwortlich handelt, hat eigenmächtig gehandelt. Das ist verantwortungslos, ob er nun Schlimmes oder Gutes tat.

Die Alte Welt fürchtete Willkür, aber nicht Eigenmächtigkeit. Jeder war für sich eine kleine Macht und musste deren pflichtgemäße Auflagen beachten. Der König war die höchste Macht nach Gott. Ja er war ein Gott auf Erden, weil er dazu eingesetzt war, jedem das Seine zu belassen, also jeden in seiner genau umschriebenen Eigenmächtigkeit zu schützen, in der ein göttlicher Gedanke sich ausdrückte. Der König musste über selbständige Macht verfügen, um seinen Verpflichtungen nachkommen zu können: Rechtswahrer zu sein, das gute, alte Recht unter seinen Schutz zu nehmen. Das hindert ihn nicht, als lebendes Gesetz neues Recht zu schaffen, doch stets mit der Rücksicht darauf, dass alles Recht ein Versuch ist, der göttlichen Gerechtigkeit unter all dem Staub, der vor ihr aufgewirbelt wird, zu einiger Kraft zu verhelfen. Im Königtum als einem Königtum des Rechtes, der austeilenden und alles Ausgeteilte wahrenden Gerechtigkeit im Namen Gottes, sammelten sich alle repräsentativen Freiheiten. Rechte schufen auch Freiheiten, wenn Gott der Gerechte zur Freiheit hinlenkt, zur berechtigten Freiheit in ihm. Der Monarch als Gott auf Erden fördert die Freiheiten und erhält sie, weil alles Recht auch Freiheitsrecht ist.

»Einigkeit und Recht und Freiheit«, wie unsere meist ungesungene Nationalhymne verheißt, »sind des Glückes Unterpfand«. Die Einigkeit stellte in der alten Welt der Monarch nicht her, er repräsentierte sie. Denn aus der Eins entwickelte sich die Vielfalt. Sie ist, wie der dreifaltige Gott, nur als die Zusammenfassung von Verschiedenem zu veranschaulichen, das dennoch eine Einheit bildet, einig in sich als Person ist. Der Monarch ist der Stellvertreter Gottes auf Erden, wie dieser eine Sonne der Gerechtigkeit. Er ist ein Mensch wie alle Übrigen und deshalb schwach und zur Sünde geneigt. Die Göttlichkeit, die Maiestas, haftet am Amt. Seine Aufgabe ist es, ganz in seinem Amt aufzugehen, was sterblich an ihm abzustreifen, um ganz der Kaiser zu werden, der niemals stirbt. Der Körper ist hinfällig und dem Tode unterworfen. Die Würde ist unsterblich, dignitas non moritur. Deshalb sind die Könige kraft Amt Götter. Nicht deus per naturam, sondern deus per gratiam als Repräsentant des göttlichen Weltmonarchen. Sie haben in diesem Sinne zwei Körper, einen menschlich-sterblichen und einen politischen, in dem sich der Staat, das der Zeit Entrückte, veranschaulicht. Deshalb sind sie zwei Personen in einer. Darin liegt das Mysterium des Königtums. Deswegen sollen Könige Ehrfurcht haben vor ihrem Purpur und ihrer Autorität. Die Majestät ihres Amtes war vor Gott Ausweis ihrer Menschlichkeit, wie sie vor dem Volk Hinweis auf ihre Göttlichkeit war, das ihnen nur deswegen Gehorsam schuldete, weil der Mensch zum Gehorsam gegen Gott verpflichtet ist, dessen Majestät im Herrscheramt als Abbild seiner unsterblichen Autorität erscheint.

In Analogie zum Corpus Christi mysticum, zur Kirche, ist der Staat ein anderes corpus mysticum des Christus-König. Die königlichen Staaten waren mystische Monarchien auf rationaler Grundlage, seit mit ungemeinem scholastischen Scharfsinn das Rechtskönigtum begründet wurde. Recht und Gesetz kommen vom Himmel. Der Kaiser oder König ist das lebende Gesetz. Christusgleich steht der Herrscher unter dem Gesetz, das er erfüllt als servus legis, und eben darum kann er auch der dominus legis sein, der im Tempel der Justitia, im Palast, das Recht auslegt, erweitert und schützt. Wer ihm als Rechtsdiener nahe steht, seine Juristen vor allem, werden zu sacerdotes, zu Priestern des heiligen Rechts im Heiligtum der Gerechtigkeit, das der königliche Staat ist. Das Imperium Romanum der Deutschen wurde zum Sacrum Imperium, zum Heiligen Reich neben der Heiligen Kirche. Die Jungfrau von Orléans pries das Saint Royaume de France und erklärte jeden Feind Frankreichs zum Feind des Christus-König. Insofern rückt alles, was mit der Majestät zu tun hat, mit der Majestät der weltlichen Rechtsordnung, aus dem Profanen in eine sakrale Sphäre: Zeremonien, Paläste, prächtige Hofhaltung, Feste, Ehrenbögen, Trionfi, alles, was zum festlichen Apparat gehört, mit dem Monarchen sich umgaben.

Das waren keine Äußerlichkeiten, dekorativer Zierrat. Sie gehören zur liturgischen Feier des Königtums, in dem sämtliche Ideen zusammengerafft aufleuchteten, die den großen lebendigen Zusammenhang von Staat und Gesellschaft in einer beide umschließenden Ordnung verdeutlichen sollten. Sie galten nicht als eitles Prangen, vielmehr als eine sittliche Verpflichtung. Der Fürst muss sich ganz in seine »real persona«, in sein Amt versenken. Denn er ist mehr »una idea de gobernador« als ein Mensch, er gehört weniger sich selbst als allen. Deshalb ist er dazu angehalten, die Majestät zu repräsentieren – representar la majestad – und darf gerade das decorum, den festlichen Glanz seines Hofes, nicht gering schätzen, wie Diego Saavedra y Fajardo 1640 in seiner »Idea de un principe político-christiano« mahnte. Er ist nur einer von vielen politischen Schriftstellern im 17. Jahrhundert, aber einer der geistreichsten unter ihnen, der Königen den Spiegel vorhielt, damit sie sich besser kennen lernten. Herrschen ist dann, wie Juan de la Huarte hundert Jahre früher meinte, mehr Sache der Einbildungskraft als des bloßen Verstandes, weshalb gerade Kathedermänner auf dem Thron eine schlechte Figur abgeben. Denn der Fürst muss nicht nur den Intellekt ansprechen, er muss die Augen und das Gemüt der Untertanen unterhalten. Das wusste man seit Cicero. Der Heilige Augustinus empfahl aus diesem Grunde Musik und Bilder in der Kirche, um, alle Sinne beschäftigend, die strenge Andacht liebenswürdiger zu machen. Gerade der gemeine Mann, der die Vernunft wenig gebraucht, bedarf der augenfälligen, einprägsamen Bilder, um einen klaren Begriff von der Majestät zu bekommen. Darüber waren sich sämtliche Zermonialwissenschaftler einig.

Um Bilder war man nicht verlegen. Da die eine in Gott ruhende Wahrheit sinnfällig eingeprägt werden sollte, weil die Wahrheit eine personale war, konnte schlichtweg alles mit diesem ersten Beweger und Anreger in Verbindung gebracht werden: verchristlichte Mythologie, moralisierte Geschichte, biblische Gleichnisse, die gesamte Natur. Alle Erscheinungen in der Welt enthielten eine Lehre, ein Geheimnis, das darüber unterrichtete, was die Welt im Innersten zusammenhält. Auch wenn das Volk geübt war, Bilder zu lesen und zu verstehen, blieben viele Subtilitäten ihm gleichwohl ein prunkvolles Mysterium. Nicht einmal die feinsten Gemüter vermochten sofort sämtliche Ideenverknüpfungen bei einer langen Festfolge unmittelbar nachzuvollziehen. Sie bedurften schon der ausführlichen und bebilderten Beschreibungen, um die mannigfachen Anspielungen in ihrer wohldurchdachten Systematik zu durchdringen.

Die große Abstraktion des Staates, die sich später verselbständigte, wurde mit dem Herrscheramt personifiziert, eben um mit dem Abbild aller gerechten Ordnung auf das göttliche Urbild zu verweisen. Repräsentation ist Stellvertretung. Zu ihr gehören Personen oder Ideen, die personifiziert werden können und auf den veweisen, in dessen Namen sie Gestalt empfangen. Dem Repräsentanten der durch Gott, der Sonne der Gerechtigkeit, geheiligten Ordnung entspricht ein eigener Lebensraum: der Palast, das sacrum palatium, in dem »der Altar der Majestät« steht, der Thron. Philipp II., der »neue Salomon«, ließ Gott Vater und den Heiligen Geist auf dem Rücken seines Thrones darstellen. Christus sparte er aus, denn er, der König, vertrat den Sohn, fügte sich als lebendes Gesetz in die Trinität. Vater und Geist leben im Sohn, in Christus, dessen menschliche Gestalt die göttliche Gerechtigkeit umhüllt. Der König ist dessen Abbild. Wachte Philipp II. auf, dann fiel sein erster Blick durch ein Fenster seines Schlafzimmers auf den Hochaltar der Kirche im Escorial, auf die Sonnenmonstranz des Tabernakels, in der Christus als Hostie gegenwärtig war.

Der Escorial ist die strengste und bedeutungsvollste Residenz, die sich je ein moderner Monarch ersann. Sie ist ganz das Werk des

Königs, der sich bis ins Detail selber um alles kümmerte. Das corpus Christi mysticum in beiderlei Gestalt gab sich hier in untrennbarer Einheit zu erkennen. Kirche, Kloster und Palast, Ziergarten und Nutzgarten, Spital und Akademie, Waffen und Wissenschaften, Verwaltung und Meditation fügen sich zu einer civitas perfecta, die in einem neuen Tempel Salomons das himmlische Jerusalem im Bilde vorwegnimmt. Sakrales und Profanes vermischen sich, weil es keine Profanität im Zusammenhang mit dem Königtum gab. Auch der König war geweiht und gesalbt, heilig als Priester der Gerechtigkeit. Schlossanlagen waren gleichsam eine Stein gewordene Ewigkeit in Anlehnung an die himmlische Stadt.

Die Würde seines Amtes hebt den Herrscher weit über alles Menschliche hinaus. Von ihm aus erhält alles öffentliche Leben seinen Rang und seine Bedeutung. Die Idee einer geheiligten Ordnung begreift das Gemeinwesen als Abstufung von oben. Es ist die Pflicht des Monarchen, die Schwäche der Natur zu korrigieren und ganz im Bilde eines vollkommenen Herrschers aufzugehen. So wie er ein Bild der Vollkommenheit verkörpern soll, soll auch der Hof des Fürsten ein Abbild der Vollkommenheit sein. Die Aristokraten, die zur Feier der Majestät am Hofe dienen, sollen mit dem Glanz, der ihre Stellung umgibt, auch hohen Tugendglanz ausstrahlen. Den müssen sie sich als Stand der Tugend in unablässiger Selbtverfeinerung zur schönen Seele erwerben. Sie sollen eine sittliche Richtigkeit vorleben. Denn in dem Abbild Gottes und seiner höfischen Gesellschaft soll ein Menschentum Gestalt annehmen, das als Beispiel für die Welt aufgerichtet ist.

Ein Menschentum, das sich herrlich über natürliche Schwäche erhebt und sich in freier Schönheit behauptet. »Schlank und leicht, wie aus dem Nichts gesprungen,/steht das Bild vor dem entzückten Blick«, wie Schiller solche sozial-ethischen Vorstellungen noch umschrieb. »Ausgestoßen hat es jeden Zeugen/menschlicher Bedürftigkeit/[...] und des Erdenlebens/schweres Traumbild sinkt und sinkt und sinkt«. Die Tugenden sind die Leiter zur Glorie und Schönheit, weil Gott, der Inbegriff aller Tugend, zugleich die Schönheit ist. Im beziehungsreichen Fest, dem Höhepunkt im höfisch-repräsentativen Dasein, zeigen Herrscher und Adel, was sie im sittlich-politischen Sinne sind und sein sollen. Sie zeigen ihre Vollkommenheit, immer gefährdet in den Festspielen und jedesmal herrlich behauptet. Der Hof sieht seine schöne Wirklichkeit auf der Bühne umkämpft und wiederhergestellt, auf den Fresken der Decke feierlich bestätigt. Die festliche Wirklichkeit öffnet sich in den Bühnenraum und in den Bildraum der Fresken, die Grenzen verschwinden, aber in der Mitte zwischen beiden Illusionsräumen steht als gesicherte Wirklichkeit der Hof, der als Ort der Freude auch ein Ort der Ruhe ist.

Die festliche Repräsentation begann im 18. Jahrhundert fragwürdig zu werden. Sie war eng verbunden mit einer politischen Theologie, das Bild der Welt und des Staates möglichst im Einklang zu halten mit dem Bilde Gottes. Wenn Gott zum großen Uhrmacher wurde, der seine Maschine sich selbst überließ, wenn er fern von der Welt gedacht wurde, die er in Bewegung setzte, ohne in ihre Mechanismen weiter einzugreifen, dann verlor das Königtum als Inbegriff der souveränen Majestät Gottes seine Grundlage. Die Historisierung der Bibel zog die Offenbarung und den geoffenbarten Gott in die Zeit hinein, das Ewige und Wahre wurden zu einem zeitverhafteten Phänomen, in dem sich Vergängliches ausdrückte mit nur relativer Wahrheit. Das Ewige mit seiner schönen Gesetzesmäßigkeit sollte nun die Natur, die Stiefmutter des Menschen, wie man bislang dachte, offenbaren. Der Mensch, um wahrer Mensch zu sein, sollte natürlich werden. Hieß es früher, der Mensch müsse sich von der Natur lösen, sie überwinden und sich überwinden, so wurde er nun dazu ermuntert, authentisch, ganz menschlich zu sein, den Geboten seiner ureigensten Natur zu folgen.

Damit war dem aristokratischen Selbstverständnis der Boden entzogen, das darauf beruhte, den Sinnen zu misstrauen, sich und die Welt zu ent-täuschen, um aus dem Irrgarten der Welt herauszufinden ins Reich der Freiheit und Klarheit, das dem Menschen erst vollständig nach dem Tod eröffnet wird. Die mannigfachen Formen, mit denen der Mensch sich zu einem Kunstwerk seiner selbst ausbildete, gerieten nun in Verruf, »Europens übertünchte Höflichkeit« zu sein, der jedes Naturkind, in Übereinstimmung mit den Naturrechten und der ihm gemäßen natürlichen Religion, überlegen sei. Der wahre, natürliche Mensch war im Ursprung frei und gleich, seine unverlierbare Würde, verdunkelt durch die Monarchien, musste wiederhergestellt werden. Zu seiner Menschenwürde gehörte es, beteiligt zu sein an dem, was alle angeht, Gesetzen also nicht nur leidend zu gehorchen, sondern an der Gesetzgebung beteiligt zu sein, zum allgemeinen Gesetzgeber zu werden, so wie er als Gesetzgeber seiner selbst Sonne seines Sittentages ist.

Unter solchen Voraussetzungen war es dann nur noch ein Schritt, um vom souveränen Individuum zur Souveränität des Volkes als Summe aller Einzelsouveräne zu gelangen. Die Majestät, der Inbegriff der Souveränität, verlagerte sich auf alle und konnte nicht mehr einem gehören. Freilich tat sich sofort in der Revolution die Schwierigkeit auf: Wer kann das souveräne Volk repräsentieren? Zur Repräsentation gehört eine Person, mehr noch eine autorisierte Person, eine Autorität. Gott war eine Person, sie ließ sich bildhaft veranschaulichen über die Vikare Christi, im Papst und Kaiser oder König. Die Vernunft, der Quell des Vernunftstaates, der jeden in seiner natürlichen Würde als Mensch schützt, ließ sich, wie Schiller vermutete, denken, aber sie konnte als Abstraktion nicht gestalthaft erscheinen. Konsequente Revolutionäre bekannten sich zur Bilderfeindlichkeit, um die Ideen nicht zu verunreinigen. Aus gutem Grund: Sobald die Revolution versuchte, über Bilder das revolutionäre Volk zu erziehen, über sich selbst aufzuklären und die Revolution zu feiern, geriet sie unweigerlich in die Abhängigkeit von der monarchischen Repräsentation.

Die Göttin Vernunft forderte ihren Kult und ihre festlichen Liturgien, die eine recht blutarme Imitatio der symbolischen Imitatio Christi waren. Französische Könige ließen sich gerne als gallischer Herkules feiern, der umsichtig Kunst und Wissenschaft eine Gasse schlägt. Jetzt wurde das Volk im Herkules verbildlicht: Ein muskelstrotzender Koloss, dessen Arme Arbeit bedeuten, dessen Stirn auf das Licht der Vernunft verweist, von Natur und Wahrheit kündet seine Brust. Dies alles musste, um verstanden zu werden, auf Stirn, Arme und Brust geschrieben werden. Da Brüderlichkeit zu den Forderungen der Revolution gehörte, verdrängte Herkules als Bruder die Marianne, den ursprünglich weiblichen Genius des Volkes und der Revolution. Die Freiheit und Gleichheit trägt er als kleine Schwestern auf seinen Händen.

Es ist nicht weiter verwunderlich, dass solch magere Allegorien alsbald wieder veschwanden. Amtstrachten, weil an Hierarchien erinnernd, wurden bald wieder aufgegeben. Hierarchien widersprachen den Freien und Gleichen. Die Freiheit stürzte in Verlegenheiten. Gab es die Nation, die sich als gemeinsamer Wille verstand, dann mussten alle Meinungen, die von diesem Willen sich unterschieden, »unfranzösisch« sein. Der gallische Herkules sollte die Einheit aller Franzosen demonstrieren, wie einst der König Einheit und Einigkeit symbolisierte. Pluralismus konnten sich die Revolutionäre nur als Verrat, als Verschwörung, als Parteigeist denken, der die Einheit sprengt. Der einen Vernunft entspricht das eine vernünftige Volk mit seinem einheitlichen Willen. Gibt es Parteien, dann hat sich die Vernunft noch nicht durchgesetzt. Ganz abgesehen von ihrem Einheitsverlangen, das die Revolution gerade nicht zum Vorläufer eines pluralistischen Staates macht: Robespierre, Saint-Just oder Désmoulins begriffen, dass Pluralismus nicht repräsentativ ist, nicht zu veranschaulichen ist. Er lässt sich nur leben und im Zusammenleben erleben. Gerade davor hatten sie Angst. Verständlicherweise, weil sie die religiösen Parteiungen und Bürgerkriege des 16. und 17. Jahrhunderts nicht vergessen hatten. Die religiösen Meinungen konnten die Könige über den christlichen Königskult versöhnen, dem Calvinisten nicht entgegenstanden. Wer aber darf und kann für die Gemeinsamkeit der Demokraten nicht nur sprechen, sondern vermag sie unmittelbar zu veranschaulichen? Dies Dilemma ließ sich nie lösen. Denn der demokratische Souverän ist unsichtbar.

Es gibt Institutionen, die vom Gemeinsamen, über alle Meinungsverschiedenheiten hinweg, künden. Doch bei der vernünftigen Gewaltenteilung ist keine berechtigt, alle Gewalten zu repräsentieren. Hinzu kommt das Dogma, dass alle Gewalt vom Volke ausgeht. Die Verlegenheiten, wenn begriffliche Wahrheiten und nicht anschauliche den Staat legitimieren, wollten alle möglichen Bemühungen seither überspielen. Schillerfeste, historische Umzüge, Staatsbegräbnisse von Dichterfürsten, um der Nation ein Bild vom Nationalgeist, der Übereinstimmung mit sich selber zu vermitteln. Das versuchten alle Nationen. Verfassungstage, das Gedächtnis national-revolutionärer Märtyrer, – in kirchlicher Tradition – Altäre des Vaterlandes, um Gefallene zu ehren, – nicht minder in kirchlicher Tradition – ewige Lichter, unverlöschliche Feuer – ferne Erinnerung an Christus als das Licht des Lebens – kommen gar nicht ohne das aus, wogegen sie sich wehrten: die Sakralisierung des Vernünftigen. Das konnten totalitäre oder autoritäre Systeme am besten. Dort gab es einen Führer, der den Kult organisierte und ihm, um sich herum, um seine Person, Bedeutung und Sinn verlieh. Daran mögen verständlicherweise Demokratien nicht anknüpfen.

Faschismus, Kommunismus und Nationalsozialismus waren ein politisch-ideologischer Religionsersatz. Sie brauchten Gläubige, Ergriffene, trotz aller Wissenschaftlichkeit, mit der sie als moderne

Bewegungen ihre Glaubenswahrheiten rationalisieren und legitimieren wollten. Sie wandten sich emphatisch gegen die Religion der modernen Gesellschaft, gegen die Religion des Privaten. Die Religion wurde zunehmend seit dem 17. Jahrhundert, um diesen Anlass zu Konfessionskriegen zu neutralisieren, der Privatheit überliefert. Wenn das Religiöse zur Privatangelegenheit wird, dann wird alsbald alles Private heilig. Das Eigentum und vor allem das Eigentum jedes Einzelnen: seine unantastbare Menschenwürde, die wie alles Heilige eine expansive Tendenz besitzt. Schon Hobbes musste den inneren Vorbehalt des Herzens gegenüber der öffentlichen Ordnung anerkennen. Es genügt, wenn der Einzelne formell deren Regeln und Funktionsmechanismen achtet, eben als etwas Äußerliches respekiert. Er kann aber nicht gezwungen werden, ihre sittliche Legitimation als inneres Bekenntnis anzunehmen.

Darin liegt die Überlegenheit des Inneren, des Privat-Authentischen gegenüber allen öffentlichen Ansprüchen. Zu dieser Heiligung der Privatheit gehört die demokratische Vermutung, das öffentliche Leben werde sich wie von selbst regeln, eben durch das ewige Gespräch von Privatleuten, das über private Presse und andere private Medien die öffentlichen Meinung widerspiegelt und in dauernder Bewegung hält. Das führt unweigerlich in ihren äußeren Formen zu einer Privatisierung des Politischen, zu einer »Vermenschlichung« in dem Sinne, dass Politiker »glaubwürdig«, »spontan«, »echt« sein müssen und sich nicht »verbiegen« lassen von den Äußerlichkeiten des Amtes. Der Mensch und das Menschliche lassen sich aber nicht repräsentieren. Menschlich erweist sich der Mensch im Tun, ganz unabhängig von dessen formaler Fassung.

Was an repräsentativen Formen heute noch übrig ist, stammt aus der höfischen Zeit: Möbel, Uniformen, Zeremonien, Musik oder Orden. Staatsakte spielen mit ästhetischen Erinnerungen, also mit Bildungsgütern. Die Coriolan-Ouvertüre sorgt für besinnliche Stimmung, sobald Nachdenklichkeit erforderlich ist, das Meistersingervorspiel für festliche Erhebung, wenn Anlass zur Freude gegeben ist, möglichst im repräsentativen Rahmen, also in einem alten Schloss oder sonst wie ehrwürdigem Gemäuer, das blumengeschmückt gehobene Langeweile erträglich macht. Ästhetische Zitate unverbindlicher Art schmücken leeren Seelenraum. Jede Verbindlichkeit würde nur stören, weil sie im Übrigen dem Pluralismus widerspricht. In Demokratien kann man sich nur mit dem schmücken, was unter keinen Umständen und bei keiner Gelegenheit jemanden stört. Selbst die verbliebenen Monarchien haben sich der gefälligen Ästhetisierung angepasst. Sie repräsentieren gleichsam die Repräsentation und geben der Demokratie, wozu sie ansonsten nicht fähig ist: ein schönes Aussehen.

Dennoch lechzen seltsamerweise gute Demokraten nach sinnvoller Repräsentation. Demokratische Feste oder demokratisches Bauen sollen ihre Überzeugungen kräftig, herzbezwingend und Energien weckend veranschaulichen. Die Veranstaltungen am Nationalfeiertag verdeutlichen nur eines: die Verlegenheit, öffentlichen Frohsinn pathosfrei und doch bedeutungsvoll zu »gestalten«. In der Regel bleibt allein der Geruch von Glühwein, Rostbratwürsten und gebrannten Mandeln in Erinnerung. Auf die Reden beim Festakt – und ohne sie geht es nicht, weil die demokratischen Begrifflichkeiten nur argumentierend vorgetragen werden können – achtet auch der gutwilligste Zuhörer kaum, weil alsbald ermattet von den endlosen Begrüßungen irgenwelcher Repräsentanten aus dem »öffentlichen Raum«. In ihm herrscht eine drangvolle Enge, da unzählige »Menschen« eben als Vertreter des »öffentlichen Lebens« gelten, die außer sich selbst gar nichts repräsentieren.

Selbst die Volksvertreter sprechen nur noch ungern von der Abstraktion, die sie vertreten, vom Volk. Die »Bevölkerung« klingt ihnen plausibler, sofern sie nicht gleich »von den Menschen draußen im Lande« reden oder sich an die »Menschen vor Ort« wenden. Diese hilflosen Redensarten bestätigen, wie schwer es fällt, in einer pluralisierten Massendemokratie individueller »Lebensentwürfe« das Volk als eine kollektive Persönlichkeit zu umschreiben oder anzusprechen. Das Volk ist eine Idee des 19. Jahrhunderts zusammen mit dem nur ihm gehörenden Volksgeist und Volkstum. Das Volk als Nation nicht minder. Was soll am Nationalfeiertag gefeiert werden? Die nationale Souveränität, die durch die Europäische Union längst an Substanz verloren hat, die nationale Einheit als Voraussetzung einer immer substanzloseren Souveränität oder einfach der Rechtsstaat, der freilich der Nation gar nicht bedarf, vielleicht nicht einmal der Souveränität, um zu existieren? Das Volk ist der Souverän, heißt es. Doch wer kann ihn mit seiner Person repräsentieren, wenn dieser Souverän erhebliche Rechte an einen Oberherrn abtreten muss, der seinerseits nicht Souverän ist, aber als Behörde souveräne Rechte im Namen der Europäischen Union geltend macht? Das sind ganz praktische Fragen, die in tausend Verlegenheiten stürzen.

Unsere politischen Ideen stammen aus dem bürgerlich-liberalen 19. Jahrhundert und mit ihnen die personalen Fiktionen, die ihnen Anschaulichkeit gewähren sollten, um sie repräsentabel zu machen. Aber schon das liberale 19. Jahrhundert scheiterte daran, eigene Formen zu finden. Ein Bierabend beim Reichstagspräsidenten unterschied sich in gar nichts von einem Honoratiorenstammtisch in einer Bierhalle. Bezeichnenderweise nannten die Berliner den Reichstag »Wallotbräu«, ohne böse Absicht. Er glich trotz Kuppel den Prunkbauten deutscher Geselligkeit. Sie sparten nicht mit Wappen und Devisen. Arminius, Germania, Berolina oder Bavaria, der deutsche Rhein oder das Donauweibchen und die Nibelungen brachten in bürgerlichen Renaissancehallen den deutschen Durst in vaterländisch-begeisterte Zusammenhänge. Der Reichstag sollte bürgerlichen Geist dokumentieren. Er konnte es nur mit den Mitteln, die das Bürgertum für geistreich, volkstümlich und deutsch hielt. Mit Mitteln, die dem deutschen Geist gemütlich sind, der ja nicht zuletzt seine Gemütlichkeit als typisch deutsch im besten Sinne betrachtete.

Noch heute ist es das größte Lob für einen staatlichen Empfang, dass sich dabei Gemütlichkeit einstellte. Nicht steif, nicht förmlich, alles einfach und zwanglos, von Mensch zu Mensch. Gemütlichkeit ist aber eine ganz private Stimmung. Sie hat nichts mit Demokratie und Rechtsstaat zu tun. Man muss sie auch nicht dämonisieren, weil selbst der Führer zuweilen ganz gemütlich sein konnte. Sie gehört zur Privatheit, und selbst finstere Tyrannen wollen sich zuweilen entspannen. Das gehört zu den Ambivalenzen der Privatheit. Ein Konzertabend beim Bundespräsidenten oder ein Sommerfest beim Kanzler unterscheiden sich überhaupt nicht von einem gemütlichen Beisammensein etwa beim Richtfest eines Eigenheimbauers. Die Möbel sind ein bisschen anders, »das ist halt sein Geschmack«. Den nimmt man nach dem Richtfest achselzuckend zur Kenntnis, wenn das Eigenheim als Wohnung eingeweiht wird. Das Bier war überraschenderweise gut gekühlt, obschon der Bundespräsident doch gar kein Bayer ist. Kenner vermeiden es ohnehin, bei fremden Leuten Wein zu trinken. Zu essen gab es reichlich, nichts Aufregendes, »wie zu erwarten«, aber auch nichts »unter Niveau«. Außerdem gab es eine Menge netter Leute, prächtiger Menschen. Kurzum, es war urgemütlich. Überall kann man nette Leute kennenlernen. Das ist schließlich der Sinn solcher Veranstaltungen, ob beim Präsidenten, Kanzler oder einem Betriebsfest.

Gleichwohl wünschen Demokraten, die froh sind, den Präsidenten auch ohne Krawatte besuchen zu dürfen, einen demokratischen Stil, sobald es um Regierungsbauten geht. Ein Kanzleramt soll vom demokratischen Gedanken durchdrungen sein und ihn würdig, locker, ohne autoritäre Allüre, aber auch nicht verspielt, veranschaulichen. Es soll gleichsam dazu einladen, keine »Schwellenangst« zu haben und es wie ein Volkshaus zu betreten, in dem der Verfassungspatriot dann heiter und froh dem Rechtsstaat und der freiheitlich-rechtlichen Grundordnung begegnet, sobald er sich dem Rhythmus der schwingenden Architektur überlässt. Abgesehen davon, dass die wenigsten »Menschen« die Verfassung kennen – ihnen genügt es, von ihr nicht allzu sehr belästigt zu werden, das macht dies weitschweifige Regelwerk sympathisch –, warum soll eine staatliche Kanzlei, ein Verwaltungsgebäude die Sinne in assoziationsreiche Schwingungen versetzen? Warum soll sich ein Kanzleramt von einer Sparkasse oder einer Vermittlungsstelle für Arbeitsuchende unterscheiden? In allen solchen Gebäuden wird gearbeitet, verwaltet, organisiert, ein Betrieb funktionstüchtig gehalten, zu dem auch der Staat längst geworden ist.

Ein Kanzleramt ist natürlich eine Regierungsbehörde. Aber einer Behörde kann es doch gleichgültig sein, ob ihre Räume »Sinn« vermitteln, solange sie eine praktische und sinnvolle Tätigkeit nicht erschweren. Regieren ist vorzugsweise ein »Vorgang«, der sich mit Papier und Akten dauernd am Leben erhält und lebendig vor sich hin wuchert unter Umständen wie ein Geschwür. Welchen Demokraten stört es, dass der Bundespräsident in einem trostlosen Palais haust? Wer als demokratischer Allegoriker Schloss Bellevue betritt, kann nur den Eindruck gewinnen, dass Demokratie eine sehr geschmacklose, sehr dürftige Lebensform sein muss, der zu entrinnen für jeden Ästheten eine Labsal sein muss. Im Reichsluftfahrtministerium Görings waltet heute der Finanzminister seines Amtes. Ist Steuereinziehung dadurch zu einem Attentat auf den freien Bürger geworden? Machen dessen Räume die staatliche Finanzverwaltung deshalb zu einer undemokratischen Veranstaltung? Kein widerwillig die Steuern, die ihm abverlangt werden, zahlender Bürger schwelgt in ästhetischen Kombinationen und reist vor Abgabe seiner Steuererklärung nach Berlin, um sich zu vergewissern, ob das Finanzministerium auch demokratisch aussieht. Selbst wenn es so aussähe, würde ihm das wenig helfen.

Das Auswärtige Amt hat sich in der ehemaligen Reichsbank breit gemacht. Gibt deren belanglose Klassizität Anlass, sie als Hinweis auf eine belanglose Klassizität deutscher Außenpolitik zu verstehen? Warum also dieses wortmächtige Theater um Reichstag und Kanzleramt als Symbole deutscher Demokratie? Es ist die reine Hilflosigkeit, die sich in solchen Bemühungen bekundet. Franzosen, Engländer, Italiener denken gar nicht an demokratisches Bauen. Sie nehmen vorhandene Räume für Arbeiten, die es noch gar nicht gab, als sie errichtet wurden. Die gründlichen Deutschen, die ununterbrochen selbst dort Sinn stiften wollen, wo es nur um Funktionstüchtigkeit geht, wollen zumindest den Reichstag und das Kanzleramt zum demokratischen Erlebnis machen. Der Reichstag ist eine Versammlungsstätte der Abgeordneten. Es geht nur darum, ob er dieser Aufgabe genügt. Sein Erinnerungwert ist gering, weil es das Reich nicht mehr gibt. Die Bonner Deutschen, zu denen wir alle werden müssen, wenn wir es noch nicht geworden sind, haben den Reichstag nie als Vorläufer ihrer Republik geschätzt oder geachtet. Was »vor Bonn« liegt ist unheimlich. Bonn wollte nicht Weimar sein. Wahrscheinlich führen diese Verstimmungen zu allegorischen Übersteigerungen, zu einem angestrengten Schabernack.

Mit ihm soll verbrämt werden, dass alles längst zum Betrieb geworden ist, der Staat auch nur ein Großbetrieb ist neben anderen, wahrscheinlich noch nicht einmal der wichtigste. Solange alles gut geht, ist er so etwas wie eine Sparkasse. Jeder ist nur noch Betriebsangestellter, der irgendetwas vertreibt, wozu er betrieblich genötigt ist. Auch im Bundeskanzleramt. Wer den Betrieb verlässt, stürzt sich in den »Betrieb«. Da will er beim besten Willen nicht mit Zeremonien, Formen oder anderen repräsentativen Schnörkeln gestört werden. Die betriebliche Disziplinierung, auch im Bundeskanzleramt, lässt nur einen Wunsch für den Feierabend offen: endlich in die Freizeitkleidung zu schlüpfen, sich zu entspannen und unter Umständen ganz einfach »abzuproleten«. Dagegen lässt sich nichts einwenden. Das muss aber auch nicht, wenn wir nun einmal alle Leistungsträger und Arbeiter sind, dazu verleiten, bestimmte Arbeitsplätze nicht nur schöner, sondern bedeutungsvoller zu machen.

Demokratie wird gelebt und miterlebt und als Erlebnis auch angeschaut. Sie lässt sich aber nicht in bildliche Formen pressen wegen der Mannigfaltigkeit individuellen Lebens. Das genügt vielen Demokraten nicht. Als Ästheten wollen sie Schönheit. Mit

Schönheit lässt sich jedes Gebrauchsgerät mittlerweile adeln. Was ist daran so abträglich, wenn ein Kanzleramt einer Waschmaschine gleicht? Schließlich gibt es gut geformte Waschmaschinen. Sie können sogar nützlicher sein, für den individuellen Bedarf, als vielleicht unnütze Kanzler in feierlichen Bedeutungsräumen, die doch nur einem Zweck dienen, ein praktikables Büro zu sein. Ein Bündnis von Büro und Staatsaltar ist unmöglich. Warum nach so viel gescheiterten Versuchen immer wieder aufs Neue stilbewusst und ästhetisch beschwingt darauf hoffen? Das ist, um mit der Mutter Goethes zu reden, Mondschein im Kasten. Schiller als philosophischer Kopf meinte weniger plastisch das Gleiche.

III.
Die Selbstdarstellung der modernen Demokratie

Daniel Schulz

Republikanismus und demokratische Ästhetik. Zur symbolischen Repräsentation der Republik in Frankreich

1. Politische Symbole und die Konstituierung politischer Akteure

»Ästhetik« haftet im politischen Kontext der Ruf an, als instrumentalisierter Politikersatz der Manipulation der Massen Vorschub zu leisten und eher zur Verdeckung als zur Sichtbarmachung wirklicher Politik zu dienen. Auch die wissenschaftliche Betrachtung einer ästhetischen Dimension des Politischen ist in dieser Perspektive nur dann legitim, wenn sie dem Missbrauch entlarvend auf der Spur ist.[1] Sicherlich ist gerade nach den Erfahrungen mit der modernen Medienmacht im zwanzigsten Jahrhundert und auch mit der stetig wachsenden Bedeutung von Bildern im politischen Alltag der Gegenwart die ideologiekritische Betrachtung ein wichtiger Aspekt in der politischen Analyse. In der Diskussion um die symbolische Dimension politischer Wirklichkeit kann man jedoch auch den Standpunkt vertreten, dass politische Ordnungen für die Aufrechterhaltung und die Durchsetzung von Geltungsansprüchen auf deren symbolische Darstellung angewiesen sind. Die Frage lautet dann nicht mehr in erster Linie, wie die wahre Politik von der Politik des Scheins zu unterscheiden sei. Vielmehr geht es in einer solchermaßen symboltheoretisch gewendeten Fragestellung darum zu zeigen, wie gesellschaftliche und politische Wirklichkeit über Symbole vermittelt wird.[2] Politisches Handeln und politische Institutionen bauen so auf symbolischen Strukturen auf, in denen Deutungsangebote gemacht werden, in denen Geltungsansprüche repräsentiert sind und die als Projektionsfläche von Sinnzuschreibungen fungieren. Politische Symbolik besitzt daher sowohl situationsdefinierende als auch handlungsleitende Eigenschaften.[3]

Gerade für Frankreich lässt sich nun zeigen, wie mit der Neugründung der institutionellen Struktur des Politischen in der Französischen Revolution auch eine Transformation der symbolischen Repräsentation einhergeht.[4] Die Volkssouveränität als neues Legitimitätsprinzip erforderte die symbolische Konstruktion eines neuen politischen Akteurs, der sich einer unvermittelten Präsenz entzieht.[5] Bereits 1789 steht für den revolutionären Prozess das Problem der nationalen Repräsentation im Mittelpunkt. Diese Sichtbarmachung des Volkes und der Nation, die im Repräsentationsprinzip ihren angemessenen Ausdruck findet, impliziert auch neue Formen der symbolischen Sprache. Spätestens mit dem Ende der Monarchie 1792 und den ersten Versuchen mit der Republik als neuer Gestalt des politischen Gemeinwesens wird dieser Bruch in seiner ganzen Schärfe deutlich.

Der französischen Historiker Maurice Agulhon hat die Genese der republikanischen Ikonographie von der Revolution bis in die Gegenwart anhand der Marianne-Figur untersucht. Der Reiz seiner Studien besteht insbesondere in der Verknüpfung von kunst- bzw. motivgeschichtlichen Elementen mit der ideengeschichtlichen Bestimmung von Deutungs- und Interpretationsdiskursen. Der Topos der Republik-Darstellung durch eine Frauengestalt zeigt in seiner historischen Genese deutlich, wie sich über die Zeit hinweg ein immer festeres Gefüge von sinnhaften Verweisungen, von Äquivalenz- und Differenzketten um das Symbol der »Republik als Frau« aufbaut. Dabei kommt es zunächst zu einer Stabilisierung des Symbols durch die Festigung der mit der Figur assoziierten und der von ihr ausgeschlossenen Inhaltsbezüge. In dieser Phase steht die dauerhafte Etablierung der Republik noch aus, sie ist Feldzeichen im Kampf gegen den politischen Gegner der Reaktion. Nachdem dieser Kampf um die Durchsetzung im Regimekonflikt zugunsten der Republik entschieden ist, wandelt sich auch die republikanische Selbstdarstellung. Das politisch weitgehend eindeutig besetzte Symbol der Marianne durchläuft einen interpretatorischen Öffnungsprozess, durch den es immer mehr zum Bezugspunkt auch für jene politischen Strömungen wird, die nicht zum Kern des republikanischen Lagers gerechnet werden können. Dieser Prozess begleitet die breite Verankerung der Republik in der französischen Gesellschaft zum Ende des neunzehnten Jahrhunderts. Am Ende dieser Transformation steht schließlich jene schlichte Identitätsbeziehung von Marianne und »la France«, die bis heute andauert.

Marianne wird so von der Ikone eines politischen Programms zum »catch-all«-Symbol in der Konsensrepublik, welches auch im Kontext der Popkultur in der Lage ist, sich immer wieder neu in die gesellschaftlichen Selbstbeschreibungsdiskurse einzubringen – freilich ohne dabei übermäßig hohe Aussagekraft zu besitzen.

Gerade für die Frage nach einer *demokratischen* Ikonologie – und hier kann die Analyse durchaus in normative Erörterungen münden – ist es unerlässlich, die diskursive Einbettung und Aneignung der Symbole zu beachten, um ihre Sinndimension aufschließen zu können. Die Analyse Agulhons verweist in dieser Frage auf die Erkenntnis, dass politische Symbole trotz einer vermeintlichen nicht- bzw. vordemokratischen Genese durch die spezifischen Aneignungsprozesse der Bürgergesellschaft durchaus eine demokratische Geltungsdimension entwickeln können. Darauf wird am Schluss dieses Beitrags erneut einzugehen sein.

2. Republikanismus in Frankreich: Die Erfolgsgeschichte der Marianne

In der Untersuchung von Repräsentationen der Republik und ihren gesellschaftlichen Ordnungsvorstellungen[6] stellt sich zunächst die Frage, warum die Republik als Frau dargestellt wurde. Die erste französische Republik von 1792, deren offizielles Siegel nicht mehr den König, sondern die Republik in Gestalt einer Frau zeigt, hat den Gebrauch einer weiblichen Allegorie für republikanische Werte nicht erfunden. Die Lexika der Revolutionszeit schrieben schon der Antike eine Darstellung der Freiheit als Göttin zu, die bereits mit der phrygischen Mütze ausgestattet war. Der Gebrauch dieses Attributes der Jakobinermütze stellt daher ein Element der übergreifenden Antikenreferenz der Französischen Revolution dar.[7] Auch wenn die weibliche Allegorie der *Freiheit* bereits bestand, so erfand die Revolution allerdings die Ikonologie der *Republik*. Die Repräsentationsform der Republik schöpfte vor allem aus zwei Registern: der weiblichen Darstellung der Freiheit zum einen und der Darstellung der Monarchie unter dem Aspekt »Staat« bzw. »Macht« zum anderen. Die Freiheit wurde durch das Aufgreifen des Motivs der Jakobinermütze, die Macht durch die Attribute wie Thron, Sonne oder Löwe dargestellt. Hinter der neuen Symbolik steht dabei ein tiefer Wandel der Bedingungen, unter denen das neue Ordnungsmodell symbolisch zum Ausdruck gebracht werden konnte. Mit der Abschaffung der Monarchie 1792 fiel die Person des Monarchen als Symbolisierung der politischen Macht und ihrer Legitimität aus. An seine Stelle trat mit dem Volk ein abstraktes Kollektiv und mit der Republik eine abstrakte Form der Herrschaft, für deren Darstellung es keinen gleichsam »natürlichen« Kristallisationspunkt gab wie in der Monarchie.[8] Die neuen Grundbedingungen der politischen Ikonologie wurden dadurch gebildet, dass nun das gesamte Volk als Auditorium und Publikum (und auch als Akteur) fungierte. Noch 1789 erfolgte die Repräsentation der französischen Nation durch ein Trio sozialer Allegorien: den Priester, den Adligen und den Bürger des Dritten Standes.[9] Das Volk war dreigeteilt und die republikanische Einheit blieb Postulat. In den kurz darauf erscheinenden revolutionären Repräsentationen der politischen Ideen Freiheit, Gleichheit und Gerechtigkeit dominierte dagegen die personifizierte Freiheit als oberster Wert, die auch hier schon fast immer mit der phrygischen Mütze dargestellt wurde.[10] 1792 musste der politische Kampf gegen den alten Staat und gegen die Kirche auch auf der Ebene der Symbole geführt werden. Die Einheit der Nation wurde zum bestimmenden Problem. Auf das neue Staatssiegel wurde so anstelle des Monarchen, des in einer Person dargestellten Staates, ein visuelles Symbol der Republik gesetzt, welches in ähnlicher Weise dazu geeignet war, die Forderung der republikanischen Revolutionäre nach Einheit zu erfüllen. Die Monarchie konnte sich über Personifizierungssymbolik direkt zur Geltung bringen, während die Republik – potentiell anonym und daher abstrakt – ihre Form als politischer Körper erst finden musste.[11] In der Personifizierung der Republik mittels der virtuellen Figur der Freiheit kann man so nicht zuletzt eine Reaktion des neuen Regimes auf das symbolische Vakuum sehen, dass nach dem Verschwinden des Körpers des Monarchen bestand. Die Republik besteht von nun an als Wert, welcher der Monarchie auch durch seine neue Symbolik entgegengesetzt werden konnte. Ihre vermeintliche Abstraktheit als Regierungsform erfährt so durch die symbolische Aufladung, die zugleich eine Emotionalisierung bedeutet, seit 1792 nicht eine bloße Kompensation, sondern durch die symbolische Repräsentation ihrer Geltungsansprüche gelingt es erst, sich dauerhaft in die institutionelle Struktur des Politischen einzuschreiben – wenn auch zunächst nur bedingt erfolgreich. Die Republik ist seitdem mehr als eine bloße Verfassungsform. Sie ist eine quasi sakralisierte Entität, deren Dar-

Dieses Siegel von 1792, auf der die Erste Republik als Freiheitsgöttin mit Jakobinermütze abgebildet ist, stellt einen frühen Versuch dar, der überwundenen Monarchie eine neue republikanische Symbolik entgegenzusetzen.

stellung auf einer untrennbaren Verbindung mit der Freiheit aufbaut.[12] Allegorische Verweise auf die Mythologie der Antike konnten dabei trotz aller Komplexität des zu ihrer Decodierung notwendigen Deutungswissens eine Wiedererkennbarkeit und eine Identifizierbarkeit der Republik, eine breite Perzeption und Rezeption durch das Volk gewährleisten. Die symbolische Äquivalenz Freiheit/Republik vermochte so durch die bereits fest besetzte Figur der Freiheitsgöttin eine deutliche Inhaltsaufladung zu erzeugen.

Die Republik benutzte die von der Monarchie geschaffenen urbanen Räume als Matrix und als Darstellungsfläche ihrer neuen Legitimität. Ihre Symbole wurden auf diese Weise in bereits bestehende Dispositive eingetragen, die sich ebenso in Paris als auch in der Provinz, in geschlossenen Räumen genauso wie in der Öffentlichkeit fanden. Aufgrund des unterstellten Kontrastes zwischen der Komplexität der Allegorie und dem ungebildeten Blick der Massen wurde teilweise die neue Botschaft auch an konkrete Wohltaten gebunden, so beispielsweise im Bau neuer Dorfbrücken mit entsprechenden Namen wie Freiheit oder Republik.[13] Als weitere Repräsentationsform, die ihre Inhalte durch teilnehmende Praxis erschlossen, waren »lebende Allegorien« weit verbreitet. Überliefert sind Volks-Prozessionen, in denen junge Frauen des Volkes, als Freiheitsgöttin gekleidet, durch die Stadt getragen wurden. Diese Form der Symbolisierung brachte eine populäre Mythologie hervor, die sich über die Revolution bis weit ins neunzehnte Jahrhundert tradierte. Den ehemaligen Darstellerinnen der Freiheitsgöttinnen konnte schließlich auch noch 1848 begegnet werden, so dass sie als personale Kontinuität der Republik erschienen.

Mit der Abschaffung der Republik wandert jedoch zunächst auch die republikanische Symbolik aus der breiten Öffentlichkeit in die geschlossenen Zirkel der Republikaner ab. Im Jahr VIII bot sich die Gelegenheit, die Denkmäler für die Republik zu entfernen und sie gegen Soldatendenkmäler auszutauschen, die an die Gefallenen für das Vaterland erinnerten.[14] Unter dem Vorwand, die Gipsstatuen durch ein solideres und dauerhafteres Material zu ersetzen, wurde so auch ein Tausch der Symbole vorgenommen, der den Geltungsansprüchen des neuen, imperialen Regimes eher entsprach.[15] Was blieb, war die Erinnerung an die Republik:

> »En remplaçant les statues de rois par les statues de la Liberté, en remplaçant les cérémonies ordonnées et bénies par l'Eglise par des fêtes civiques et civiles, la République avait montré l'ambi-

tion de porter le changement non seulement dans les idées et dans les institutions politiques majeures, mais encore dans les rituels, dans le cadre de la vie quotidienne, et pour tout dire d'un mot, pris en son sens le plus fort, dans le folklore. Au lendemain de la gigantesque expérience républicaine, la France aborde le XIXe siècle avec virtuellement deux folklores; non seulement elle possède deux politiques (Révolution, Contre-Révolution), et deux systèmes de pensée, mais encore, et par voie de conséquence, deux systèmes de signes.«[16]

Zu Beginn des neunzehnten Jahrhunderts formierte sich so als lose politische Strömung die »Partei der Revolution«. Zu ihr wurden diejenigen gerechnet, die sich zwar auf die Prinzipien von 1789 beriefen, aber nicht unbedingt der Republik vor der Monarchie den Vorzug gaben. Die Bezugnahme auf die Freiheit teilte sich so ab 1830 unter der Julimonarchie in die Regierenden und die republikanische Regime-Opposition. Louis-Philippe stellte sich symbolisch insofern in das Erbe der Revolution, als die weiße Fahne durch die Trikolore und die königlichen Lilien durch den gallischen Hahn ersetzt wurden. Anstelle der Königsweihe in der Kathedrale zu Reims schwur er den Eid auf die Verfassung vor den Abgeordneten des Parlamentes. Bei alledem blieb Louis-Philippe jedoch in seiner Person – wenn auch als »Bürger-König« – das Symbol des Staates.[17] Die Juli-Monarchie hat – hier die »Denkmalswut« der dritten Republik vorwegnehmend – ihre eigene Legitimität durch derartige starke symbolische Selbstdarstellung zu festigen versucht. Die Symbolisierung der Freiheit wurde hier jedoch häufig ausbalanciert durch eine Einrahmung mit Zeichen der öffentlichen Ordnung und der Verfassung. Der Panthéon wurde wieder dem Kult der großen Männer gewidmet. Der Arc de Triomphe wurde umdekoriert zum Andenken an die Soldaten der patriotischen Kriege. Auf der Place de la Bastille schließlich war zunächst eine weibliche Allegorie vorgesehen, »la France constitutionnelle«.[18] Allerdings sah sich das Regime vor dem Hintergrund der republikanischen Symbolsprache dazu gezwungen, die weibliche Allegorie durch eine männliche zu ersetzen. Die Frauengestalt war bereits von den Republikanern zu stark symbolisch besetzt:

»Le régime de Louis-Philippe pouvait bien être réellement libéral et national, il ne pouvait mettre en valeur la Liberté ou la Patrie en femme sans prendre le risque de rappeler, à ses dépens, l'époque où la Femme-Patrie-Liberté était aussi la Femme-Répu-

Auf dem Gemälde von Eugène Delacroix von 1830 wird die Freiheit als weibliche Allegorie dargestellt, was jedoch in der Juli-Monarchie bald als politisch inopportun gilt.

Eugène Delacroix: Le 28 juillet 1830. La Liberté guidant le peuple aux barricades. Louvre, Paris.

blique. [...M]aintenant qu'il y avait un roi sur le trône et des républicaines qui le contestaient, statufier la Déesse au Panthéon et à la Bastille, hauts lieux du Paris populaire, aurait abouti à donner à cette opposition républicaine des sites tout désignés d'exaltation et de ralliement.«[19]
Aus diesem Grund der sich andeutenden Monopolisierung der weiblichen Darstellungsform durch die Republik wurde auf der Place de la Bastille die bis heute sichtbare männliche Repräsentation der Freiheit »Le Génie de la Liberté« errichtet. Dagegen wanderte unter der Juli-Monarchie das bekannte Gemälde von Delacroix (1830), in dem die Freiheit auf den Barrikaden gezeigt wurde, in das Archiv des Louvre.

Das Regime unter Louis-Philippe sah sich gegenüber den Republikanern jedoch auch zu Zugeständnissen gezwungen. So wurde 1831 der König im nationalen Siegel durch ein geöffnetes Buch und der Inschrift »Charte de 1830« ersetzt.[20] Parallel dazu entwickelte sich eine Ikonologie der linken Republikaner, in der die Freiheit in vielfältiger Form im Zusammenhang mit der Kritik am Regime verwendet wurde. Auffälligstes Zeichen dabei war die Jakobinermütze, die in den offiziellen Darstellungen, wenn denn die Freiheit überhaupt als Frau gezeigt wurde, aufgrund der Assoziationen mit der jakobinischen Periode der Revolution sorgfältig vermieden wurde. Medien waren dabei sowohl Skulpturen wie auch Dichtung und Malerei, wobei es sich häufig um Kleinkunst mit hohem Verbreitungsgrad handelte.[21] Hier zeigte sich eine gewisse Popularität der Ersten Republik, zumindest im urbanen Milieu.[22] Das von der Revolution herkommende Symbol der Freiheitsgöttin verband sich dabei immer stärker mit der Figur des weiblichen Messias, der in den aufkommenden Sozialutopien des Vormärz von 1848 eine zentrale Rolle spielte.[23] Mit dem Sozialismus bekam das republikanische Imaginativ daher einen verstärkenden und belebenden Einfluss, durch den sich eine gemeinsame Kultur des an Demokratie und Gleichheit orientierten linken Republikanismus konstituierte[24] und sich so noch stärker von der liberalen Regierungsmacht abhob.

1848 kann auch als eine Fortsetzung der Revolution hinsichtlich der symbolischen Darstellung des politischen Gemeinwesens gelten: Die Trikolore blieb trotz der Versuche, sie durch eine rote Flagge zu ersetzen, die offizielle Flagge Frankreichs. In der Tradition von 1789 wurden Freiheitsbäume gepflanzt. An die Stelle von Darstellungen des Königs trat wiederum jene Personifizierung der

Im Revolutionsjahr 1848 wird an die abstrakte Darstellung der Republik in Frauengestalt wieder angeknüpft.
Siegel der Zweiten Republik mit Strahlenkranz, 1848.

Im Jahr 1848 konkurrieren zwei Darstellungsweisen der Republik miteinander: eine gemäßigt-bürgerliche und eine populär-radikale.
Jules Ziegler: La République, 1848. Musée des Beaux-Arts, Lille;
Anonymus: La République, 1848. Musée Carnavalet, Paris.

abstrakten und anonymen Republik in Frauengestalt. Der neue Innenminister der Republik schrieb zu diesem Zweck im März 1848 einen Wettbewerb unter Künstlern aus, um so das offizielle Bild der Republik zu bestimmen, wie sie sich in Gemälden, auf Plastiken und Münzen darstellen sollte.[25] Die Entwürfe geben dabei Aufschluss über die republikanischen Geltungsansprüche, die symbolisch dargestellt wurden und die einer direkten politischen Lektüre unterzogen werden können.[26] Anhand der verschiedenen Attribute der Republikdarstellung können nach Agulhon zwei verschiedene Strömungen des Republikanismus erkannt werden: die gemäßigt-bürgerliche und die populär-radikale. Die erste will die Republik als eine liberale, rechtsstaatlich gesicherte Demokratie. Sie ist auf Ausgleich und Versöhnung bedacht und will durch langsame Erziehung und Entwicklung der Bürger ihre Ansprüche durchsetzen. Die zweite Strömung dagegen setzt den Akzent auf die breite Bewegung des Volkes und ist dynamisch und kämpferisch zugleich. Hinsichtlich der Symbolik ergeben sich durch diese politische Konstellation zwei verschiedene Grammatiken: Die populäre, lebende Allegorie, bei der eine als Freiheitsgöttin gekleidete junge Frau im Prozessionszug unter der Teilnahme Vieler präsentiert wird, wird von der bürgerlichen Strömung als legitime Symbolisierungsform abgelehnt, ebenso wie die Prozession einer Büste oder Statue. Beide Formen gehören jedoch zum festen Symbolisierungsrepertoire der populär-revolutionären Strömung. Aufgrund der von ihr bereitgestellten Beteiligungsmöglichkeiten, ihrer Dynamik und der unmittelbar sozialintegrativ und politisch wirkenden Praxis werden sie von dieser Seite deutlich positiver bewertet. Hinsichtlich der Darstellung der Republik im fixen Bildnis oder als nicht mobile Statue herrscht Einigkeit über den Einsatz dieser ästhetischen Form. Den Inhalt bzw. die Attribute der Darstellung betreffend herrschen jedoch signifikante Unterschiede, die von Agulhon schematisch benannt werden: Ausgeglichenheit vs. Vehemenz; sitzend oder unbeweglich stehend vs. immer stehend oder im Fortschreiten befindlich; strenge vs. wehende Frisur; bedeckte vs. enthüllte Brust; Reife oder Mütterlichkeit vs. Jugend; Vermeidung vs. häufige Verwendung der Jakobinermütze; Vielheit der didaktischen Attribute vs. Einfachheit.

Das populäre Ideal der Republik erkennt sich so immer stärker in der roten Jakobinermütze wieder, die in den entsprechenden Kontexten verwendet und von der bürgerlichen Fraktion abgelehnt wird. Mit 1848 manifestiert sich daher hinsichtlich des Zeichencodes deutlich jene Spaltung in liberal-konservative und linksrevolutionäre Republikaner, die auch die Anfangszeit der Dritten Republik prägte.[27] Der republikanische Expressionismus, der von 1789/1792 übernommen und weiterentwickelt wurde, spiegelt diese Spaltung deutlich wider und ermöglicht die Verständigung über die eigenen Geltungsansprüche. Die bürgerliche Version sollte für kurze Zeit zur offiziellen Darstellung der Republik werden, bis auch sie vom zweiten Kaiserreich vom Sockel gestoßen wurde. Die populäre Variante, ohnehin in die Opposition und schließlich in die Klandestinität gedrängt, verstärkte hier durch den Antagonismus zur imperialen Selbstinszenierung Napoleon III. noch ihre Wirkmächtigkeit und auch ihre Radikalität.[28]

Im zweiten Kaiserreich fand eine Bereinigung der republikanischen Symbolik statt. Die 1848 gepflanzten Freiheitsbäume wurden ausgerissen, die offiziellen Darstellungen orientierten sich nicht an der weiblichen Figur der Freiheit bzw. der Republik, sondern an den »großen Männern«.[29] Durch den Kult der nationalen und militärischen Helden kam das Kaiserreich dem Republikanismus in gewisser Hinsicht entgegen, gehörten doch die Revolutionskriege teilweise auch zu dessen Mythologie. Zugleich bedeutete die Kompensation der Republikdarstellungen durch »la Patrie« oder schlicht durch »la France« auch den Versuch einer Entpolitisierung, indem vermeintlich partikulare durch vermeintlich nationale Symbole ersetzt wurden.[30] Diese weibliche Darstellung von »Frankreich« trägt niemals die Jakobinermütze und ist häufig begleitet durch die allegorischen Darstellungen der Gerechtigkeit und der Wahrheit, gefolgt von Allegorien des Handels, der Landwirtschaft und der Künste – jedoch niemals der Freiheit und der Gleichheit. Betont wird die Versöhnung der sozialen Klassen und der Ruhm Frankreichs in der Welt. Auf Münzen und Briefmarken wird die Republik durch das Bildnis Napoleons III. ersetzt.[31] Auf den militärischen Insignien tritt der imperiale Adler an die Stelle des gallischen Hahns und der republikanischen Rutenbündel.[32]

Im Untergrund verbreiten sich dagegen Kleinformate der Republik in den Kreisen ihrer Anhänger. Im Gegensatz zur klerikalen Eroberung des öffentlichen Raums im Zeichen der neuen Einheit von Thron und Altar bilden sich hier die Grundlagen für die republikanische Denkmalsoffensive zu Beginn der Dritten Republik. In der populären Verehrung finden sich aber auch Anklänge an den katholischen Marien-Kult. So endet ein zu Ehren der Marianne gedichteter Hymnus, in dem die Republik als heilsbringende Jungfrau der Freiheit, der Gleichheit, der Brüderlichkeit und der Gerechtigkeit gepriesen wird, mit den Worten: »Vive la République démocratique et sociale universelle! Ainsi-soit-il!«[33] Der Name Marianne für die weibliche Darstellung der Republik, einst Spottname der Reaktion, verbreitet sich in republikanischen Kreisen immer mehr und wird während des zweiten Kaiserreiches zur festen Größe im symbolischen Universum der Opposition.[34]

Mit dem Ende des Kaiserreiches und der Pariser Kommune sollte die Spaltung des republikanischen Lagers in eine konservativ-gemäßigte und eine demokratisch-radikale Gruppierung jedoch neu in aller Deutlichkeit zum Ausdruck kommen. Mit der Kommune treten auch alle populären Ausdrucksformen wieder hervor, die bereits 1792, 1830 und 1848 praktiziert wurden. Neben der lebenden Allegorie ist es in den gemalten oder gezeichneten Bildern insbesondere die vehemente Dynamik und die partielle Enthüllung des Körpers, die dominiert. Festes Attribut ist jedoch die rote Jakobinermütze, die neben der roten Fahne zu einem zentralen Symbol der Kommune werden sollte.[35] Damit stellt sich die Kommune in die Tradition der revolutionären Kämpfe des Volkes und der damit assoziierten Symbolsprache. Nach der Niederschlagung der Kommune setzte sich die Dritte Republik in ihrer symbolischen Darstellung erkennbar von dieser ab, indem sie sich in die Tradition der konservativ-liberalen Republik einschreibt, wie sie sich auch nach 1848 offiziell bis 1851 durchgesetzt hatte. Die Republik trug in dieser Repräsentation insbesondere keine Jakobinermütze.[36] Nach dem endgültigen politischen Sieg der Republikaner 1879 wurde die Symbolisierung der Republik ohne die Jakobinermütze zu einer klar wahrgenommenen politischen Richtungsentscheidung: »Être ou non coiffée du bonnet, pour une République, c'est une choix claire en 1880.«[37]

In den Gründungsjahren der Dritten Republik wurde zunächst in der Repräsentation des Staates der Adler durch die Allegorie der Republik ersetzt: Siegel, Briefmarken und Münzen zeigten die Republik als Frau. Hier dominierte insbesondere das Motiv der Republik als Säerin, das eine Frau bei der Aussaat zeigte.[38] Dieses Motiv hatte großen Erfolg als Symbol und wurde weit diskutiert. Dabei kursierten widersprüchliche Deutungen. Zum einen wurde vermutet, mit der bäuerlichen Assoziation sollte die rurale, die ländlich-konservative Neigung der frühen Dritten Republik zum Ausdruck gebracht werden. Dagegen konnte die republikanische Säerin aber auch in einer weitergehenden Interpretation als eine Aussaat von Ideen begriffen werden, womit das Sendungsbewusstsein und der pädagogische Auftrag der Republik ins Bewusstsein gerufen wurde.[39] Anstelle der zu diesem Zeitpunkt eindeutig revolutionär besetzten Jakobinermütze konnten also auch alternative Symbole eingesetzt werden, die durch ihre weitere Deutungsoffenheit eine allzu starke Polarisierung vermieden und somit die in der neuen Republik notwendige politische Integration breiter Schichten ermöglichte.

Marianne eroberte im Windschatten des republikanischen Sieges langsam die Rathäuser. Im Gegensatz zu der staatlichen Denkmalspolitik im öffentlichen Raum, insbesondere an exponierter Stelle in Paris (z. B. Place de la République, Place de la Nation) handelte es sich bei den Rathausbüsten allerdings nicht um von oben verordnete »Staatspropaganda«:

»Ce n'est pas une invasion de propagande d'État mais une coutume qui entame un lent processus d'extension à la suite de la lente conquête des mairies par les républicains convaincus.«[40]

Ab 1884 war die Errichtung eines Rathauses per Gesetz für die Gemeinden vorgeschrieben.[41] Hinsichtlich der Symbolik jedoch blieben die etwa 36 000 Gemeinden Frankreichs ungebunden, so dass es hier zu einer großen Varianz kommen konnte. Die Inschriften gehen daher von neutralen Bezeichnungen wie »Mairie« oder »Maison commun« bis zu den deutlicheren »RF«, »République française« oder auch »Liberté Égalité Fraternité«. Mit der Einsetzung republikanischer Präfekten wurde die Errichtung republikanischer Symbolik in der konservativen Provinz zumindest erheblich erleichtert.[42] Die erste offizielle Gedenkfeier zum 14. Juli 1789, die 1880 stattfand, diente weithin als Gelegenheit der Einweihung von Marianne-Büsten. Zunächst geschah dies nur dort, wo sich die republikanische Partei politisch etabliert hatte. Signifikativ war zu diesem Zeitpunkt also die Existenz einer Mariannenbüste und nicht deren Abwesenheit.[43] Die Initiative zur Anschaffung ging dabei von den Rathäusern selber aus, und nicht etwa, wie zu vermuten wäre, vom Zentralstaat:

»L'entrée dans les mairies de l'image de la République en femme a été tout autre chose qu'une opération de l'État, elle a été un mouvement social et culturel ample, divers et fort. C'était une époque d'intense propagande, mais aussi de grande liberté.«[44]

Die Aufstellung einer Büste war sehr häufig mit aufwendigen Einweihungsfeiern verbunden, die als patriotische und republikanische Feste deklariert waren und in denen sich die Bürger ihre Symbole aneignen konnten. Im Unterschied zu den großen politischen Feiern im deutschen Kaiserreich, bei denen das Volk bzw. die Bürger in der Tradition monarchischer Herrschaftsrepräsentation nur als passive Zuschauer präsent sein durften, wurde hierbei die hierarchische Kommunikation durchbrochen zugunsten einer breiten und aktiven Partizipation der Bürger selbst.[45]

Auch hier erhält sich die pseudo-religiöse Dimension, die oftmals die republikanische Symbolik begleitete – so beispielsweise, wenn Familien ihre Kinder die ersten Schritte nicht unter den Augen der heiligen Jungfrau in der Kirche, sondern im Angesicht der Marianne im Rathaus machen ließen.[46] Was die Attribute der Marianne angeht, so bestand zunächst die Befürchtung, sie zu »revolutionär« zu gestalten. Etwa zehn Jahre später jedoch, als gegen Ende des Jahrhunderts die Mariannenfigur als Selbstverständlichkeit in den allgemeinen kulturellen Horizont eingegangen war, entdeckte man das Problem der Banalität und der Gewöhnung.[47]

Neben den Büsten in den Rathäusern waren die großen Denkmalprojekte in Paris von zentraler Bedeutung für die symbolische Repräsentation der Republik. Die Statue der Freiheit von Bartholdi als Geschenk des französischen Volkes an die Schwesterrepublik der Vereinigten Staaten von Amerika ist ein prominentes Beispiel dafür, dass zunächst die Jakobinermütze weitgehend vermieden wurde. Der bekannte Strahlenkranz der Statue of Liberty, mit mehrfachem Pendant in Paris, kann so negativ als eine Vermeidung des Symbols der radikalen Republik gelesen werden.[48] Die Entstehungszeit Anfang der achtziger Jahre fällt genau in jene Konfliktphase, in dem die Jakobinermütze als klares politisches Bekenntnis interpretiert werden konnte.[49] Spätestens mit der Hundertjahrfeier der Revolution 1889 und mit der immer festeren Verwurzelung des Regimes jedoch kann auf das Symbolerbe von 1792 direkter zurückgegriffen werden. Hiermit findet auch die Jakobinermütze wieder ihren festen Platz in der Staatssymbolik der Dritten Republik.[50] In den Denkmälern der »großen Männer« der Republik wird oftmals auch die Republik zusätzlich dargestellt, entweder als zweite plastische Figur, die mit der dargestellten Person in kommunikativer Beziehung steht, oder als Figur im Sockelfries.[51] Im Gegensatz zur personifizierten Republik ist der Versuch einer Repräsentation des wirklichen Volkes übrigens rar,[52] auch wenn häufig die Differenzierung zwischen Republik, Freiheit, Ruhm etc. einerseits und Vaterland, Nation bzw. Frankreich andererseits anzutreffen ist. Gegen Ende des Jahrhunderts lässt sich jedenfalls eine Banalisierung der Frauenfigur mit der Jakobinermütze in der offiziellen Darstellung und auch im nicht-staatlichen Gebrauch des Symbols feststellen.[53] Dieser »Sieg« und die unmittelbar folgende Vergewöhnlichung ist gleichzeitig eine Erweiterung der spezifisch politischen Konnotation zu einem Spektrum konfligierender Geltungsansprüche, die sich nun aufgrund der inhaltlichen Leerung des Symbols allesamt auf die Marianne projizieren lassen. So behält die Marianne auf Seiten der aufkommenden Arbeiterbewegung zunächst ihren radikalen Gehalt und wird weiter *gegen* die etablierte Republik in Anschlag gebracht – allerdings kann dieser Unterschied bald nicht mehr an der Jakobinermütze festgemacht werden,[54] da mit der Banalisierung der Marianne-Figur auch dieses Attribut bald seine Eigenschaft als Differenzzeichen verliert.

Insgesamt lassen sich um die Jahrhundertwende mit Agulhon sechs verschiedene Erscheinungsweisen des Gebrauchs der Marianne-Figur beobachten:[55] 1. die offizielle Republik, dargestellt von ihren Anhängern und der Reaktion entgegengestellt; 2. Marianne im Diskurs der republikanischen Nationalisten im Kampf gegen die extreme sozialistische Linke; 3. Marianne im Kampf der nationalen Rechten gegen die Linke insgesamt, insbesondere die regierende Linke; 4. Marianne der antirepublikanischen extremen Rechten, entstellt und hässlich; 5. Marianne der extremen Linken im Namen des Volkes und der Arbeiter gegen die bürgerliche Republik; 6. neutrale Darstellung, in der Marianne einfach als der Staat erscheint.

Während die antirepublikanische Rechte die Marianne als Hure (»la gueuse«) entstellt und so die Republik zum Gespött und Hassobjekt macht, entsteht in diesem Milieu der reaktionäre Gegenkult der Jeanne d'Arc, der sich direkt gegen die Marianne richtet.[56] Dagegen greift die gemäßigte Rechte das Motiv der Marianne insbesondere zur positiv besetzten Darstellung des Vaterlandes auf. Die Repräsentation verschiebt sich also bereits von der Republik als spezifischer Regierungsform hin zu »Frankreich« allgemein.[57] Hier schiebt sich langsam die allgemeine Bedeutung »Frankreich« über die politisierte Auflading des Symbols Marianne. Die Göttin der Freiheit, die zur Republik wurde, verwandelt sich so nochmals, diesmal zum Symbol für Frankreich. Auf Seiten der extremen

Linken ist das Verhältnis zu Marianne dabei durchaus ambivalent. Sie kann nach wie vor als Quelle der revolutionären Geltungsansprüche eingesetzt werden und ist dabei dennoch durch das etablierte System besetzt. Der dadurch entstehende Deutungskonflikt wird teilweise durch die Figur des gefallenen Mädchens gelöst, das einst rein und aufrecht war, jedoch von dunklen Mächten verführt und auf Abwege geleitet wurde.[58] Darüber hinaus ist Marianne in der linken Folklore längst zu einem stabilen Symbol geworden, so dass sie nicht ohne weiteres durch ein anderes Symbol hätte ersetzt werden können.[59] Angesichts der periodischen Bedrohungen der Republik von rechts lässt sich über das gemeinsame symbolische Repertoire daher immer wieder eine zeitlich begrenzte Koalition mobilisieren, in der die linke Kritik am etablierten Staat zurücktritt gegenüber der Bedrohung des bereits erkämpften, gemeinsamen republikanischen Erbes.[60]

Die Omnipräsenz des Symbols erklärt sich so nicht zuletzt aufgrund seiner Polysemie, die eine Zuschreibung vielfacher Bedeutung in zunehmendem Maße erlaubte und so über den Kreis der radikalen Republikaner hinaus eine sinnstiftende Rolle auch für andere Gruppen und Schichten entfalten konnte.[61]

Die Metamorphose der Marianne von der politisch aufgeladenen »Republik« hin zur unspezifischeren Bedeutung von »Frankreich« sollte durch den Ersten Weltkrieg noch verstärkt werden. Die Imagination des Krieges hob naheliegenderweise die Idee des Vaterlandes gegenüber allen anderen semantischen Konzepten besonders deutlich hervor. Der Antagonismus zu Deutschland konnte auf symbolischer Ebene durch Marianne repräsentiert werden, die sich einer analog, jedoch mit umgekehrten Vorzeichen entworfenen »Germania« gegenübersah.[62] Wenig überraschend ist Marianne in dieser Gegenüberstellung meistens jung und schön, während Germania als »aggressives Weib« mit Pickelhaube dargestellt wird.[63] Die Verstärkung der patriotischen Dimension, die Marianne durch den Krieg erfahren hat, setzte sich fort im Gebrauch des Symbols nach dem Krieg. In den allgegenwärtigen Kriegerdenkmälern findet sich zumeist das Vaterland, La Patrie, dargestellt. Die verschiedenen möglichen Kopfbedeckungen – entweder der Kranz, ein Helm oder die Jakobinermütze[64] – zeigen, dass sich das symbolische Spektrum des Republikanismus vom Parteiischen zum Nationalen verschoben hat. Einstmals deutlich linke Attribute können nun auch als nationale Symbole verstanden werden.[65] Die allgemeine Tendenz nach dem Krieg zeigt, dass kaum noch Denkmäler zu Ehren der Revolutionshelden oder der »großen Männer« errichtet werden, dagegen aber »Frankreich« umso häufiger Gegenstand symbolischer Repräsentation in Form der Marianne wird.[66] Auch auf dem offiziellen Kriegsorden, dem »croix de guerre« ist die Jakobinermütze präsent, diesmal allerdings als Attribut der Republik.[67] Die Frau mit Jakobinermütze ist nun für ihre Freunde keine Heilige oder Göttin mehr, noch für ihre Feinde Skandal oder Sakrileg.[68] Die Einbindung der Mariannenfigur in populäre Feierriten und Folklore zeigt allerdings auch, dass sich das Symbol einen festen Platz in der breiten Soziokultur erobert hat. Die große Verbreitung als kulturelles Symbol in verschiedensten Formen der Alltagskultur und der künstlerischen Verwendung wie in Literatur und Theater, Chanson usw. in der Zeit zwischen den Weltkriegen ebnet so der späteren Verbindung Mariannes mit der Popkultur der Gegenwart den Weg.

Mit dem Regime von Vichy setzte jedoch zunächst eine wiederum antirepublikanische politische Entwicklung ein. Der »État français«, wie sich Vichy offiziell nannte, tilgte neben den republikanischen Rechten und Freiheiten auch eine Vielzahl von symbolischen Manifestationen der republikanischen Tradition. Zwar wurde die Trikolore beibehalten – schon allein deswegen, weil sich die Vertreter der weißen (royalistischen) Fahne inzwischen in der deutlichen Minderheit befanden und damit außerdem der Exilregierung die Möglichkeit eines Alleinbezuges auf die Trikolore genommen wurde. Geld und Briefmarken wurden allerdings mit der Konterfei Pétains versehen, zahlreiche öffentliche Denkmäler der Republik wurden demontiert. In der Symbolsprache nahm der Mythos der ländlichen Verwurzelung und die gallische Vergangenheit einen zentralen Platz ein.[69] So, wie es in der Dritten Republik zu keinem offiziellen Gebot der Aufstellung von Marianne-Büsten in den Rathäusern gekommen war, so kam es allerdings auch unter Pétain zu keinem offiziellen Verbot.[70] Zahlreiche Gemeinden jedoch verbannten die Marianne in den Keller oder auf den Dachboden. Auch die Inschriften »République française« oder »Liberté Égalité Fraternité« wurden häufig zugunsten des »État français« getilgt.[71]

Nach dem Krieg wurde zunächst an die Symbolik der Dritten Republik angeknüpft. Dies wurde vor allem durch die Strategie des Widerstandes und der Exilregierung ermöglicht, die Republik während der Zeit Vichys symbolisch »lebendig« zu erhalten. Aus diesem Grund weigerte sich de Gaulle nach der Befreiung, die Republik auszurufen, da sie, so das Argument, im Exil nie aufgehört hatte zu existieren. Unter Berufung auf diese Logik verweigerte sich de Gaulle jedoch auch einer Entschuldigung gegenüber den Opfern der Deportation, die nicht der Republik, sondern der Kollaboration des État français mit den deutschen Besatzern anzulasten sei.[72] Auch wenn de Gaulle sich in die Tradition der Republik stellte, so macht seine Verwendung von Symbolen die heterogene Synthese deutlich, die der Gaullismus darstellte.[73] Die Verkündung der Fünften Republik versuchte, die Einbettung des neuen Regimes und seines Schöpfers in den Rahmen der republikanischen Tradition auch symbolisch stark zu machen. So wurde die Proklamation der neuen Verfassung auf dem symbolträchtigen Place de la République unter den Augen der Marianne vollzogen, nicht ohne Pathos übrigens, für das André Malraux und auch de Gaulle in ihren Reden zur Genüge sorgten.[74] Andererseits verschwand zum ersten Mal seit 1879 aus der offiziellen Medaille eines republikanischen Präsidenten die weibliche Allegorie der Republik.[75] De Gaulle benutzte stattdessen das lothringische Kreuz mit der Inschrift »France«. Aber auch für die nachfolgenden Präsidenten war Marianne keine Verpflichtung mehr. Selbst Mitterrand griff als der erste linke Präsident in seiner offiziellen Medaille auf den Freiheitsbaum anstelle von Marianne zurück. Der Banalisation folgt also die Pluralisierung: »La femme à bonnet phrygien n'a plus le monopole de la visualisation de l'État.«[76]

Parallel zu dieser Entwicklung vollzieht sich die Synthese von Marianne mit der modernen Popkultur. Erstes und bekanntestes Beispiel ist die Büste nach Brigitte Bardot von 1969. Der eher zufällig und ungeplante Erfolg der Aktion zog weitere Versuche nach sich, die Marianne nach einem berühmten und zeitgenössischen Vorbild zu gestalten. Während mit Mireille Mathieu einem konservativen Gegenentwurf zur libertären BB kaum Erfolg beschieden war,[77] konnte Catherine Deneuve an den Erfolg der Bardot-Büste anknüpfen. Ihre Wahl ging diesmal aus einer breiten Umfrage hervor, in der über die Schönheit des Modells und ihre Repräsentationsfähigkeit der Republik abgestimmt wurde. Als letzte in der Reihe populärer Vorbilder steht das Star-Modell Laetitia Casta.[78] Mit dieser Popularisierung und der Ankopplung Mariannes an das Zeichensystem der modernen Popkultur geht jedoch nicht automatisch eine Entpolitisierung einher:[79] Die sehr körperbetonte Gestaltung der Büste von Bardot sowie deren eigenes Image als Ikone der libertinen hedonistischen Revolution der sechziger Jahre stellen

Seit den 1970er Jahren hält das Motiv der Marianne Einzug in die moderne Popkultur.
Aslan: Mariannen-Büste nach Brigitte Bardot, 1969.
Skulptur aus weißem Gips;
Foto: Aslan bei der Gestaltung der Mariannen-Büste
nach Mireille Mathieu, 1978;
Marielle Polska: Mariannen-Büste nach Catherine Deneuve, 1985.
Skulptur aus weißem Gips.

durchaus die zeitgemäßen Vorstellungen von gesellschaftlichem Wandel und libertärer Bewegung dar. Ihre spätere Wandlung zur radikalen Tierschützerin und Sympathisantin des Front National sollten diesen Interpretationskontext noch nicht berühren. Während die Wahl Catherine Deneuves zugleich den offenen Entstehungsprozess der Büste und damit die Popularität des Modells zum Ausdruck bringt, entwickelte sich im Falle von Laetitia Casta eine Kontroverse aufgrund ihres Wohnsitzes in London. Konnte jemand die französische Republik repräsentieren, der vermeintlich aus Steuergründen die Heimat verlassen hatte? War es im Falle Bardots der libertäre Diskurs der späten sechziger Jahre, so ist es bei Casta der globalisierte Kontext, der sich auch im Konflikt in der Marianne widerspiegelt. In beiden Fällen dient das etablierte Symbol der Gesellschaft nicht zuletzt als kommunikativer Kristallisationspunkt, an dem sich gemeinsame Themen fixieren und Selbstverständigungsdebatten entfalten lassen.

Mit den Starvorbildern kommt es zu einer Deckung von Elementen des symbolischen Universums der Revolution und des neunzehnten Jahrhunderts mit der modernen Popkultur. Man könnte vermuten, dass der spezifische Reiz dieser Synthesen darin liegt, dass jede der Symbolwelten von der jeweils anderen mit neuen Geltungsressourcen versorgt wird, ohne dass dabei eine der Dimensionen die andere völlig dominieren würde. Der republikanische Diskurs der Gegenwart schreibt sich so in der modernen Mediengesellschaft weiter, deren Funktionslogik unter anderem in der strikten Personifizierung von abstrakten Themen besteht. Darin ist der heutige Republikanismus den Ausgangsbedingungen des revolutionären Republikanismus sehr nahe, wie eingangs geschildert wurde. Der Geltungskontext ist dabei jedoch ein grundlegend anderer geworden: Die Geltungsansprüche der Republik haben sich bereits durchgesetzt und werden kaum ernsthaft bestritten.[80] Das Regime ist ebenso wie sein Symbol zur Normalität geworden.

3. Republikanismus und demokratische Ästhetik

Kann man nun in der republikanischen Symbolwelt Indizien für eine genuin demokratische Ästhetik verzeichnen? Die von Agulhon gezogene Bilanz lässt deutliche Anzeichen für die partielle Genese der republikanischen Symbole aus monarchischen und religiösen

Formen der Repräsentation erkennen: Die Personalisierung des Staates, die Anklänge an den Marienkult sind nur einige Hinweise in diese Richtung. Aber die Genese aus den vordemokratischen Ausdrucksformen bedeutet noch keine automatische Unselbstständigkeit des neuen Zeichensystems. Das spezifisch Demokratische an den beschriebenen Repräsentationsformen ist ohnehin nicht in den Symbolen selber – und daher auch nicht in ihrer Genese –, sondern in den Formen ihrer praktisch-diskursiven Aneignung zu suchen. So unterscheidet sich also die analytische Rekonstruktion des republikanisch-demokratischen Symboldiskurses bereits in der Fragestellung von der in Deutschland offenbar nach wie vor beliebten Problematik der Selbstdarstellung des Staates, in der noch das hierarchische Gefälle durchscheint, durch das sich der Staat vor seinen Bürgern darstellt und diese zu passiven Untertanen herabsetzt.[81] Wenn die Geschichte der Marianne auch eine Geschichte der offiziellen Repräsentation des Staates ist, so liegt der Unterschied zwischen dem Funktionieren dieses Symbols und einem methodischen Etatismus in der für Ersteres zentralen politischen Kultur, in der eine breite soziokulturelle Kontextualisierung der republikanischen Symbolik jenseits des Staates stattgefunden hat. Nur durch das sich Einschreiben in die sinngenerierenden und sinnspeichernden Sozio- und Deutungskulturen der Gesellschaft (Karl Rohe) konnte der Republikanismus zum dauerhaften und hegemonialen politischen Ordnungsdiskurs werden. Seine eigene Symbolsprache, die er seit der Revolution auch unter Rückgriff auf ältere und traditionelle Elemente entwickelt hatte, wurde in diesem Prozess zur sichtbaren Dimension einer neuen politischen Kraft, die sich so gleichzeitig über ihre eigenen Geltungsansprüche und Ordnungsprinzipien verständigen und diese auch nach außen hin kommunizieren und popularisieren konnte. Anders als im autoritär-hierarchischen Staat repräsentiert sich der republikanisch-demokratische Staat nicht selber vor seinen Untertanen, sondern er dient der Bürgergesellschaft als ein Medium der Selbstverständigung über die Grundprinzipien des politischen Gemeinwesens, die in der republikanischen Symbolik nicht nur repräsentiert, sondern auch zur Verhandlung gestellt werden.

HANS MAIER

Politische Selbstdarstellung – ein deutsches Problem?

Das Thema »politische Selbstdarstellung« soll in sieben kleinen, einführenden Kapiteln vorgestellt werden. Sie spielen allesamt in Deutschland, es ist also eine Innenperspektive, nicht eine Außenperspektive, die ich präsentiere. Angesiedelt ist alles in der Zeit zwischen 1945 und 2002. Und die Überschriften lauten:
1. Als alles kaputt war (die Stunde Null)
2. Der versteckte Staat (politischer Neubeginn im Halblicht)
3. Einigkeit und Recht und Freiheit (Erinnerung an einen kurzen Hymnenstreit)
4. Vom hohen Ton zum Anti-Pathos (Spuren der Ernüchterung in Politik und Literatur)
5. Geschichte – eine Kurz-Geschichte? (Vom Verlust des Langzeitgedächtnisses)
6. Hauptstädte und Regionen (unsere polyzentrische Kultur) und endlich – damit bewegen wir uns auf Theodor Heuss zu
7. Politik und Geist (oder: die Symmetrie der Defizite).

1. Als alles kaputt war

»Die Deutschen hat man entweder an der Gurgel oder zu Füßen« – das stammt von Churchill und charakterisiert das heftige Schlingern deutschen Selbstgefühls zwischen Arroganz und Demut, Überheblichkeit und serviler Anpassung. Nun, 1945 lagen die Deutschen noch nicht einmal mehr einem Sieger zu Füßen, sie lagen am Boden, sie waren gänzlich besiegt, »debelliert«. Dem totalen Krieg war die totale Niederlage gefolgt. Deutschland war kein Staat mehr.

Die späteren Jahre, die Jahre des Wirtschaftswunders, haben die unmittelbare Nachkriegszeit, jene Zeit der Improvisation und des Überlebens, des Schwarzmarkts, der Lebensmittelkarten, der zerstörten Häuser und Städte gründlich aus unserem Gedächtnis verdrängt. Wem sagt das Wort Ausgangssperre noch etwas? Oder das Wort Interzonenpass? Oder das Wort Carepaket? Wer wie der Autor in einer zertrümmerten Stadt – in Freiburg – aufwuchs, der erinnert sich noch an die Atmosphäre dieser Zeit: an brand- und raucherfüllte letzte Kriegswochen, wo fast jeder »sein Sach auf nichts gestellt« hatte, an Moder und Steinschlag in feuchten Luftschutzkellern, an die Zuckungen des niedergehenden NS-Reiches, an Standgerichte und verbrannte Erde. Man war froh, als endlich der Krieg zu Ende war, die Sirenen verstummten, keine Bomben mehr fielen. Man wuchs neugierig und verwundert inmitten von Trümmern auf.

Alfons Kenkmann hat in seinem Buch »Wilde Jugend« das abenteuerliche Leben nach 1945 im Ruhrrevier ge-schildert: das Nomadisieren in den Steindschungeln von Essen, Duisburg, Düsseldorf und Köln, die Hamsterfahrten und Spritztouren, oft mit gestohlenem Wagen, durch die Trümmer, das lebensgierige Erschließen neuer Welten, die Ungebundenheit, das Nichtstun, den ständigen Wechsel von Eindrücken und Erlebnissen. »In den Trümmerlandschaften«, schreibt er, »war die ›subjektive Raumgeographie‹ mit ihren Hauptbestandteilen Entfernung und Richtung auf Jahre empfindlich gestört. Die auf der ›kognitiven Karte‹ des einzelnen gespeicherten Entfernungs- und Richtungsvorgaben verloren ihre Gültigkeit und mußten neu erfahren werden.«[1] So dürfte es auch anderswo gewesen sein. Die gebaute Umwelt musste in vielen Fällen von Grund auf wiederhergestellt werden. Die zerstörten Städte hatten ihre »optische Identität« (Klaus von Beyme) verloren. Im Gewirr von Steinen, verbogenem Stahl, hohlen Fassaden und Bombentrichtern war kaum mehr erkennbar, was Köln und München, was Stuttgart und Hamburg – und erst recht, was Pforzheim, Würzburg, Potsdam – einmal gewesen waren.

»Es macht alles einen trüben toten Eindruck. Hier ist etwas geschehen, aber jetzt ist es vorbei«, schrieb der nach Deutschland zurückgekehrte Alfred Döblin.[2] Deutschland war 1945 durch die bedingungslose Kapitulation aus der Reihe der handelnden Mächte ausgeschieden. Der Kontrollrat der Alliierten hatte die Regierungsgewalt übernommen. Das Land war Objekt der Weltpolitik. Sein Schicksal stand zur Disposition. Deutschland war klein geworden, ein Land, in das Millionen von Flüchtlingen und Heimatvertriebenen drängten, die Nahrung, Arbeit, Wohnung suchten.

Heute sind die Trümmer längst aufgeräumt, und Wohnraum gibt es in der Bundesrepublik genug, wenn man von einigen industriellen Ballungsräumen absieht. In den neuen Bundesländern stehen sogar nach jüngsten Meldungen 10-15% der Wohnungen leer. Aber die Trümmerzeit, die Zeit, in der alles »kaputt« war, hat doch ihre Spuren hinterlassen, in den Erinnerungen, den Mentalitäten, der öffentlichen Selbstdarstellung. Großflächige Rekonstruktionen ganzer Städte oder Stadtviertel wie im benachbarten Polen – das freilich noch mehr zerstört war als unser Land – hat es im Deutschland der Nachkriegsjahre nicht gegeben. Der Frankfurter Römer, die Münchner Residenz blieben Ausnahmen. Als 1949 das Goethehaus in Frankfurt wiederhergestellt wurde, streng historistisch, mit sorgfältig ausgetretenen Türschwellen, da war der Beifall mäßig – Walter Dirks schrieb sogar in den »Frankfurter Heften« einen zornigen Essay über den »restaurativen Charakter der Epoche«. Den Gefühlen der Deutschen näher waren Architekten wie Hans Döllgast und Egon Eiermann, die beim Wiederaufbau historischer Gebäude Trümmerreste integrierten, um zu dokumentieren: So war es 1945 – die Münchner Alte Pinakothek, die Berliner Kaiser-Wilhelm-Gedächtniskirche.

2. Der versteckte Staat

Wie sah der Staat aus, der sich aus den Trümmern neu erhob? Natürlich nahm er sich zurück, natürlich fehlte ihm alles Gleißende und Pompöse. Eher glich er einem Schattengewächs. Er versteckte sich, so gut er konnte. Dieser Staat »machte wenig Staat«.

Die einstigen Teile des »Großdeutschen Reiches« verselbständigten sich nach 1945 und nach 1949: Österreich, die Bundesrepublik Deutschland, die DDR. Alle drei Staaten entwickelten charakteristische eigene Mentalitäten. Entscheidend war die Reaktion auf die nationalsozialistische Vergangenheit. Die Österreicher wollten nach 1945 nicht mehr Deutsche sein und heißen; die DDR sollte nach dem Willen der dort Herrschenden eine neue sozialistische Identität entwickeln. An der Bundesrepublik dagegen blieb die deutsche Vergangenheit in aller Breite haften. Hier konzentrierte sich die Verantwortung für das Geschehene, die Last der Wiedergutmachung, die unvermeidliche Kontinuität der Geschichte. Gern hätten die Bundesdeutschen diesen »Alleinvertretungsanspruch« – den sie nicht selbst erhoben, der ihnen aufgedrungen wurde – abgeschüttelt. Doch die Bundesrepublik wurde vor der Weltöffentlichkeit unerbittlich mit Deutschland identifiziert und damit historisch dingfest gemacht. Österreich galt als Opfer, die DDR war als Glied einer sozialistischen Zukunftsgesellschaft von aller Verantwortung für die Vergangenheit freigesprochen – die Bundesrepublik dagegen wurde zum Alleinerben. Es war ein Erbe besonderer Art, wie sich versteht; denn sie erbte hauptsächlich Lasten: Gebietsverluste, Schulden, einen zerstörten deutschen Namen, eine schattenhafte Staatlichkeit, eine unsichere Zukunft.

Die bundesdeutsche Mentalität, die sich aus alldem entwickelte, war undeutlich und diffus. Deutschland ja, aber beileibe nicht die ganze deutsche Geschichte (ich komme darauf zurück); Staat ja, aber doch der Rechtsstaat, nicht der Machtstaat; Patriotismus ja, aber doch ein europäischer; Vertretung eigener Interessen ja, aber doch in zurückhaltendem Ton, mit einiger Vorsicht, ohne Auftrumpfen. Ein »Provisorium und Transitorium« sollte die Bundesrepublik Deutschland sein – so Theodor Heuss, ihr erster Präsident. Das Wort gewinnt im Nachhinein fast wahrsagerische Züge. Ein Staatsbau, schon im Entstehen nicht auf Abgeschlossenheit und Dauer, sondern auf Integration in größere Zusammenhänge angelegt (europäische, westliche, atlantische) – so trat die Bundesrepublik ins Leben. In ihr herrschte die Mentalität des Provisorischen. Ja, das Provisorische *war* ihre Mentalität.

Kein Wunder, dass dieser Staat sich mit dem Staatsüblichen schwer tat, mit Flaggenschmuck, Paraden, Staatsfeiertagen; kein Wunder, dass junge Deutsche bei internationalen Jugendtreffen dadurch auffielen, dass sie als Einzige die Nationalhymne nicht singen konnten; kein Wunder auch, dass bei der Testfrage: »Sind Sie stolz auf Ihr Land?«, bis heute weit weniger Deutsche mit ja antworten als Engländer, Franzosen, Amerikaner – so dass sich Engländer, Franzosen, Amerikaner über die so gründlich gewandelten Deutschen sehr verwundern, vielleicht aber auch heimlich freuen.

Unser Staat ist von einer betonten Diskretion, was öffentliche Schaustellungen angeht. »Nur nicht auffallen!«, lautet die Devise. Aber natürlich verschwindet ein Staat, der leisetritt, nicht einfach aus dem Verkehr. Er versteckt sich nur. Und versteckt tritt er den Bürgern oft umso massiver entgegen: in unzähligen Bescheiden, in Geboten und Verboten, als stiller Teilhaber bei Rechtsgeschäften, als Mitbeobachter, Mitspieler, Mitwirkender im Hintergrund. Öffentlich kaum sichtbar – versteckt sehr mächtig – so könnte sein Steckbrief lauten. Das reicht bis zu den unsichtbaren Radarfallen an den Straßen. Der Staat als Wegelagerer.

Täusche ich mich, wenn ich meine, solches Verstecktsein, Verstecktbleiben des Staates rufe heute beim Bürger größere Verdrossenheit hervor als früher? Müsste der Staat nicht gelegentlich aus seiner Anonymität heraustreten, fragen viele, müsste er nicht stärker Flagge zeigen? Gewiss, zum öffentlich verkündigenden, Edikte ausrufenden und ausschellenden Staat von einst führt kein Weg zurück. Aber Gebote, Verbote, Regeln, die der Staat gibt, dürfen nicht allein aus der Deckung anonymer Schriftlichkeit heraus unter die Leute gebracht werden – sie müssen auch öffentlich verlautbart und vertreten werden. Neben die Papierform muss die personale Repräsentation des Staates treten. Das ist ein Appell an Staatsdarsteller, deren es ja bei uns nicht wenige und auch begabte gibt. Warum spürt man bei ihnen so selten jene Leidenschaft des Dienstes an der Sache, jenes »in serviendo consumor«, warum spricht aus ihren Worten meist nur der Herren eigener Geist?

3. Einigkeit und Recht und Freiheit

Kleines Zwischenspiel: Bonn blieb vieles erspart, worunter Weimar 15 Jahre lang zu leiden hatte. Zum Beispiel ein Flaggenstreit. Doch einen winzigen Streit um die Nationalhymne hat es auch in Bonn gegeben.

Zur Erinnerung: Am 11. August 1922 proklamierte Friedrich Ebert das Deutschlandlied feierlich zur Nationalhymne. Damit wurde ein doppelter Bann gebrochen: Vor 1918 hatten die Fürsten ein solches Nationallied nicht gelten lassen, jedes Land hatte noch seine Fürstenhymne, die Bayern sangen »Heil unserm König, heil«, die Preußen »Heil dir im Siegerkranz«. Ebert kann als der eigentliche Schöpfer der deutschen Nationalhymne betrachtet werden; und dass er bei seiner Proklamationsrede am Verfassungstag an die schwarz-rot-goldene Tradition erinnerte, hatte seine geschichtliche Richtigkeit.

Denn in seinem Ursprung hatte jenes »Deutschland, Deutschland über alles« nichts zu tun mit Nationalismus und Chauvinismus. Es war nicht nach draußen gerichtet, als imperialistischer

Kampfruf, sondern nach drinnen: Nicht Fürsten, Länder, Dynastien sollten das Höchste sein für die Deutschen, die ihren Staat und ihre Einheit suchten, sondern eben »das ganze Deutschland« – zusammengehalten durch »Einigkeit und Recht und Freiheit«, wie es die liberal-konstitutionelle Bewegung wollte. Das alte Deutschlandlied hat trotz seines rhetorischen Überschwangs – aber gibt es Nationalhymnen, die auf den Ton der Nüchternheit gestimmt sind? – nichts, gar nichts zu tun mit dem Spätimperialismus des nachmaligen »Großdeutschen Reiches« von Hitlers Gnaden. Zu diesem passte das primitive Landsknechtslied »Die Fahne hoch!« viel besser als der Gesang der Schwarz-Rot-Goldenen auf Joseph Haydns edle Melodie.

Freilich, nach dem Dritten Reich konnte das Lied nicht mehr so einfach gesungen werden wie in früheren Zeiten. Schon die Geographie stimmte nicht mehr: »Von der Maas bis an die Memel«, das wirkte nach 1945 wie ein makabrer Scherz. Und das »über alles in der Welt« war zumindest erklärungsbedürftig. So ging Theodor Heuss daran, eine neue, historisch unbelastete Nationalhymne zu stiften. Rudolf Alexander Schröder schuf die choralartigen Verse, Hermann Reutter vertonte sie. Alles war aufs Beste vorbereitet. Aber weder der Text noch die Melodie konnten sich in der Öffentlichkeit durchsetzen. »Theos Nachtlied«, von manchen auch als »schwäbisch-protestantischer Nationalchoral« bezeichnet, erntete sanften Spott, wurde nicht rezipiert. Gottfried Benn höhnte: »Der nächste Schritt wäre dann ein Kaninchenfell als Reichskriegsflagge.« Am Ende war Haydn einfach stärker, seine Melodie ließ sich schwer übertreffen – und was die Texte anging, so lag es nahe, auf die dritte Strophe auszuweichen. Heuss gab schließlich nach, verweigerte jedoch eine feierliche Proklamation. An Adenauer schrieb er am 2. Mai 1952, er habe geglaubt, »daß der tiefe Einschnitt in unserer Volks- und Staatengeschichte einer neuen Symbolgebung bedürftig sei [...]. Ich weiß heute, daß ich mich täuschte. Ich habe den Traditionalismus und sein Beharrungsvermögen unterschätzt.«[3]

Seltsam waren die Schicksale der DDR-Hymne. Sie wurde von Johannes R. Becher gedichtet und von Hanns Eisler vertont. Auch hier klingt religiöses Pathos an: Feiert Schröder Deutschland als Land des Glaubens, der Hoffnung, der Liebe, (was selbst im Jahre 1950 eine kühne Vorstellung war!), so sieht Becher Deutschland »auferstanden aus Ruinen/und der Zukunft zugewandt«. Auferstanden, das deutet auf Auferstehung. Die Gründung der DDR wird zum österlichen Ereignis. Siebenmal wird in der Hymne Deutschlands Name genannt, einmal mit dem Zusatz: »Deutschland einig Vaterland.« Genau dies sollte der Hymne später zum Verhängnis werden; denn als das Wort Deutschland 1974 aus der DDR-Verfassung verschwand, wurde der Text politisch missliebig und fand bei offiziellen Anlässen keine Verwendung mehr. Umso denkwürdiger dann das Wiederaufleben von »Deutschland einig Vaterland« im Mund protestierender und demonstrierender DDR-Bürger in den Novembertagen des Jahres 1989 – und denkwürdig auch, dass der Mann, der auf westdeutscher Seite den Einigungsvertrag verhandelte, Wolfgang Schäuble, seinen Erinnerungen den Titel gab: »Und der Zukunft zugewandt«.

4. Vom hohen Ton zum Anti-Pathos

Die deutsche Nachkriegsdichtung pflegte nur selten ein herzliches Verhältnis zur Politik. Die Zeichen standen häufiger auf Sturm; Kritik, Polemik, wechselseitige Beschimpfungen waren an der Tagesordnung. Dennoch teilen Nachkriegspolitik und Nachkriegsliteratur eine charakteristische Eigenschaft miteinander: Beide sind Produkte der Ernüchterung, beide entbehren des »hohen Tons«.

Für die Politik ist das ganz deutlich. Die Gründe liegen auf der Hand. Nach dem Maßlos-Missionarischen der vorangegangenen zwölf Jahre, nach Parteitagsreden, Sportpalastchören, Massenparaden, Lichtdomen, Appellen, Gelöbnissen, Fackeln und Feuerschalen, nach der Rhetorik von Volk und Führer, Kampf und Sieg war ein Paradigmenwechsel fällig. Es wurde Zeit für das, was Joachim Kaiser die »humane Verkleinerung der ehemals rauschhaft großen Worte« nannte. Das ging, nebenbei gesagt, über den Nationalsozialismus (und über die deutsche Vergangenheit) weit hinaus. Auch in anderen Ländern brachten die Nachkriegsjahre Ernüchterung, Normalität – eine Abkehr vom vaterländischen Pathos. Dass man nicht mehr reden konnte wie Hitler und Goebbels, verstand sich von selbst. Aber selbst der Roosevelt- und Churchill-Ton und das Pathos de Gaulles wurden nach 1945 allmählich obsolet und wichen zivileren Mustern. Als Paul Henri Spaak, der wackere Vorkämpfer Europas in den fünfziger Jahren, plötzlich in eine dantoneske Rhetorik verfiel (»De l'audace, de l'audace, de l'audace«), begegnete ihm Ironie: »Un peu de trop, Monsieur!«

Vor allem Adenauer war ein großer Ernüchterer. Mit sparsamer Geste und dürrem Wort gab er die politische Richtung vor. Sein Wortschatz war bescheiden, seine Redeweise einfach. Viele unterschätzten ihn deswegen. In der Tat fehlt seinen Reden und Schriftsätzen phantasievolle Beweglichkeit und literarischer Glanz. Überall herrscht die kunstlose Genauigkeit, der nüchterne Geschäftsstil des Juristen. Adenauers Äußerungen sind stets situationsbezogene Plädoyers, nicht Deutungen seiner Politik und seiner Persönlichkeit, und da ihnen das Bindemittel literarischer Selbstdarstellung fehlt, erscheinen sie dem Betrachter oft als punktuell und spröde. Sie zwingen ihn in die verhandelte Sache hinein. Aber sie sagen wenig über die Person des Handelnden aus. Daher musste Adenauer jenen, die ästhetisch »in Politik schwelgen« wollten (F. Schlegel) und die vor Entscheidungen in eine faltenreiche und konsequenzlose Rhetorik auswichen, immer ein Rätsel – oder ein Gräuel – bleiben.

Nun stimmte aber auch die deutsche Nachkriegsliteratur den »hohen Stil« auf einen Minimalton herunter. In den Trümmern, so schien es, konnte kein Pathos überleben. Hier machten die Geschlagenen erst einmal Inventur über ihre Habseligkeiten, so bei Günter Eich:

»Konservenbüchse:
Mein Teller, mein Becher,
Ich hab in das Weißblech
Den Namen geritzt.«

Die Alltagsrealität stand im Mittelpunkt der Dichtung. Ihr auszuweichen, einfach weiterzumachen, zu säuseln, zu reimen, zu harfen »auf zerbrochener Leier«, das zog heftige Ordnungsrufe nach sich. Wolfdietrich Schnurre wandte sich polemisch »An die Harfner«:

»[...] zerschlagt eure Lieder
verbrennt eure Verse
sagt nackt
was ihr müßt.«

Gewiss, die Literatur des Nullpunkts, des Kahlschlags, die Literatur der ersten Nachkriegsjahre war eine vorübergehende Erscheinung. Die literarische Produktion der folgenden Zeit war zu reich, zu bunt, als dass sie sich den Reduktionismus einer literarischen »minimal art« zu eigen machen konnte. Aber das über die Harfner verhängte Verbot ist doch beachtet worden, übrigens bis heute, und wer es bricht, der muss sich bei uns rechtfertigen. Die deutsche Nachkriegsliteratur ist überwiegend im »stilus humilis« geschrieben. Ist das nicht eine erstaunliche, eine noch kaum entdeckte Parallele zum Anti-Pathos der Nachkriegspolitik?

5. Geschichte – eine Kurz-Geschichte?

Es war nach dem Zweiten Weltkrieg nicht immer leicht, ein Deutscher zu sein. Vor der Weltöffentlichkeit standen die Deutschen, stand die ganze deutsche Geschichte am Pranger – nicht nur die jüngste, sondern auch die weiter zurückliegende Vergangenheit. Das führte manchmal zu seltsamen Flucht- und Absetzbewegungen von der deutschen Nation und ihren Überlieferungen. Einen grotesken Fall erzählt Andrzej Szczypiorski:

›»Ich war bei netten Leuten in Baden-Baden zu Gast. Eines Tages sagte mein Gastgeber zu mir: ›Wissen Sie, wir Badener sind eigentlich keine Deutschen. Blicken Sie von der Terrasse aus nach Westen. Dort, wo Sie diese Wiesen und Weinberge sehen, ist schon Frankreich. Wir haben lateinische Gemüter, lieben Wein, schöne Frauen, Liebeslieder.‹ [...] Einige Tage später war ich in Hamburg. Und dort hat mir ein netter Mann in einer Tweedjacke, die Pfeife im Mund, gesagt: ›Wissen Sie, wir Hamburger sind eigentlich keine Deutschen. Wir haben eine hanseatische Tradition, skandinavische Sitten. Wir halten uns nicht für die Deutschen.‹ Ich erzählte ihm dann von meinem Gespräch in Baden-Baden und fragte: ›Wenn es wirklich so ist, daß weder die Badener noch die Hamburger Deutsche sind, sagen Sie mir bitte, wo die Deutschen leben.‹ Er entgegnete mir sehr ruhig: ›Fahren Sie in die DDR. Dort leben die Deutschen.‹«[4]

Nun, solche Szenen sind nach der Wiedervereinigung nicht mehr so leicht vorstellbar. Die Neigung zum politischen Mimikry hat abgenommen. Politische Schutzfarben für Deutsche sollten heute eigentlich nicht mehr nötig sein, obwohl die Liebe zu Deutschland und den Deutschen in den letzten Jahren gewiss nicht größer geworden ist – bei anderen Völkern nicht und schon gar nicht bei uns selbst. Aber ein wenig Realismus hat sich doch ausgebreitet: Die Deutschen sind eher bereit, einander so zu nehmen, wie sie sind – und auch unsere Nachbarn erwarten keine neuen spektakulären Wandlungen (die ja auch ihre Risiken hätten). So ist nach 1990 ein Stück Normalisierung erreicht worden: Der Kalte Krieg ist zu Ende, die Deutschen können ihre bipolaren Unterstände verlassen – sie stehen freilich jetzt genauso im Freien, in Sonne und Regen, wie andere Völker auch.

Aber haben sie noch eine Geschichte – ihre Geschichte? Was ist das heute, des Deutschen Vaterland? Darf er überhaupt noch eines haben nach soviel Abbruch, Zerstörung, Selbstzerstörung? Gibt es noch eine deutsche Nation? Oder war die gewaltsame Teilung Deutschlands ein Schuldspruch über die gesamte deutsche Geschichte – ein Urteil für alle Zeiten, das keine Revision verträgt?

Kein Zweifel, die kritische Befragung der Vergangenheit hat in Deutschland oft genug zu Übertreibungen, Verabsolutierungen, Maßlosigkeiten geführt – die Deutschen wären keine Deutschen, ließen sie sich in solchen Momenten die Gelegenheit zum Prinzipiellen, zur Abrechnung, zum Rundumschlag entgehen. Dennoch war das, was man »Aufarbeitung der Vergangenheit« nennt, ein notwendiger Ausgangspunkt für einen Neuanfang. Es blieb nicht beim Gericht der Sieger in Nürnberg. Auch vor deutschen Gerichten wurden Schuldige zur Rechenschaft gezogen. Hinzu kam die zeitgeschichtliche Forschung: Sie untersuchte die deutsche Geschichte des 20. Jahrhunderts, dokumentierte sie breit, machte sie zum Gegenstand politischen und pädagogischen Nachdenkens bis in Schulen, Medien, Alltag hinein. Unter dem Eindruck gerichtlicher Klärungen und historischer Analysen komplettierte sich das Bild der 12 Jahre Nazi-Tyrannei. Kaum irgendwann sind auf einen so schmalen Abschnitt der Geschichte so intensive Forschungen angesetzt worden. Am Ende hatten die Deutschen ein Stück monumentalischer Geschichte gegen ein Stück kritischer Geschichte eingetauscht – die Historie als Heldenepos zerbrach, die Historie als Pathologie des Menschen trat an ihre Stelle.

So weit so gut – aber hatte diese Konzentration auf Gegenwart und Zeitgeschichte nicht auch ihren Preis? Sind die älteren Epochen unserer Geschichte nicht aus dem Blick geraten – die frühe Neuzeit ebenso wie das Mittelalter? Karl Heinz Bohrer hat auf die Asymmetrie unseres Geschichtsbewusstseins hingewiesen, auf die Abwesenheit der Fernerinnerung und die Überlänge der Naherinnerung; und in der Tat: in einer absoluten Gegenwart droht alle Vergangenheit zur Vorgeschichte – und damit auch zur Nicht-Geschichte – zu werden. Seit einigen Jahren vergebe ich regelmäßig die Preise in den Schülerwettbewerben der Stiftung »Bibel und Kultur«. Die Preisvergabe findet meist an historischen Stätten, in

Domen, Rathäusern, auf Marktplätzen statt. In Gesprächen mit den jungen Menschen wird immer wieder deutlich, wie fremd, wie exotisch die in diesen Bauwerken sich darstellende Geschichte vielen geworden ist. Kein Wunder, sie hören ja in der Schule kaum mehr etwas darüber.

Hans-Peter Schwarz hat darauf aufmerksam gemacht, dass es seit vielen Jahren eine Gesamtdarstellung der deutschen Geschichte nicht mehr gibt. Gewiss, es gibt Essays, Aufsätze, Beiträge von Spezialisten. Aber es gibt nur verschwindend wenige epochenübergreifende Darstellungen aus einer Hand, aus einem Guss. (Die Kurzdarstellungen von Hagen Schulze und Michael Salewski seien als Ausnahmen rühmend erwähnt.)[5] Kann man wirklich die Geschichte unseres Landes nicht mehr erzählen – für andere wie für uns selbst? Eine Geschichte, in der Bonifatius und Otto der Große ebenso vorkommen wie Luther und Karl V., Metternich ebenso wie Bismarck, Stresemann ebenso wie Hitler, Adenauer ebenso wie Willy Brandt und Helmut Kohl?

Vor Jahren, als die Franzosen Clovis – Chlodwig – feierten, standen die Deutschen staunend daneben. Dass ein Barbar aus grauer Vorzeit (wahrscheinlich mit einem schrecklichen germanischen Dialekt!) allein dadurch, dass er sich taufen ließ, die französische Identität schuf für Jahrhunderte, im Grund bis heute – das war eine überraschende, eine kaum glaubhafte Lektion. Und als vor Jahren, 1990/91, die »Gemeinsame Erklärung« und der »Polnisch-Deutsche Nachbarschaftsvertrag« zustande kamen, bemerkte der geschichtsbewusste polnische Außenminister Bartoszewski beiläufig, es handle sich um die wichtigsten (und längsten!) polnisch-deutschen Dokumente seit Otto III. Kaiser Otto III. ist für polnische Schulkinder eine feste Figur. Aber unter den deutschen Beamten, die der Zeremonie beiwohnten, brach sogleich Unruhe aus wie bei einem Examen, auf das man sich ungenügend vorbereitet hat: Wer, um Himmels willen, war denn nun Otto III.?

6. Hauptstädte und Regionen

Dabei hätte man wissen können: Das Kaisertum hat mit unserer Gegenwart mehr zu tun, als mancher auf Kurz-Geschichten fixierte Betrachter sich träumen lässt. Denn Deutschland war stets ein Reich, ein Bundesstaat oder Staatenbund, kurzum ein föderalistisches Gebilde. Eben dies, dass die Deutschen in ihrer langen Geschichte stets zweipolig (und fast nie zentralstaatlich) organisiert waren, macht die Kontinuität ihrer Historie und die Identität ihrer Traditionen aus. Kaiser und Reich, Land und Bund, Hauptstadt und Region – das ist bei uns nicht ineinander auflösbar. Auch der Nationalstaat hatte und hat bei den Deutschen eine föderale Struktur.

Andere Nationen erkennen und spiegeln sich in ihren Hauptstädten. In der deutschen Geschichte fehlt ein ähnliches, die politischen und kulturellen Kräfte sammelndes Zentrum, die Adressen der deutschen Hauptstädte wechseln durch die Geschichte hindurch – allein in neuerer Zeit lösen sich fünf Hauptstädte ab: Wien und Frankfurt, Berlin und Bonn und wieder Berlin. Die Zentralgewalt war in Deutschland fast immer schwächer als in anderen Staaten: Neben der Hauptstadt standen andere Zentren, und keine Stadt repräsentierte auf längere Zeit das ganze Deutschland – nicht politisch, auch nicht wirtschaftlich oder kulturell. Der Reichtum der Kultur in Deutschland nährt sich bis heute aus den Traditionen geistlichen und fürstlichen Mäzenatentums. Abseits der großen Städte stößt man noch heute auf viele kleine Residenzen mit eigenem Gesicht – auf Theater, Konzertsäle, Archive, Bibliotheken, Kunstsammlungen hohen Ranges. Wolfenbüttel, Meißen, Hildburghausen, Weimar, Marbach haben sich stets neben Frankfurt, Köln, Berlin, Stuttgart, München, Hamburg, Bremen, Hannover behauptet. Zentrale war in Deutschland nie ein Synonym für Kultur – bestenfalls für Ausschnitte. Region war in Deutschland nie Provinz. Es hat seinen Sinn, dass der Nationalfeiertag, der 3. Oktober, jedes Jahr in einem anderen Land der Bundesrepublik gefeiert wird. Dass die meisten der sieben Bundeskanzler der Republik vorher Ministerpräsidenten eines Landes waren, rundet das Bild.

In den sechziger und siebziger Jahren blies dem Föderalismus der Wind ins Gesicht. Die Standardisierung von Produktion und Konsum, die Ansprüche an Bildungsservice und sozialstaatliches Netz – das alles war dem Föderalismus, seinem Aufbau in Schichten und Stufen, seinem komplizierten Geäst und Geflecht nicht günstig. Doch das ist längst vorbei. Nach Jahren einer fast rauschhaft erlebten Mobilität macht sich heute ein stärkeres Verlangen nach Befestigung, Überschaubarkeit, stabilen Zuordnungen geltend. Auch ein größerer Realismus: Man will wissen, wo man dran ist, was man von der Politik »vor Ort« zu erwarten hat. Traditionen, Landes- und

Stadtprofile, Landschaften, Lebensgewohnheiten werden neu entdeckt. Standorte spielen eine Rolle, Quantitäten und Qualitäten des Angebots. Hat ein Land gute Schulen, hat es eine gute Wirtschafts- und Arbeitspolitik? Kurzum, das Überschaubare, Nachprüfbare ist gefragt. Man misstraut den Großsprechereien aus der Ferne. Der Föderalismus als Element der Nähe, des Wettbewerbs, des Vergleichs, der Probe aufs Exempel – all das dürfte sich noch verstärken in einem Europa, in dem sich das globalisierte Allgemeine an jedem Fleck in regionalen Überlieferungen bricht.

Eine moderne Nation hat heute längst der hochfahrenden Abgrenzung nach draußen abgeschworen – und ebenso der Verachtung gegenüber angeblicher »Eigenbrötelei« und »Kleinstaaterei« im Inneren. Sie entdeckt und nutzt das friedenstiftende und ausgleichende Potential föderaler Staatsorganisation. Darin hat sich in Deutschland seit den Zeiten von Bismarck, Windthorst und Constantin Frantz doch einiges geändert. Wir sind auch dabei, Freiheitselemente in unserer älteren Geschichte zu entdecken, die früher oft ausgeblendet wurden: den gemeinen Mann und seine Geschichte, landständische und frühparlamentarische Traditionen, die Hanse, das Bürgertum der Städte, ja eine spezifisch deutsche Tradition des Naturrechts und der Menschenrechte. Die vielfältigen Landestraditionen von Mecklenburg-Vorpommern bis Baden-Württemberg nehmen wir als Elemente unserer Geschichte (und nicht als Relikte aus vornationalen Zeiten) ernst. Was mich persönlich angeht, so bin ich gern bereit, die brandenburgisch-preußische Geschichte im Kreis der Landesgeschichten willkommen zu heißen. Als Königsweg zur deutschen Nation nach teleologischem Geschichtsplan scheint sie mir dagegen überholt zu sein. Nationales Pathos sollten wir vermeiden, die Kunst selbstsicherer Bescheidenheit dagegen pflegen. Hier wird sich Berlin an Bonn bewähren müssen, nicht umgekehrt.

7. Politik und Geist

Politische Selbstdarstellung – tun sich die Deutschen schwerer damit als andere Völker? Man könnte es meinen, wenn man an die stolze Reihe der Gelehrten, Künstler, Schriftsteller in anderen Ländern denkt, welche die Ränge von Politik und Diplomatie bevölkern. Franklin, Chateaubriand, Disraeli, Paderewski, Croce, Masaryk,

Claudel, Giraudoux, Saint-John Perse – solchen Namen haben wir wenig entgegenzusetzen; es sei denn die Erinnerung daran, dass Goethe zeitweilig Erster Minister eines deutschen Staates war und dass der Schöpfer des Zweiten Kaiserreiches, Bismarck, ein vorzügliches, literarisches Deutsch schrieb.

In der Zeit nach 1806 – dem Jahr des Untergangs des Alten Reiches – hatte Deutschland keine Hauptstadt mehr und keine sicheren Grenzen. Der im Wiener Kongress geschaffene Deutsche Bund wurde später bestenfalls zu einem Notdach – die Rivalität der Großmächte Österreich und Preußen verhinderte dauerhafte Lösungen. Aber die Welt hatte dennoch ein Bild von Deutschland; es waren die Wiener Musiker, die Weimarer Dichter, die Tübinger, Jenenser, Berliner Philosophen; und auch die Deutschen selbst, politisch zersplittert wie sie waren, empfanden ihre Kultur und Sprache als das einzig einigende Band. Das versunkene Reich lebte fort im Reich des Geistes und der Kunst. Der Mantel der Kultur musste das fehlende Staatsgewand ersetzen. Statt des Machtstaats erwuchs den Deutschen etwas anderes: die Kulturnation.

Das war gewiss beeindruckend – Schiller sah darin sogar »Deutschlands Größe«, die er abhob vom Schwert- und Kriegsruhm der »Franken und Britten«: »[...] in das Geisterreich zu dringen/ Vorurteile zu besiegen/Männlich mit dem Wahn zu kriegen«,[6] darin lag für ihn der Auftrag, die Auszeichnung der Deutschen.

Doch der Preis war hoch: Allzu leicht wurde in der folgenden Zeit das Reich des Geistes zum Alibi, zum Ersatz für die ausgebliebene politische Emanzipation. Schon Madame de Staël, als sie im Herbst 1803 Deutschland bereiste, stellte mit Verwunderung fest, dass die Deutschen »die größte Gedankenkühnheit mit dem untertänigsten Charakter vereinen«. »Die Gebildeten Deutschlands«, schrieb sie, »machen einander mit größter Lebhaftigkeit das Gebiet der Theorien streitig und dulden in diesem Bereich keine Fessel, ziemlich gern aber überlassen sie dafür den irdischen Machthabern die ganze Wirklichkeit des Lebens. Diese Wirklichkeit, die sie so gering schätzen, findet jedoch Besitzer, die dann Störung und Zwang selbst im Reich der Phantasie verbreiten.«[7]

Bedenkenswerte Sätze – und manchmal meine ich heute, im Jahr 2002, es hätte sich bei uns nicht viel geändert. Seit unserer klassischen Epoche unterliegt die Politik in Deutschland einem doppelten Verdikt: einem moralischen und einem ästhetischen. Politik verdirbt den Charakter, so heißt der eine Vorwurf. Politik ist schmutzig, so heißt der andere. Gewiss, das sind Schildbürgerparolen. Aber sie können sich doch auf eine ehrwürdige Tradition und auf illustre Geister berufen, auf Kant, auf Schiller, auf viele andere. Kant errichtete den Areopag der Moral so hoch in den Lüften, dass der Geist spielend über die Wirklichkeit triumphieren konnte. Freilich kam auch die Politik unter den hochgetürmten Prinzipien zu ebener Erde gut durch. Und Schiller, ein besserer Kenner der politischen Zusammenhänge, resignierte am Ende vor den Ansprüchen und Entscheidungszwängen der Politik, flüchtete sich aus »des Lebens Drang« in »des Herzens heilig stille Räume«: »Freiheit ist nur in dem Reich der Träume / Und das Schöne blüht nur im Gesang.«[8] Wundert es dann, dass die Politik – buchstäblich von der Moral und vom Schönen verlassen – hässlich und unansehnlich wurde, dass sie in Deutschland oft genug zu einem ultrakonkreten, zynischen Realismus verkam, dass der unpolitischen Staatsfremdheit des Geistes eine ebenso unpolitische und gefährliche Machtanbetung antwortete?

Die Spuren der Vergangenheit sind im heutigen Deutschland an vielen Stellen sichtbar. Der Druck der Tradition ist groß. Auf der einen Seite – oft, nicht immer – ein luft- und lichtloser politischer Betrieb, beherrscht von amusischen Managern und Karrieristen; Institutionen von geringer Beweglichkeit; politische Establishments mit Zementfüßen; eine Atmosphäre, in der Eigensinn und Wichtigtuerei gedeihen, in der es an spontanen Regungen, an Witz und Selbstverleugnung fehlt. Auf der anderen Seite – oft, nicht immer – ein Geist, der sich als Gegeninstanz zur Politik versteht und ins Gewand der Moral hüllt: mit großem Faltenwurf, aber geringer fachlicher Zurüstung, überheblich und hyperkritisch, ohne Bereitschaft zur Mitverantwortung – im Grund auch heute noch ein Bild jener »tiefen Politiklosigkeit«, die Thomas Mann in der Weimarer Republik an den deutschen geistesbürgerlichen Überlieferungen beklagte.

Dabei könnten beide, Geist und Politik, bei einiger Selbstkritik und Selbstironie durchaus voneinander lernen. Sie müssten sich dazu keineswegs um den Hals fallen, sie müssten nicht einmal – in der Sprache der Kirchentage – »einander annehmen«; es genügte schon, freier aufeinander zu blicken, einander selbstbewusster gegenüberzutreten. Nicht auf Verschmelzung, auf Kooperation käme es an – und die setzt Arbeitsteilung und Klarheit über Zuständigkeiten voraus. Kultur kann Politik nicht ersetzen, die Kulturnation kann nicht an die Stelle der Staatsnation treten. Der Staat ist mehr als ein Reich der Einbildungskraft. Aber weil »alle absolute Tätigkeit [...] zuletzt bankrott« macht (Goethe), braucht die Politik die kritische Begleitung von Sprache, Intellekt, Kultur – braucht sie die Wissenschaftler, Künstler, Intellektuellen.

Ob wir es noch erleben werden, dass zwischen »Politik« und »Geist« ein wenig Neugier aufeinander, ein wenig Lust am Kennenlernen, ein wenig nachsichtiges Verständnis entsteht? Dass sich die einen für die anderen zu interessieren beginnen? Dass Politiker (wenigstens einzelne) ein literarisches Deutsch sprechen und schreiben – und dass Intellektuelle sich nicht zu schade sind für die Übernahme politischer Ämter? Heuss war in dieser Hinsicht eine Ausnahme. Sein Fall müsste alltäglicher werden, dann bräuchten wir uns um unsere politische Selbstdarstellung weniger zu sorgen. Es wäre ein Stück notwendiger Korrektur deutscher Sonderwege, eine Annäherung an demokratische Selbstverständlichkeiten wie in unseren Nachbarländern – und es würde am Ende, dessen bin ich sicher, dem Geist ebenso zugute kommen wie der Politik.

TILMANN BUDDENSIEG

Die Gewerkschaften als Bauherren. Vom Aufstieg des Proletariats zur künstlerischen Avantgarde in der Weimarer Republik[1]

1. Zur Frühgeschichte der Gewerkschaftshäuser

Schlachthöfe und Opernhäuser findet man um 1900 in den Abhandlungen des vielbändigen »Handbuchs der Architektur«, man wird unterrichtet über Bahnhöfe, Bedürfnisanstalten und Volksschulen im Zeitraum von der Antike bis zur Gegenwart – Volkshäuser und Gewerkschaftshäuser aber finden sich mitnichten. »Gebäude für Erholungs-, Beherbergungs- und Vereinszwecke«, insbesondere »Gebäude für Gesellschaften und Vereine« werden von Heinrich Wagner, Professor an der Technischen Hochschule Darmstadt, abgehandelt. Der gelehrte Autor stellt zwar die alte Geschichte der Innungshäuser und die neue der Wohlfahrtseinrichtungen dar, die Besprechung der »Häuser der Arbeitervereine und Arbeitergenossenschaften« könne jedoch »infolge des Mangels an eigentümlichen Schöpfungen unterlassen werden«. Wagner kennt diese Häuser als »Heim- und Erholungsstätten derjenigen Klassen des Volkes, welche, unbeirrt durch alle Hindernisse, beständig Anstrengungen machen, eine Verbesserung ihres Lebensloses zu erringen«.[2] Das waren aber keine eigenen und eigenartigen Schöpfungen der Gewerkschaften selbst, sondern Musterstätten persönlicher Fürsorge, die von Arbeitgebern für die Geschäftsangehörigen, insbesondere Fabrikarbeiter, errichtet wurden.

In einem der letzten Bände des »Handbuchs der Architektur« behandelt Hermann Seeger im Jahre 1933 die »Bürohäuser der privaten Wirtschaft« und darunter auch einige Verwaltungen von Gewerkschaften. Zu dem »Gebäude des Deutschen Metallarbeiter-Verbandes« von Erich Mendelsohn, 1931 in Berlin errichtet, schreibt Seeger, es unterscheide sich »in keiner Weise von den Konzern-

Verwaltungsgebäuden der Privatwirtschaft«.[3] Damit ist der geschichtliche Bogen einer Gewerkschaftsarchitektur umrissen, von den bescheidensten Anfängen, vom Untergrund und von ängstlicher Unterordnung, bis zu ihrer glanzvollen städtischen Präsenz in den Bauten von Max Taut, Bruno Taut und Erich Mendelsohn in der Weimarer Republik. Dieser Entwicklung gilt die folgende Untersuchung.

Im Jahre 1902 hatten die Gewerkschaften 61 Zentralverbände mit 733 000 Mitgliedern, die 11 Millionen RM Beiträge zahlten. Bauwerke aber, welche die wachsende Macht der Gewerkschaften dargestellt hätten, gab es um die Jahrhundertwende nicht. Von 1907 bis 1912 stieg die Zahl der Gewerkschaftshäuser rapide von 33 auf 83, wenige finden sich in der Gewerkschaftsliteratur und in Jubiläumsschriften, kein Einziges dieser Gebäude in der Architekturgeschichte.[4]

Nach 1878, nach dem »Ausnahmegesetz gegen die gemeingefährlichen Bestrebungen der Sozialdemokratischen Partei«, aber auch noch nach dem Ende der Sozialistengesetze ab 1890 vollzogen sich die Geschäfte und Versammlungen der Gewerkschaften in zumeist gemieteten oder unerkennbar umgebauten Räumlichkeiten, ähnlich urchristlichen Versammlungsräumen in den Bauten konvertierter Heiden.

Seit Anfang der neunziger Jahre traf sich in Berlin ein kleiner Kreis führender Gewerkschaftsleute, um über den Bau eines neuen Gewerkschaftshauses zu beraten. Von den Berliner Verbänden wurden 14 000 RM gesammelt. Es war der Berliner Privatdozent für Physik Leon Arons, der den Genossen nicht weniger als eine Million Goldmark für einen ansehnlichen Neubau stiftete. Er stammte aus einer reichen jüdischen Berliner Bankiersfamilie, heiratete 1887 eine Nichte Gerson Bleichröders, des Beraters Bismarcks, und wurde 1891 Mitglied der SPD. Seine akademische Karriere scheiterte aufgrund seiner SPD-Mitgliedschaft. In den Antrag der Philosophischen Fakultät der Friedrich Wilhelms-Universität auf Ernennung zum Professor griff der Kaiser persönlich ein: Er befahl, »alles zu tun, um diesen frechen Verhöhner staatlicher Einrichtungen seines Amtes zu entsetzen. Ich dulde keine Sozialisten unter Meinen Beamten.« Die Berufung wurde vom Ministerium abgelehnt und Arons von der Universität »entfernt«.[5]

Am Engelufer, dem heutigen Engeldamm in Kreuzberg, entstand ein einfacher Backsteinbau im Stile märkischer Gotik, mit dreiachsigem Mittelrisalit ohne Portal und aus Motiven, die in den Seitenflügeln und den ängstlichen Ecktürmen wiederkehren. Der

DIE GEWERKSCHAFTEN ALS BAUHERREN 113

Um 1900 bauen die Gewerkschaften am Engelufer in Berlin-Kreuzberg ein eigenes Gewerkschaftshaus als schlichten und selbstbewussten Backsteinbau.

Bau wählt deutlich eine Stillage unterhalb bürgerlicher Wohnungen oder Geschäftshäuser. Er hat den schlichten und würdigen Charakter einer Volksschule.

Begeistert wurde der Bau von der sozialdemokratischen Frauenrechtlerin Anna Simon besprochen. Sie hat den Stolz der Arbeiterbewegung auf diese erste öffentliche, mit Anstand in die Stadt integrierte Unterkunft formuliert, welche als Versammlungsort für Gewerkschafts-Genossen zur Verfügung stand: Neben dem »Cultus der Persönlichkeit«, neben dem »religiösen Sinn«, neben dem Staat stelle sich der private Unternehmer mit seinen Kaufhäusern aus Steinsäulen, Eisenpfeilern und Glasmassen zur Schau – sicher ein Hinweis auf die opulenten Neubauten der Kaufhäuser Tietz und Wertheim. Jetzt aber steige eine »andere Macht empor«, das moderne Proletariat verkünde in »Steinschrift die Bedeutung der Organisation, des Zusammenschlusses vieler, vereinzelt ohnmächtiger Individuen zu einer tatenstarken Körperschaft.« Anna Simon fährt fort: »Wer wollte bezweifeln, daß es sich hier um ein Wahrzeichen der Macht handelt? Inmitten des glänzenden Aufschwungs der deutschen Kaiserstadt hat vielleicht keine Schöpfung so große symptomatische Bedeutung wie ihr Gewerkschaftshaus.«[6]

Nach der Rückkehr der »vaterlandslosen Gesellen« aus dem Untergrund eignet sich die Klasse der Entrechteten die bürgerliche Architektursprache der Einfachheit und der stolzen Bescheidenheit an und tritt in die Öffentlichkeit der Straße auf der unteren Stufe der gesellschaftlichen Hierarchie. Dem entsprach zur gleichen Zeit die formal bescheidenere, bahnbrechende Gestaltung des Arbeiter-Mietshauses für den »Berliner Bau- und Sparverein von 1892« in der Sickingenstraße 7-8 in Moabit, erbaut von Alfred Messel im Jahre 1893 und bis heute vom Auftraggeber perfekt erhalten.[7]

Bald aber stellte sich die Frage, wie und ob die Aneignung des Vorenthaltenen als eine neue gesellschaftliche Kraft sichtbar umgestaltet und neugeformt werden sollte. Clara Zetkin nimmt 1910 das Berliner Gewerkschaftshaus zum Anlass einer negativen Bilanz:

»Die Räume, die das Heim des kämpfenden Proletariats sein sollen [...] sind nicht aus seiner sozialistischen Weltanschauung künstlerisch gestaltet. Unsere Gewerkschafts-, Volks- und Geschäftshäuser unterscheiden sich in ihrem Stil in nichts von irgendwelchen bürgerlichen Geschäftshäusern. [...] Das geistige Leben der Arbeiterklasse hat bis jetzt noch nicht den geringsten Ausdruck in der architektonischen Formensprache gefunden.«

Die Gewerkschaften als Bauherren 115

Das »Maison du Peuple« von Victor Horta in Brüssel, errichtet 1896 bis 1899, verzichtete strikt auf traditionelle Bauformen und machte die technischen Materialien Glas und Eisen zum modernen Ausdrucksmittel der Arbeiterbewegung.
Hauptfassade, Ausschnitt.

Das Proletariat habe das Missverhältnis zwischen dieser konventionellen Formensprache »und seinem eigenen inneren Sein noch nicht stark und bewußt empfunden«.[8]

Das »Maison du Peuple« in Brüssel von Victor Horta, in den Jahren 1896 bis 1899 errichtet, schien eine hoffnungsvolle Antwort auf die Kritik Clara Zetkins bereit zu halten. Es wurde trotz weltweiten Protestes 1965 unentschuldbar abgerissen. Vergleichbar der Schenkung von Leon Arons für das Berliner Gerwerkschaftshaus, stiftete der belgische Chemiker und Großindustrielle Ernest Solvay (geb. 1838) der belgischen Sozialdemokratie die Mittel für den kühnen Glas-Eisenbau in zentraler Lage der belgischen Hauptstadt. Er war der Überzeugung, dass die Arbeiterklasse und das Großkapital gemeinsam die Zukunft beherrschen würden. In seiner radikal modernen, traditionslosen Formgebung für eine neue gesellschaftliche Kraft schien dieser Bau die Utopie einer Zusammenarbeit zwischen Kapitalismus und Sozialismus vorwegzunehmen.[9]

Begeistert schildert der katalanische Architekt und Kunsthistoriker Josep Puig i Cadafalch (1867–1956) 1904 seine Eindrücke von dem Bau. Er verglich die »entfesselten Formen« des Eisens mit dem entfesselten Bestreben der »Armen und Revolutionäre, die ein neues Leben [...]« ersehnten. Sodann kritisiert Puig mit scharfen Worten den Entwurf eines Volkshauses in Barcelona, das an ein Vorstadtkino oder an ein südamerikanisches Provinz-Rathaus erinnere und nicht, wie in Brüssel, an einen »Tempel der Utopie« als einen »Tempel der neuen Architektur«, an eine neue Kunst ohne »versteinerte Traditionen [...], stumpfsinnige Glaubensbekenntnisse und dumme Predigten«. Die halb ingenieurhaften, halb künstlerischen, nie dagewesenen Eisenstrukturen des Baues hätten das bürgerliche Haus in neue Formen gekleidet. Man hätte den Erbauer für verrückt und extravagant erklärt, weil er nicht dem Geschmack der Mehrheit gefolgt sei.[10]

2. Auf der Suche nach dem »adäquaten Ausdruck« einer sozialdemokratischen Republik

Erst in der Weimarer Republik, als die Gewerkschaften zur stärksten gesellschaftlichen Kraft wuchsen, entstanden Bauten, die zum sichtbaren Ausdruck der Arbeiterbewegung wurden. Die Bauten von Max Taut, Erich Mendelsohn und Hannes Meyer werden in deren

Werkmonographien oder in den Architekturgeschichten der Moderne zwar im Einzelnen aufgeführt, sie erscheinen aber als Belege für eine Künstlerbiographie, als Zeugnisse einer autonomen Stilgeschichte oder als Nachweise für Neuerungen der Konstruktion. Das hat zur Folge, dass die maßgebenden Personen der verschiedenen Gewerkschaften und ihre gemeinsamen Zielsetzungen, ihre Motivationen für die Auftragserteilung an die Baumeister der Avantgarde, im Dunkeln liegen.

Drei Bereiche sind aus dem dramatischen Prozess einer neuen gewerkschaftlich-sozialdemokratisch bestimmten Gestaltgebung für das »Gesicht« der Weimarer Republik in ihrer Hauptstadt zu erörtern.

Im Vordergrund standen die großartigen Pläne für die Neugestaltung eines Regierungsviertels der Republik im Spreebogen mit Projekten von Hugo Häring, Hans Poelzig, Ludwig Hilberseimer, Peter Behrens, Bruno Taut und anderen. Hilberseimer sprach von dem »Dokument einer neuen politischen Willenssetzung«.[11] Die politische Umwälzung seit 1918 fand ihren Ausdruck in einer radikalen baukünstlerischen Moderne, die jeden Traditionszusammenhang verleugnete. Gegen die Pläne weitreichender Eingriffe in die Architektur des Reichstages und gegen Absichten, ihn abzureißen, wandte sich vehement der »Reichskunstwart« Edwin Redslob in einem eindringlichen Gutachten. Ernst Reuter, Stadtrat für Verkehr, sah »einen Punkt nach dem anderen sich zu den Umrissen einer sozialdemokratischen Hauptstadt gestalten«. »Auch unsere Zeit«, so Reuter, könne »ihren eigenen Bedürfnissen einen adäquaten Ausdruck verleihen«, als radikale Formensprache der Gegenwart.[12]

Der zweite Bereich einer ästhetischen Selbstdarstellung der Weimarer Republik betrifft das Tätigkeitsfeld des Reichskunstwarts Edwin Redslob.[13] Es ging diesem hochverdienten und gründungsmächtigen Kunstfreund, einem lebenslangen Mitstreiter von Theodor Heuss, seit den Werkbund-Tagen vor allem um zwei Problemfelder, die hier wenigstens erwähnt seien: Wie kann die expressionistische Kunst- und Architektur-Avantgarde an staatliche Aufträge herangebracht und damit aus der Isolation ihrer künstlerischen Arbeit befreit werden? Die meisten seiner Vorschläge blieben im ministeriellen Gerangel der Zuständigkeiten und in der institutionellen Ohnmacht seines Amtes stecken.

Auch das zweite Interessengebiet stammt aus der Vorkriegszeit: Welche staatliche Förderung vermag den Qualitätsbegriff der

»Guten Form« über Einzelleistungen hinaus zur Identität der neuen Republik zu verdichten? Die Vorstellungen von Redslob und Heuss standen sich sehr nahe. 1921 erklärte sich Redslob zum Anwalt eines auf »Veredelung der gewerblichen und künstlerischen Arbeit gerichteten Zeitwillens«, der auf den »Qualitätsgedanken« und auf »Wertarbeit« ziele. Theodor Heuss nannte 1926 den Qualitätsgedanken »Sachliebe und Formverantwortung«, die nicht vom »Umsatz« diktiert werden dürften.[14] 1951 verschärfte der alte Werkbund-Kämpfer Heuss den Begriff der Qualität als ein »Gesinnungsproblem«: »Qualität ist das ›Anständige‹.«[15]

Das dritte und umfänglichste Problemfeld betrifft die wenig erforschte, für »das Gesicht« der Weimarer Republik bedeutsame Bautätigkeit der Gewerkschaften. Mit diesen umfangreichen Bauunternehmungen – vielfach in gewerkschaftseigener Durchführung – für Arbeiterwohnungen, für Konsumgenossenschaften und für den Bau der Verwaltungen der Einzelgewerkschaften und deren Berliner Zentrale des »Allgemeinen Deutschen Gewerkschaftsbundes« (ADGB) errang die Gewerkschaftsbewegung eine Führungsrolle in der Gestaltgebung einer rückhaltlos modernen Weimarer Gegenwart. Auf welche vorbildhafte geschichtliche Überlieferung, auf welche brauchbare Kontinuität sollten sich die Gewerkschaften auch berufen können? Im Folgenden sollen für diese Leistungen einige Anhaltspunkte geliefert werden.

3. Adolf Behne, Max Taut und eine gewerkschaftliche »Architektur der Sachlichkeit«

Linke Intellektuelle wie Hendrik de Man[16] und Künstler wie Bruno Taut haben vehement beklagt, dass die Arbeiterklasse mit jedem Fortschritt ihrer wirtschaftlichen Lage sich der kleinbürgerlichen Mentalität annäherte. Das ist jedoch weniger als die halbe Wahrheit. 1928 berichtet die »Gewerkschafts-Zeitung«[17], aus der Feder eines Landarbeiters, mit berechtigtem Stolz über das kühne und elegante Ausstellungshaus der Arbeiterpresse auf der Kölner »Pressa«. Mit seiner Glas- und Stahlarchitektur und mit der Typographie seiner vertikalen Werbesäule bleibt der Pavillon nicht hinter Molzahns kühnem Schriftbild für Behnes Max-Taut-Monographie der »Neuen Werkkunst« von 1927 und nicht hinter der »elementaren Typographie« von Tschichold und Lissitzky zurück: »Die Wirkung des Baues offenbarte sich dem Schreiber dieser Zeilen in dem erstaunten Gesicht, mit dem ihn mancher Spießer betrachtete.« Das belegt ein sicheres Bewusstsein des Fortschritts aus der Sicht eines Landarbeiters jenseits aller kleinbürgerlichen Mentalität, im Einklang mit der Formensprache der Avantgarde.[18]

Dies blieb lange ein Topos der Kritik insbesondere bürgerlicher Intellektueller. Bruno Taut kritisierte den Wiederaufbau des Leipziger Volkshauses nach dem Brand während des Kapp-Putschs 1920: »Vorgeklebte Säulen, gekuppelte Säulen [sind] Elemente, mit denen in guten Zeiten die Autokraten und der Adel, in schlechten Zeiten das parvenühafte Bürgertum seine Bauten dekorierte.« Taut fährt fort: »Hat das Proletariat überhaupt einen revolutionären Willen, oder ist dieser Wille nicht bloß ein rein materieller, ein Aufrückenwollen [...] in das Kleinbürgertum?«[19]

Adolf Weissmann widersprach ihm vehement in einer Kontroverse, die vor allem den Wohnungsbau der Avantgarde und hier vor allem die private Wohnausstattung der unteren Volksklassen betraf: »Der Künstler, der sich politisch radikal nennt, gebärdet sich künstlerisch radikal. Aber [...] damit entfremdet er sich dem Mann aus dem Volke, dem er sich doch nähern will.« Im Zusammenhang dieser gleichen Diskussion von 1920 meint Robert Breuer, man könne den »Beweis für den Herrschaftsantritt des Proletariats durch die Geburt einer neuen Form«, d. h. durch proletarischen Baubefehl, nur abwarten. Bis dahin baue die Bourgeoisie mit Poelzig, Tessenow und van de Velde immer nur »im Vorhof des Sozialismus«.[20]

Adolf Behne, der führende Architekturkritiker der Weimarer Zeit,[21] hat in seinen »Bemerkungen zum Thema: Moderne Baukunst«[22] ein sachliches Ziel verfolgt und seine innerste Überzeugung zum Ausdruck gebracht: Nicht das Bauhaus, auch nicht das individuelle Talent von Architekten wie Mendelsohn oder Poelzig führten nach seiner Auffassung den Umschwung zur »Moderne der Sachlichkeit« herbei, sondern ein neuer Bauherr, der zum mächtigsten der Weimarer Republik werden sollte, die Gewerkschaften. Und deren Architekt war nicht Erich Mendelsohn, der für den Metallarbeiterverband baute, auch nicht Bruno Taut, der für die Baugenossenschaften Gehag und Degewo oder den »Verkehrsbund« arbeitete, sondern es war dessen Bruder Max mit Bauten für den Allgemeinen Deutschen Gewerkschaftsbund und für den Verband der deutschen Buchdrucker.

Adolf Behne formuliert damit den fundamentalen Unterschied zweier Modernismen: einer gewerkschaftlichen der Siedlungen, Büros und Schulen und einer anderen der bürgerlichen Oberschicht in ihren Fabriken, Banken, Verwaltungen und Wohnhäusern. Die strukturelle Aneignung der Moderne vollzieht sich nur auf der Seite der Gewerkschaften. Der Modernismus der Villa Gans in Königstein/Taunus von Peter Behrens, 1930, und der Villa Tugendhat von Mies van der Rohe unterscheidet sich von den Grunewaldvillen der Gründerzeit nur formal, nicht aber in dem darin gelebten Lebensstil mit der gleichbleibenden Zahl des halben Dutzends der Dienstboten.

Nach seinem Hollandbesuch im Sommer 1920 löste sich Adolf Behne Schritt für Schritt von allem »Utopischen und Romantischen«, vom »Tummelfeld expressionistischer Willkürlichkeiten«. Scharf weist er die Meinung zurück, »die Kunst könne nur aus Tiefen wachsen, in welche die Fähigkeiten der Ratio nicht reichen«, die »auf Gefühl, Seele, Reflexion und Literatur bedacht« seien.[23] Stattdessen wirbt er seit 1920/21 »für eine Architektur der Sache selbst«. Ansätze sah er im Werk so verschiedener Architekten wie Mendelsohn, Poelzig, Bruno Taut und in Vorkriegsbauten von Behrens und Gropius.[24] Trotz aller »Dankbarkeit, die wir seiner [Gropius'] unerhört kühnen und schwierigen Arbeit zollen«, spüre man noch Akademie und Kunstgewerbe, die alten Ressorts durch die Arbeit hindurch. Das wahre Bauhaus werde die nächste Ausstellung zeigen.[25]

Noch ohne den Architekten oder den Entwurf zu kennen, formuliert Behne im April 1921 seine Hoffnungen auf das Projekt eines Neubaus der Gewerkschaftsverwaltung. Es sei der in künstlerischer Hinsicht wichtigste Neubau Berlins.[26] Es sei die künstlerische Aufgabe, »die Form zu schaffen für das durch ein sozialistisches Kollektivum verlangte Versammlungs-, Verwaltungs- und Festhaus«. Schon drei Wochen später berichtet Behne erfreut, der Neubau sei Max Taut übertragen worden: »Die Wahl ist glücklich.«[27] In der »Weltbühne« und in den »Sozialistischen Monatsheften« von 1924 kann er höchstes Lob »für eine wirklich starke und überzeugende Leistung« spenden.

> »Die Reinheit der Horizontalen und Vertikalen, die Knappheit und Exaktheit aller Glieder, die bewußte Behandlung der Materialien, die sichere Proportionierung schaffen einen Bau, dessen klare Eindeutigkeit und Ruhe, dessen selbstverständlich wirkende Einfachheit voll Lebendigkeit, Frische und Reichtum ist.«[28]

DIE GEWERKSCHAFTEN ALS BAUHERREN 121

Die funktionale Sachlichkeit des Bundeshauses des Allgemeinen Deutschen Gewerkschaftsbundes in Berlin, Wallstraße, von Max Taut aus dem Jahr 1922 findet unter Kritikern breite Zustimmung. Sie sehen darin eine rückhaltlose Modernität verwirklicht.

122 TILMANN BUDDENSIEG

Sowohl Außen- als auch Innenarchitektur des in der Dudenstraße von Berlin gelegenen Hauses der Deutschen Buchdrucker von Max Taut aus dem Jahr 1925 wird als ein radikaler künstlerischer Neubeginn gefeiert.

In der »Arbeiterbank« im Erdgeschoss sah Behne endlich die gewerkschaftliche Alternative zu den bürgerlichen Bankpalästen des Historismus erreicht.[29]

1926 schon kann Behne das Verbandshaus der Buchdrucker in der Dudenstraße 10 in Tempelhof rückhaltlos »als eine Prachtleistung« feiern. »Kein Wort des Lobes« sei »zu hoch für diese Arbeitssäle«.[30] Die Buchdrucker hätten mit dem von El Lissitzky und Jan Tschichold gemachten Sonderheft »Elementare Gestaltung« ihrer »Typografischen Mitteilungen« von 1925 und mit ihrem Verbandshaus ein Vorbild gegeben, hinter dem kein Bau der Gewerkschaften und der Arbeiter-Organisationen mehr zurückbleiben dürfe – und hinter denen das meiste an Bauhaus- und Privatarchitektur zurückstünde. In dieser künstlerisch radikalsten Publikation zur Typographie und Buchproduktion der zwanziger Jahre, getragen vom »Verband der graphischen Hilfsarbeiter«, übertrifft die Gewerkschaft der Buchdrucker nicht nur das Leipziger Buchdruck-Establishment, sondern auch die Position des Bauhauses. In dem Heft heißt es: »Die Konstruktion (die Gestaltung) ist [...] die Organisation des Materials.« »Aller Kunst« wird ein »rücksichtsloser Krieg erklärt«. Es wird sodann die »Unmöglichkeit« eines Übergangs der vergangenen künstlerischen Kultur in die konstruktiven Formen der neuen Gesellschaft festgestellt.

Diese Definition der Architektur als einer konstruktiven Arbeit mit sichtbar bleibenden technischen Materialien, die Verweigerung der Kontinuität künstlerischer Tradition, das ist die neue Sprache des architektonischen Gestaltungswillens einer gesellschaftlichen Klasse, die erst mit der Sozialdemokratie und den Gewerkschaften nach 1918 zum unverwechselbaren Ausdruck ihrer selbst gelangte.

Im Verbandshaus der Buchdrucker befand sich auch die segensreiche »Büchergilde Gutenberg«, die zwischen 1924 und 1933 nicht weniger als 148 Titel erzählerischer und informativer internationaler »Bücher voll guten Geistes und von schöner Gestalt« herausgab, als ein aufgeklärter »linker Kanon«. Die mustergültige Ausstattung der Bände kann als eine »Weimarer« Buchgestaltung gelten, mit Entwürfen von Jan Tschichold, Rudolf Bärwald, Heinrich Schulze, Karl Rössing, Otto Kraft und Emil Zbinden. Die Bücher konnten 1933 von 85 000 Mitgliedern preiswert erworben werden.[31] 1930 verkaufte die Büchergilde über 400 000 Exemplare ihrer Buchproduktion.

Jegliche eifernde Arbeitersolidarität, jede bemühte Suche nach der eigenen Gewerkschaftsarchitektur ist bei dem letzten Gewerkschaftsbau in Frankfurt am Main 1931 von Max Taut, dem Architekten, und Behne, dem Interpreten, abgefallen: »Ruhig und selbstverständlich steht es da [...], frisch, lebendig und entschieden packend, ohne jeden monumentalen Krampf.« Behne lobt das Taktgefühl, mit dem die Flügelbauten den Maßstab des Bestehenden aufgreifen. Dieser Bau, der in Konstruktion und Formensprache unzweifelhaft modern sei, beeinträchtige das alte wertvolle Kulturgut der Stadt Frankfurt nicht, sondern führe es gesund weiter. Der Hochhaustrakt stemme sich jedoch im Bewusstsein der »neuen Zeit« gegen das angrenzende Neo-Renaissance-Haus.

Das ist für Behne weder gespielte Moderne noch gemimte Biederkeit, weder gewollt international, noch gesucht deutsch.[32] In diesem Gewerkschaftshaus von Max Taut in Frankfurt erfüllt sich für Adolf Behne die Moderne, wie sonst nur noch in der Bundesschule der Gewerkschaften von Hannes Meyer in Bernau 1929.

4. Max Taut, der Baumeister der Kinder, Arbeiter und Funktionäre

Worauf beruhte die formsprachliche Gemeinsamkeit der Bauten von Max Taut und der gewerkschaftlichen Selbstdarstellung? Warum sah Behne gerade in den Gewerkschaftsbauten von Max Taut Paradigmen einer modernen Baukunst schlechthin?

Max Taut, der kein Schriftsteller war wie sein Bruder Bruno, hat anlässlich der Einweihung des Frankfurter Gewerkschaftshauses seine Ansicht mit der ihm eigenen Einfachheit benannt: Es sei ein Zeugnis für die Kraft der Frankfurter Arbeiterschaft. Aus dem Charakter dieses Bauwerks, das frei von jeder Ornamentik rein zweckdienlich gestaltet und ein Baudenkmal unserer Zeit geworden sei, spräche das Wesen der deutschen Arbeiterschaft: »Keine Verlogenheit der Architektur, kein Schmuck, kein Arbeitspalast wurde geschaffen, aber trotzdem fügt sich das vollendete Werk unter die besten öffentlichen Gebäude der Stadt ein, als ein Wahrzeichen der Arbeiterschaft und der neuen Zeit.«[33]

Deutlich tritt der Unterschied zu dem gleichzeitigen »Verwaltungssitz« der IG-Farben von Hans Poelzig als eine Differenz zweier gesellschaftlicher Kräfte hervor: Als einer der mächtigsten Industriekonzerne sollte der Bau »Weltgeltung« widerspiegeln und es sollte mit der Ostentation der »nötigen finanziellen Mittel [...] eine Spitzenleistung deutscher Baukunst« geschaffen werden.[34] Am Gewerkschaftsbau von Max Taut dagegen lobt »Das Neue Frankfurt« 1931, »daß aus der Sparsamkeit und Sauberkeit der Durchführung ein architektonischer Stil resultiert, der besser als jede große Gebärde dem Empfinden des Volkes entspricht, das diesen Bau mit seinen Mitteln ermöglicht hat«. Sicher im Blick auf die IG-Farben-Verwaltung betont Adolf Behne das »feine Gefühl für Maß und Proportion«, das »jeder falschen Monumentalität sicher und überlegen ausweicht«.[35] Die Materialität der Eisenbeton-Konstruktion Max Tauts setzt sich von Poelzigs kostbarer Verkleidung des Stahlskelett-Baues so deutlich ab, wie die selbstbewusste Einfügung des Gewerkschaftshauses in die städtische Umgebung von deren Überwältigung durch den IG-Farbenkoloss.

Adolf Behne hat in der Monographie von 1927 über Max Taut, in Wahrheit aber schon seit 1923, eine »Wendung« der neuen Baukunst beschrieben, die er vor allem in den Gewerkschaftsbauten von Max Taut vollzogen sah[36]: Eine Abkehr von der Ausbildung bevorzugter Einzelobjekte zu einer »Organisierung und Durchkonstruierung unseres Lebens, des Lebens der Gesamtheit.« Diese neue Baukunst gehe nicht mehr von Formen aus, sondern von der realen Sichtbarkeit, der Konstruktion ihrer Materialien. Solche »Wirklichkeiten« schmückten nicht »das Leben Einzelner«, sondern erfüllten »das Leben der Allgemeinheit«. Behne wird nicht müde, die Quadratraster des unverkleideten Eisenbetons in den Gewerkschaftsbauten von Max Taut nicht »als geschwätzige Kunst-Form«, sondern als »materielle Dinge«, als »sachliche Gestalt« zu feiern. Behne hat die drei Büros von Max Taut für den ADGB in Berlin 1922, für die Buchdrucker 1924 und für die Frankfurter Gewerkschaften 1930 als kühnen Anfang, als erste reife Leistung und schließlich als Erfüllung des Neuen Bauens betrachtet. Bei einer zureichenden Bewertung der umfangreichen Arbeit Max Tauts für die Weimarer Sozialdemokratie müsste zudem, neben Siedlungsbauten, seine herausragenden Schulbauten, wie das Dorotheen-Lyzeum in Köpenick von 1928, vor allem aber die größte Berliner Schulanlage der Weimarer Republik in Berlin Lichtenberg von 1929 berücksichtigt werden.[37]

Aber auch andere Architekturkritiker der Zeit sind sich im Lobe dieser Leistung einig. Der Sozialdemokrat Max Osborn nennt das Verbandshaus des ADGB ein »Haus für Männer der Arbeit, für

Vertreter der werktätigen Bevölkerung«, das »ganz schlicht und ernst, ohne überliefertes Ornament und Zierwerk aufwachse«, und betrachtet es als ein Musterbeispiel moderner Baukunst. Der große Sitzungssaal sei ein Spiegel arbeitender Sachlichkeit, ein »Probestück neuer Baukunst«. Der ADGB gewinnt mit einer voraussetzungslos sachlichen Selbstdarstellung eine neue Sprache für die arbeitende Bevölkerung Berlins und eine Führungsrolle für »das werdende moderne Berlin«[38].

Das Gewerkschaftshaus von Max Taut sei, so Hans Weigert, die bedeutendste architektonische Leistung, die Deutschland aus den letzten Jahren aufzuweisen habe. Alles sei von eherner Sachlichkeit. Sein Purismus erinnere an den preußischen Klassizismus. Der Prozess der Reinigung der Architektur von willkürlichem Schmuck und überflüssigen Zutaten habe sein Ziel erreicht, der große Reduktionsvorgang sei am Ende angelangt, die klare Sachlichkeit nicht mehr zu überbieten. Mit diesem Bau werde eine neue Periode architektonischer Entwicklung beginnen.[39]

Eine schöne Würdigung des Buchdruckerhauses von Gustav August Platz findet sich in seiner »Baukunst der Neuesten Zeit«, 1927, ein Jahr nach der Einweihung erschienen: »Wenn das klassenbewußte Proletariat solche Werke zu schaffen im Stande ist – denn der Architekt rühmt die mitschaffende Förderung der verständnisvollen Bauherrnschaft –, dann müssen alle Einwände derjenigen verstummen, die immer noch die Kultur als alleinige Domäne der sogenannten besseren Kreise betrachten.« Auch Platz betont den sachlichen Charakter des Baues: Das System der Rahmenbinder sei aus praktischen Gründen nach außen verlegt und träte auch an der Decke des Versammlungssaales »unbedenklich« zutage.

5. Von den »vaterlandslosen Gesellen« zu den Bauherren der Avantgarde

In einer Debatte über das Bauhaus in Weimar, die der Bundesvorstand des ADGB 1924 führte, werden die politischen Gründe für die Identifikation der Gewerkschaften mit der Moderne angesprochen: Das Bauhaus sei eine Schöpfung der Revolution, d. h. des Wandels von der Monarchie zur Republik. Ziel des Bauhauses sei eine »Werk- und Formausbildung« durch die gemeinschaftliche Arbeit der Handwerker, Arbeiter, Angestellten, Gelehrten und Künstler, die der deutschen Arbeit und Wirtschaft neue Impulse geben sollten. Solange die Sozialdemokratie an der thüringischen Regierung beteiligt war, habe das Bauhaus Unterstützung gefunden. Die neue rechtsorientierte Regierung ginge dem Bauhaus hingegen zu Leibe. Dessen Leitung habe sich an den Bundesvorstand des ADGB um Unterstützung gewandt. Dieser protestiere gegen die Kündigung des Bauhauses und sei bereit, einen Teil der Kosten zu übernehmen. Eine Förderung als privates Erwerbsunternehmen sei allerdings unmöglich.[40]

Früh schon unterstützten die Gewerkschaften ein bedeutendes künstlerisches Projekt von Gropius, das Weimarer »Denkmal der Märzgefallenen« von 1922. Der Auftrag kam vom »Gewerkschaftskartell« in Weimar. Eine Kommission entschied sich unter sechs Entwürfen für eine »Pieta« von Josef Heise. Die Vollverammlung der örtlichen Gewerkschaftsgruppe entschied sich aber für den außerordentlichen Entwurf von Walter Gropius. Ausgeführt wurde der abstrakte Blitz von der Betriebsgenossenschaft der gewerkschaftlichen Weimarer »Bauhütte«. In seiner Ansprache erklärte Emil Friedrich, dieses kühnste Denkmal der deutschen Kunst im 20. Jahrhundert, zusammen mit Mies van der Rohes Luxemburg-und-Liebknecht-Denkmal in Berlin, stünde »in harmonischem Einklang mit den Bestrebungen der Arbeiterschaft«.[41]

Dem Einwand, hier einem romantischen Bild gewerkschaftlicher Fortschrittlichkeit zu erliegen, steht entgegen, dass die Häuser der Gewerkschaften von den erhöhten Pfennigbeiträgen der Millionen Mitglieder finanziert wurden.[42] Das Verbandshaus der Buchdrucker wurde nicht nur aus den Beiträgen der Genossen bezahlt. Sein »Glanzstück«, der große Konferenzsaal, wurde von 22 Gauen des Verbandes, der Wandbrunnen von Rudolf Belling vom »Verband der graphischen Hilfsarbeiter« gestiftet, die auch die »Typographischen Mitteilungen« herausgaben.[43] Ein immer noch alterloses Bauwerk der Avantgarde von Erich Mendelsohn wurde von den Beiträgen der guten Million der Metallarbeiter bezahlt und wurde zum sprechenden »Bild« einer Führungsrolle der Gewerkschaften durch ihre Kraft, diese neue Rolle in einer sichtbaren neuen Gestaltgebung öffentlich darzustellen.

Der Vorsitzende des ADGB, der gelernte Drechsler Theodor Leipart (1867–1947, seit 1921 Nachfolger von Carl Legien), also der eigentliche Bauherr von Max Taut, formulierte in seiner Ansprache zur Eröffnung des Mendelsohn'schen Verbandshauses der Metallarbeiter am 24. August 1930 die Gefühle einer ganzen Generation gewerkschaftlich organisierter Arbeiter: »Ich bin vor etwa fünfundzwanzig Jahren dabei gewesen, als Ihr erstes Verbandshaus in Stuttgart eingeweiht wurde.« Im Vergleich des alten mit dem neuen Haus sieht Leipart »ein sprechendes Bild von dem großartigen Aufstieg des D[eutschen] M[etallarbeiter]-V[erbandes] wie der gesamten gewerkschaftlichen Organisation [...] in der Arbeiterschaft, [...] in der Wirtschaft und im Staate.«[44] Die Entwicklung der Baugattung »Gewerkschaftshaus« lässt sich im Laufe von nicht mehr als 25 Jahren pathetischer nicht vorstellen.

6. Das »Ineinanderrinnen bürgerlicher und proletarischer Kultur«

Erich Mendelsohn, der nur für die Privatwirtschaft des Handels und der Industrie zu bauen pflegte, fuhr im selbstentworfenen Mercedes vor sein letztes Werk, das Verbandshaus des »Deutschen Metallarbeiter-Verbandes« (DMV), und weihte dieses Haus der Arbeiterklasse mit einer flammenden Rede ein:

»An dem Bau dieses großen Verbandes, der ein nicht unwesentlicher Träger der sozialen und sozialpolitischen Umwälzung unseres Vaterlandes ist, dieser Umwälzung, die nichts anderes ist als der Austrag zwischen Individualismus und Kollektivismus, zwischen Eigenliebe und gleichem Recht, zwischen überlieferter Form und der Gestaltung einer neuen Welt. [...] Deshalb ist dieser Bau mehr als eine Arbeitsstätte, die nur reibungslos funktioniert, mehr als ein Zweckbau, der nur seine Voraussetzungen restlos zu erfüllen hat – sondern er ist gleichzeitig ein Symbol der großen *Macht des arbeitenden Volkes*, das sich anschickt, selbst frei zu sein und der eigene Träger seines Schicksals, *seiner* Lebensbedürfnisse und *seiner* Lebensnotwendigkeiten. Den Zweck zum Symbol zu erheben, das Symbol seiner Nebelhaftigkeit zu entkleiden und es durch unsere Vernunft fest mit der Erde zu verbinden – das ist der Sinn jeder bedeutenden praktischen Aufgabe, insbesondere jeden großen Bauwerkes. Deshalb ist dieses Verwaltungsgebäude im Grundriß logisch, sauber in der Technik, hell und rein im architektonischen Kleid. Aber es ist nicht vergessen worden, glaube ich, ihm gleichzeitig beizugeben: die *Größe des Plans, die Kühnheit der Konstruktion*

Die Gewerkschaften als Bauherren   129

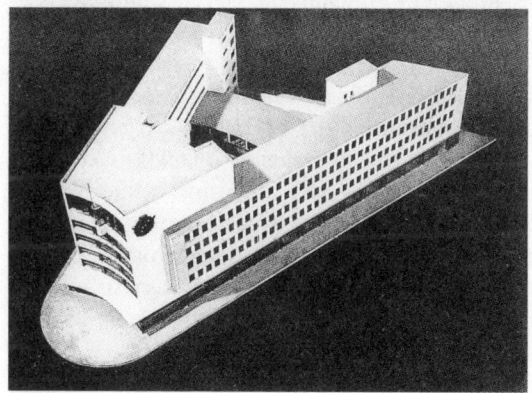

*Der Architekt
Erich Mendelsohn
besteigt den
selbstentworfenen
Mercedes-Benz,
um 1930.*

*Erich Mendelsohn verstand das von ihm in Berlin,
Alte Jacobstraße, entworfene Verwaltungsgebäude
des Deutschen Metallarbeiter-Verbandes von 1929
als einen bewussten Bruch mit den Formen der
Vergangenheit.*
Modell.

und den machtvollen Ausdruck seiner räumlichen Erscheinung. So übergebe ich [...] das Symbol dieses Baues dem im Verband geeinten werktätigen Volk.«[45]

Mühelos schlägt Mendelsohn die Brücke zwischen der »Macht des arbeitenden Volkes« und dem »machtvollen Ausdruck seiner räumlichen Erscheinung«. Diese neue Identität stellt sich gegen die Formen der Vergangenheit und versteht sich als »Gestaltung einer neuen Welt«.

Mendelsohn hatte versucht, den Bauhaus-Lehrer Oskar Schlemmer für eine Wandgestaltung der Eingangshalle aus relief-plastischen farbigen Metallelementen in drei mal fünf Metern Größe zu gewinnen. Großartige Entwürfe sind in der Stuttgarter Staatsgalerie erhalten, aber die Verhandlungen haben sich im Juni 1930 zerschlagen.[46] Mit diesem Werk hätten die Gewerkschaften auch im Bereich der künstlerischen Wandgestaltung ihren Anspruch auf deren Brauchbarkeit für ihre Ziele anmelden können, so wie dies hinsichtlich der Architektur und der Plastik durch Bellings Arbeiten für die Buchdrucker und den Verkehrsbund bereits geschehen war.

Es kann nicht verwundern, dass die Minderheit der kommunistischen Fraktion der Metallgewerkschaft die Übersiedlung des Verbandes von Stuttgart nach Berlin im August 1928 ebenso ablehnte wie den Neubau in Berlin ab 1929. Das »Schreckbild« war der »luxuriöse Neubau« der Buchdrucker für dreieinhalb Millionen. In der entscheidenden Versammlung der Metallarbeiter im August 1928 in Stuttgart erklärte der Anführer der KPD-Fraktion, der Heizungsmonteur Niederkirchner, die Verlegung bringe keinen Vorteil, solange an der Spitze des Verbandes eine SPD-Leitung stehe, die eine arbeitsgemeinschaftliche, wirtschaftsfriedliche Politik betreibe und den Klassenkampf ablehne. Ein Streik der Heizungsmonteure suchte den Berliner Neubau des DMV in der Alten Jacobstraße, Ecke Lindenstraße, zu blockieren.

Die Leitung des DMV betrieb die Verlegung mit dem Argument, die Verhandlungen mit Reichsministerien, Unternehmerverbänden, dem Gewerkschaftsverband und mit der SPD erleichtern zu wollen, um so die großen wirtschaftlichen Kämpfe, die bevorstünden, besser und leichter verhindern zu können. Bei diesen Kämpfen gehe es nicht nur um Lohn- und Arbeitszeitfragen, sondern um die Beeinflussung aller Instanzen in großen volkswirtschaftlichen und staatspolitischen Problemen.[47]

DIE GEWERKSCHAFTEN ALS BAUHERREN 131

Erich Mendelsohn versuchte vergeblich, den Entwurf des Bauhaus-Lehrers Oskar Schlemmer für eine Wandgestaltung der Eingangshalle im Verwaltungsgebäude beim DMV durchzusetzen.
Entwurf von 1930/31. Stuttgart, Staatsgalerie.

In solchen Zielsetzungen liegt die innere Begründung für den von Erich Mendelsohn erwarteten hoch angesetzten Rang der DMV-Verwaltung, mit Vestibül, stattlich-elegantem Treppenhaus – einem der spektakulärsten in der Reichshauptstadt – und mit modernen, großzügigen Sitzungssälen, die Jahrzehnte eines Unterlegenheitsgefühls der Arbeiterführer bei Verhandlungen mit Unternehmern und Regierungsvertretern zum Verschwinden brachten.

In den Zusammenhang einer Weimarer Gewerkschaftsarchitektur gehört auch die Bundesschule des Allgemeinen Deutschen Gewerkschaftsbundes, in Bernau bei Berlin, im Jahre 1930 von Hannes Meyer errichtet. Hier sollte dem Nachwuchs der künftigen Gewerkschaftsführung aus der Arbeiterklasse ein Fachwissen im Bereich der Wirtschaft, der Sozialpolitik und der Gesellschaft vermittelt werden. Der politischste unter den Architekten des 20. Jahrhunderts, der Schweizer Bauhausdirektor nach Gropius, Hannes Meyer, wusste zudem, nicht zuletzt durch seine konfliktreichen Erfahrungen in der Sowjetunion, um das Grundproblem einer sozialistischen Architektur: Wie kann die Materialität der Arbeitswelt und der industriellen Produktion mit der konstruktiven Rationalität der Baukunst auf eine Gleichung gebracht werden?

Mit Gewerkschaftsbauten dieses Ranges vollzogen die gewählten Führer der Arbeiterklasse eine gesellschaftliche Gleichstellung und zugleich eine form-physiognomische Unterscheidung von Staatsautorität und Wirtschaftsmacht, die zudem das Pathos einer ästhetisch vorweggenommenen Zukunft zum Ausdruck brachte. Ein Vergleich von Mendelsohns DMV-Treppenhaus mit dem nur ein halbes Jahrzehnt jüngeren Treppenhaus des Reichsluftfahrtministeriums, das der ehemalige Bürochef Mendelsohns, Ernst Sagebiel, 1934 entworfen hat, belegt in der Sprache der Architektur den ganzen Abgrund zwischen zwei politischen Systemen: Die Transparenz und Leichtigkeit einer demokratischen, Konsens und Kompromiss erstreitenden architektonischen Verhandlungsbühne gegen die plumpe Säulen- und materielle Quaderwucht einer diktatorischen Überwältigungsarchitektur.[48]

Leipart und die Veteranen blickten stolz auf die in ihrem Berliner Verbandshaus für jedermann sichtbare Entwicklung ihrer Gewerkschaft in weniger als einem halben Jahrhundert. Das rechtfertigte die hervortretende Angleichung der Gewerkschaftsbauten an die »Konzern-Verwaltungsgebäude der Privatwirtschaft«.[49] Adolf Behne, Bruno Taut und Albert Sigrist beunruhigte dieser Umstand

Hängelampe im spektakulären Treppenhaus des Verwaltungsgebäudes des DMV, 1929/30.

seit 1930 als »Doppelgesicht«: »Das neue Bauen [...] ist großbürgerlich und proletarisch, hochkapitalistisch und sozialistisch.«[50] Gustav Radbruch spricht von dem »Ineinanderrinnen bürgerlicher und proletarischer Kultur«.[51] Unumwunden wurden in Analogie zu dieser nur oberflächlichen Nähe des architektonischen Ausdrucks die Gewerkschaften als »kapitalistische Unternehmer« betrachtet.[52]

Neben Mendelsohns DMV-Verwaltung ist es der von Bruno Taut schon seit 1926 projektierte große Verwaltungsbau des »Deutschen Verkehrsbundes« am Michaelskirchplatz in Kreuzberg, der jene Angleichung, jenes »Ineinanderrinnen« in der Formensprache ursprünglich unversöhnlicher gesellschaftlicher Kräfte bewusst zum Ausdruck bringt.[53] 1926 wurden Bruno Taut & Hoffmann mit einem Entwurf beauftragt. Eine erste Studie zeigt ein fünfgeschossiges Eckgebäude mit dreißig Achsen und einem gleich gestalteten Mittelrisalit. Der strenge Rasterbau in Stahlskelett-Konstruktion ist seitlich, im Dach- und im Erdgeschoss kräftig gerahmt. Wahrscheinlich bezieht sich Bruno auf den sehr ähnlich konstruierten Rasterbau seines Bruders Max für den ADGB an der nahen Wallstraße. Beide Bauten gewinnen so einen gemeinsamen, strengen Charakter als Gewerkschaftshäuser, unter Vernachlässigung einer individuellen Handschrift der beiden Brüder. 1928/29 wird ein veränderter zweiter Entwurf bekannt, der dem ausgeführten Bau sehr nahe kommt. Der sachlich strenge erste Entwurf wird durch die gerundeten Ecken und die breiten Geschossbänder in dem Mendelsohn'schen oder Luckhardt'schen Stil »eleganter«. Auch in diesem Bau für den »Gesamtverband der Arbeitnehmer der öffentlichen Betriebe und des Personen- und Warenverkehrs« wird, wie im Verwaltungsbau des DMV, der rationalistische Stil des ADGB-Hauses von Max Taut der sichtbaren Erscheinung von »Konzern-Verwaltungsgebäuden der Privatwirtschaft«[54] angenähert. Der Verzicht auf die monumentale Inschrift im Dachfries: »Proletarier aller Länder vereinigt Euch« ist konsequenter Ausdruck der geschichtlichen Entfernung der Gewerkschaften und der SPD von den Kampfzeiten des Proletariats und ihrer Hinwendung zur wirtschaftlich-politischen Gleichberechtigung und zu einer unverwechselbaren, wenn nicht führenden Gestaltgebung ihrer Ziele und ihrer gesellschaftlichen Präsenz. Mit den hier zusammengestellten Bauten tritt die Architektur als Symbol des sozialen Fortschritts der Arbeiterklasse in den Vordergrund der kulturpolitischen Ziele der Gewerkschaften.

In dem Haus des Deutschen Verkehrsbundes in Berlin-Kreuzberg, Michaelkirchplatz, erbaut 1926 bis 1929, versuchte der Architekt Bruno Taut, die Formensprachen der »bürgerlichen und proletarischen Kultur« zu einem Ausgleich zu bringen.

Die strukturellen Unterschiede zwischen einer sozialistischen und einer kapitalistischen Architektur bleiben ohne Zweifel, trotz der beschriebenen Annäherungen, unverkennbar. Insbesondere die rheinischen Verwaltungsbauten für Kohle und Stahl von Bonatz, Kreis und Körner beziehen sich stark auf jene von Mendelsohn abgelehnte »überlieferte Form« der Portale, Steinfassaden, Risalite und schweren Gesimse. Dagegen spiegelt der Verwaltungsbau der IG Farben in Hoechst, 1921 von Peter Behrens errichtet,[55] in einer bewegenden Weise jenen extremen »Individualismus« von Baukünstler und Bauherren wider, dem Mendelsohn den geschichtslosen »Kollektivismus« einer Moderne des »arbeitenden Volkes« entgegensetzen wollte.

Adolf Behne, Bruno Taut und Hannes Meyer haben darauf verwiesen, wie die Architekten als die Genossen der Gewerkschaften von ihrem künstlerischen Individualstil »erlöst« wurden. Sie verliehen nicht, wie Mies van der Rohe, dem »Zeitwillen« einer von Bruno Taut gehassten »Kurfürstendamm-Schickeria« Ausdruck, sondern setzten einer »gefühlsmäßigen Kompositionslehre« eine »vernunftmäßige Organisationslehre« entgegen.[56]

Die Gewerkschaften befreiten sich mit ihren Verwaltungsbauten, Warenhäusern, Schulen und Siedlungen aus dem Ghetto einer proletarischen »Arbeiterkultur« und schufen die überlegene Hälfte der Weimarer sozialdemokratischen Baukunst – gegen dürftigen kleinbürgerlichen Geschmack und großbürgerlichen Individualstil.

7. »Wut« gegen die Avantgarde

Dieses Kleinbürgertum wurde zum eigentlichen Feind der gewerkschaftlichen Avantgarde, die beherrschend blieb, bis das NS-Regime sie als bolschewistisch, jüdisch, liberal und internationalistisch verfolgte.[57] Man erfand eine »entartete Kunst«, der Dresdner TH-Professor Nonn beklagte, die »Schmutz und Schund-Architektur der System-Zeit« nicht wie Bilder und Plastiken verschwinden lassen zu können. Man sprach zudem von einer »entarteten Musik«, einer »entarteten Keramik«.

Schon 1930 beschreibt Albert Sigrist mit aller Klarsicht diese unversöhnlichen Gegensätze: Das neue Bauen habe »nirgend so viele und so erbitterte Feinde wie im Mittelstand und im Kleinbürgertum. Hier spricht man geradezu mit Wut von der [...] ›Zerstörung aller Tradition‹, von einem ›Vernichtungskampf [...] gegen die deutsche Seele‹, ja von [...] ›Kulturbolschewismus‹«.[58]

In der Bundesrepublik herrscht derzeit eine völlige Gleichgültigkeit an einer erkennbaren Gestaltung staatlich-politischer Architektur. Eine demokratische Regierungsarbeit kann, so Antje Vollmer in einem Zeitungsinterview, auf egal welchen architektonischen Schauplätzen stattfinden. So scheint es auch gleichgültig, ob die Bundesregierung in aufgeputzten und erneuerten NS-Ministerien oder in Verwaltungsbauten ihrer Arbeit nachgeht, die nicht mehr als das Funktionieren der Abläufe anstrebt. Es ist schwer vorstellbar, Konrad Adenauer, Theodor Heuss oder Willy Brandt hätten in dem liebevoll erneuerten und vermehrten schweren Prunk der Reichsbank oder gar in Hermann Görings Reichsluftfahrtministerium ihre Arbeit getan. Einzig das Kanzleramt von Axel Schultes hat glanzvoll versucht, einer neuen politischen Gegenwart der Bundesrepublik eine neue unverwechselbare, aber parteipolitisch nicht festlegbare Sprache zu geben.[59]

Seit der Postmoderne in unseren Tagen klingen wieder Töne an, die Albert Sigrist schon 1930 vernommen hatte, bevor sie die Kunstpolitik der NS-Zeit diktatorisch beherrschten: Abstrakte, »reine Formen« ohne zitierten Traditionsbezug, die Adolf Behne und die Millionen Mitglieder der Gewerkschaften als eine neue politische Sprache der Republik verstanden, wurden als leer, kalt, unverständlich und feindselig in allzu bekannter Weise verfolgt.[60]

Der renommierte Berliner Stadtplaner Dieter Hoffmann-Axthelm nennt Bruno Taut einen »Generalisten« und ordnet ihn einer »Bandbreite« zu, die bis Albert Speer reiche. Die Bewohner der von ihnen geliebten, in aller Welt bewunderten Berliner Gewerkschaftssiedlungen in Zehlendorf und Britz werden »Freiwild auf den Siedlungsweiden der Moderne« genannt. Das Thermometer wird zum Maßstab der Architekturgeschichte: Das Bauhaus ist kälter als Alfred Messel. Ist Alfred Messel kälter als seine Vorbilder Palladio und Sanmicheli?[61]

Der Einzug zahlreicher Ministerien der Bundesregierung in aufwendig und minutiös wiederhergestellte NS-Bauten kann nur als Ausdruck einer postmodernen Sympathie für die Stein-Architektur der NS-Zeit angesehen werden. Hinter solchen Tendenzen verbirgt sich das fragwürdige Talent, solche Architektur als politisch völlig wertfreie »Baukunst« zu akzeptieren. Hans Kollhoff hat in der früheren Reichsbank, dem heutigen Außenministerium, mit heimeligheißen Dekoren, Wandpanelen aus ziemlich edlen Hölzern, mit üppigen Lüstern und lauwarmen Wandleuchtern aus der »Guten Stube« unserer Großmütter öde kleinbürgerliche Riesigkeit und schweren Prunk dekorativ zu überspielen versucht, in der Hoffnung auf einen mehrheitsfähigen Zeitstil. Die Wendung von dem internationalen Stil der Weimarer Baukunst zu einem Berliner Lokalstil ist bedrückender kaum vorstellbar.[62]

Offenbar gehören die architektonischen Glanzleistungen der Weimarer Gewerkschaften für eine Berliner Fraktion von Baupolitikern, Architekten und Theoretikern mittleren Alters nicht mehr »zum festen Bestandteil kollektiver Identität«, die als »unantastbare Wahrzeichen, die Zeit und deren Veränderungsbedürfnisse überdauern«. Es bedurfte des »fröhlichen Rausches des postmodernen ›anything goes‹«, um mit dem »verstockten Puritanismus und seinem Abstinenzlertum endgültig Schluß« zu machen. Solche Sentenzen gegen die Weimarer Moderne zielen darauf ab, die endgültige Erlösung von Weimar mit der Rückkehr einer tausendjährigen Architektur des Kleinbürgertums zusammenfallen zu lassen, zum Lobe eines Repräsentanten der heutigen Berliner Architektur.[63]

Diesem Abbruch der geschichtlichen Solidarität von Seiten der Raster- und Loch-Fassaden-Fraktion der Hauptstadtarchitekten und ihrer Interpreten entsprach 1994 die provinzielle Götterdämmerung der letzten gewerkschaftlichen Wohngenossenschaft, der »Neuen Heimat«, in den spektakulärsten Korruptionsprozessen der deutschen Wirtschaft. Die sakrosankte Aura der Gemeinnützigkeit erlosch in den Skandalen führender Gewerkschaftsfunktionäre, wie u. a. Albert Vietors. Ein Buch mit dem Titel »Die Gewerkschaftsbande« schildert das Ganze »wie eine Mischung aus Schmierenkomödie und Wirtschaftskrimi«.[64]

Michael S. Cullen

Ein fast lautloses Unternehmen.
Der fünfte Reichstagswettbewerb 1960/61

In meinem ersten Buch über das Reichstagsgebäude von 1983[1] habe ich die Zeit nach dem Zweiten Weltkrieg mehr als stiefmütterlich behandelt. Das lag ehrlich gesagt daran, dass die Nachkriegszeit mir nicht interessant erschien; außerdem war ich von der Fülle der Quellen zum Bau des Reichstags, die ich in den Archiven der DDR gefunden hatte und die dort bis dahin unbearbeitet lagen, überwältigt; mir schien es, als würde für die nächsten hundert Jahre keiner mehr an diese Akten kommen, und ich hielt es für meine Aufgabe, diese für die Nachwelt zu sichern. Ein praktisches Problem trat hinzu: Akten über das Reichstagsgebäude nach 1933 wollte man mir damals nicht geben, und Akten für die Zeit nach 1945 fand ich nicht, nur Zeitungsausschnitte und gelegentliche Äußerungen der Beteiligten in Form von Büchern und Aufsätzen – manche davon sind erst nach der Wende erschienen.

Heute sieht alles anders aus. Die DDR ist nicht mehr, die Akten für die Zeit nach 1933 sind einsehbar – und ein Historiker, Gerhard Hahn, hat sie eingesehen und mit ihnen ein großartiges Buch über die Reichstagsbibliothek veröffentlicht.[2]

Nun, durch einen Auftrag der Bundestagsverwaltung war ich gehalten, doch noch Akten zu finden, da ich über die Geschichte des Reichstags in den Jahren 1945 bis 1989 forschen sollte. Und siehe da: plötzlich gibt es sie, und übrigens: nicht zu knapp. Und mit deren Hilfe ist es heute möglich, etwas Licht in das Kapitel des Wettbewerbs um das Reichstagsgebäude von 1960/61 zu bringen, aus dem der Berliner Architekt Paul G. R. Baumgarten als Sieger hervorging und seinen Entwurf umsetzen durfte.

Wenn ich »Wettbewerb« schreibe, muss ich gleich einschränken: Ein Wettbewerb im herkömmlichen Sinn war das nicht; ihm fehlten viele Merkmale, die heute als Voraussetzung für einen echten Wettbewerb gelten. Selbst der Jury-Vorsitzender, Hans Scharoun, nannte es ein »gutachterliches Entwurfsverfahren«.

Doch beginnen wir mit der Vorgeschichte. Seit 1871 hat es sechs »Wettbewerbe« um das Reichstagsgebäude gegeben; 1871/72, 1882, 1927, 1929, 1960/61 und 1992/93. Es geht hier im Großen und Ganzen nur um den fünften Wettbewerb. Für Wissenschaftler wird dennoch einige Zeit vergehen müssen, bevor dieses Thema mit aller wünschenswerten Genauigkeit erschlossen werden kann, denn die meisten Quellen sind leider nicht archiviert und daher nicht genau zitierfähig – ihnen fehlen vielfach Bestandsbezeichnungen sowie die Paginierung. Dennoch lohnt es sich, darüber zu berichten – denn die städtebaulichen Voraussetzungen und Folgen waren für Berlin bedeutend.

Nach dem Zweiten Weltkrieg und dem Beginn des Kalten Krieges lag das Reichstagsgebäude zwar mitten in Berlin, aber zugleich ziemlich am Rande des Geschehens. Da das Haus im Bezirk Tiergarten liegt und dieser Bezirk von britischen Soldaten besetzt wurde, haben zunächst die Briten die Gebäude-Hoheit ausgeübt – darüber gibt es bisher keine Aktenfunde.

Es wird behauptet, dass im Reichstagsgebäude die Wiedergeburt der Jüdischen Gemeinde von Berlin angeregt wurde, aber dies lässt sich nicht nachprüfen. In den ersten Monaten und sogar Jahren war um das Gebäude herum ein Schwarzmarkt, von dem es mehrere Darstellungen gibt. Von Zeit zu Zeit gab es Meldungen, wonach das Haus abgerissen bzw. erhalten werde – viel mehr, als dass das Haus gesichert wurde, ist aber nicht bekannt.

Erst 1948 rückte es in den Mittelpunkt des Geschehens: Für den 18. März 1948 wurde eine Demonstration zur Erinnerung an die Bürgerliche Revolution abgehalten – zu diesem Zeitpunkt war der Königsplatz bereits in »Platz der Republik« umbenannt worden, wenn auch noch nicht auf amtlichen Wegen. Und im August 1948 regte der Stadtverordnetenversammlungsvorsteher, Prof. Dr. Otto Suhr, an, dass die Stadtverordnetenversammlung wegen der zunehmenden Störungen durch Kommunisten in das Gebäude verlegt werde, was aber vom britischen Stadtkommandant abgelehnt wurde.

Erst nach Gründung der Bundesrepublik und der Einsetzung zweier Ausschüsse – eines für Berliner, eines für gesamtdeutsche Fragen – kam das Haus auf die politische Tagesordnung. Dahinter standen Bemühungen mancher Politiker – unter ihnen Willy Brandt, Gerd Bucerius, Jakob Kaiser, Herbert Wehner, Louise Schroeder –, mehr Bundespräsenz in Berlin zu zeigen und folglich mehr Behörden, Dienststellen usw. dort anzusiedelnn.

Wenige Tage nach der ersten Sitzung des Bundestags 1949 konstituierten sich die beiden Ausschüsse, die sich mit Fragen beschäftigten, die auch das Reichstagsgebäude betrafen: einen Ausschuss für Berliner Fragen (Vorsitzender: Gerd Bucerius) und einen für gesamtdeutsche Fragen (Vorsitzender: Herbert Wehner). Über diverse Erörterungen im Jahre 1951 – zum Beispiel am 31. Mai 1951 – kamen sie aber nicht hinaus. In der zweiten Legislaturperiode fusionierten sie. Ab Juni 1951 stand der Wiederaufbau des Reichstagsgebäudes erneut auf der politischen Tagesordnung – in dem Briefwechsel zwischen Berliner Senat und Jakob Kaiser taucht in dieser Zeit zum ersten Mal die Idee eines Wettbewerbs auf: Noch weiß keiner, als was das Reichstagsgebäude wieder genutzt werden könnte – hierfür Ideen zu entwickeln könnte sogar ein Teil des Wettbewerbs sein. Doch es geschieht wenig – wenig Sichtbares, teilweise weil für einen Wettbewerb die erforderlichen 80 000 DM fehlen. Von Oktober 1951 bis Anfang April 1952 ist die Frage weder Gegenstand amtlicher noch journalistischer Erörterung.

Umso überraschender war es deshalb, dass am 31. März 1952 der Staatsminister im Bundeskanzleramt, Otto Lenz, in einem Brief an Kaiser schrieb, dass er von verschiedener Seite wegen einer Wiederherstellung des Reichstags angesprochen worden sei und man beschlossen habe, zu dem Thema einige Passagen in die Rede des Bundespräsidenten Theodor Heuss einzufügen, wenn er anlässlich der Kundgebung am 1. Mai in Berlin spreche. Es war bisher nicht möglich herauszubekommen, wer diese »verschiedene Seite« gewesen war und warum das Thema plötzlich auftauchte – dieses Subkapitel bleibt noch zu erforschen. Auf jeden Fall war das Thema wieder da.

Daraus folgten unmittelbar Ermittlungen über die Kosten für die temporäre Nutzung des Hauses »zum Abhalten von Bundestagssitzungen«. Man näherte sich dem Thema der Nutzung, nicht aber eines Wettbewerbs.

Auf jeden Fall klappte dieses »Wag the Dog«-Szenario. In einer wenig beachteten Zeitungsnotiz vom 6. Mai 1952 hieß es:

»Während seines letzten Besuches hat Bundespräsident Professor Heuss dem Senator für Bau- und Wohnungswesen, Dr. [Karl] Mahler, erklärt, er werde sich in Bonn für den Aufbau des Reichstagsgebäudes einsetzen. ›Mit dem zunächst provisori-

schen Ausbau eines Teils des Reichstagsgebäudes hoffen wir bald beginnen zu können‹, sagte uns ein maßgebender Vertreter der Senatsabteilung Bau- und Wohnungswesen.«
Der Briefwechsel jedoch zeigt zudem, dass die Idee eines Wettbewerbes in der Ministerialbürokratie kursierte.

Dass die Mühlen langsam mahlen, ist in dieser Sache nicht anders als in anderen bürokratischen und politischen Angelegenheiten. Dazwischen kamen die Wahlen für den Bundestag mit dem Wahlkampf in den Sommermonaten 1953 und mit der Bildung einer Regierung bis Oktober 1953. In diesem Zeitraum war wenig zu machen. Erst am 26. November 1953 meldete die Zeitung »Die Welt«, dass Jakob Kaiser in seiner Eigenschaft als Bundesminister für gesamtdeutsche Fragen das Thema »Wiederaufbau des alten Reichstags« in einigen Gesprächen in Berlin angesprochen habe.

»Er kündigte an, daß er bei einem seiner nächsten Berlinbesuche den Bundesfinanzminister mitbringen werde, der bei diesem Vorhaben ein gewichtiges Wort mitzusprechen habe. Kaiser fügte hinzu, daß ihm das Reichstagsgebäude besonders am Herzen liege: ›Denn Berlin ist ein Barometer der deutschen Wiedervereinigungspolitik‹.«

In dieser Zeit tauchte auch die Idee eines Wettbewerbs »Regierungsstadt Berlin« auf – wir werden sehen, dass beide Wettbewerbsideen verschmelzen werden: Berlin als Hauptstadt und der Reichstag als Parlament.

Im Frühjahr 1954 stand die Idee eines Wiederaufbaus des Reichstags erneut auf der Tagesordnung, diesmal aufgrund einer Initiative Berlins. Hiermit wurden nunmehr die zuständigen Bundestagsausschüsse befasst. Man beschloss, einen Antrag zu stellen – 250 000 DM für den Hauptstadtwettbewerb und 60 000 DM für einen Wettbewerb zur Wiederherstellung des Reichstagsgebäudes.

Nach mehreren Anläufen – im Bundestag am 24. März 1955, im Ausschuss am 30. März 1955 – bewilligte der Bundestag am 26. Oktober 1955 einen Antrag der SPD-Fraktion. Dabei sagte Willy Brandt:

»Schließlich sollten wir dafür sorgen, daß das jahrelange Gezerre und Gerede um die Reichstagsruine durch einen bescheidenen, aber praktischen Schritt abgelöst wird. Es geht gar nicht darum, ob die künftige Nationalversammlung im wiederaufgebauten Reichstagsgebäude würde arbeiten können oder ob es dazu neuer Bauten bedürfen würde, sondern es geht um ein bißchen Sinn für Geschichte und auch um die Klärung der Frage, wie denn überhaupt praktisch der Wiederaufbau des Reichstagsgebäudes für den einen oder den anderen nationalen Zweck sinnvoll in die Wege geleitet werden soll.«[3]

Brandt hatte Erfolg. 350 000 DM wurden für den Wettbewerb »Hauptstadt Berlin« und 60 000 DM für den Wettbewerb zum Wiederaufbau des Reichstagsgebäudes bewilligt. In der Folgezeit wurde der Reichstag aufgeräumt und gesichert – für den Architekturwettbewerb wartete man die Ergebnisse des Wettbewerbs »Hauptstadt Berlin« ab, der aber erst am 30. März 1957 ausgelobt wurde. Hierin war das Reichstagsgebäude als »Fixpunkt« definiert worden; man sollte es nicht abreißen; Vorschläge zur Nutzung waren erwünscht.

In der Zwischenzeit waren die Meinungen über den Wiederaufbau des Hauses ziemlich geteilt: Wenn Adenauer jemals gegen den Wiederaufbau war, war er es inzwischen nicht mehr, meinte sogar, das Reichstagsgebäude könne sich für den Bundestag eignen; er war jedoch gegen die vier Ecktürme und schlug vor, sie zu schleifen. Der »SPD-Kronjurist« Adolf Arndt meinte, der Wiederaufbau sei »unverantwortlicher Unfug«.[4] Von Friedrich Stampfer, der dem alten Reichstag als sozialdemokratisches »Urgestein« angehört hatte, kam die Ablehnung eines Wiederaufbaus mit zum Teil skurrilen Argumenten; die Akustik sei schlecht, die Innenarchitektur erbärmlich, vor allem aber gefiel ihm nicht die Kost: »Die Restaurationsräume waren unzureichend und ohne direkte Verbindung mit der Küche. Auf dem Weg vom Herd zum Tisch, im Laufschritt zurückgelegt, wurden die Kellner warm und die Speisen kalt.«[5] Es gab eigentlich eine unübersichtliche Gemengelage: Von der CDU kam hierbei der Wunsch, die Reichstagsruine als Mahnmal stehen zu lassen und ein neues Parlamentsgebäude auf der grünen Wiese in Berlin zu errichten.

Es war offenbar Bundestagspräsident Eugen Gerstenmaier, der die Maschinerie in Bewegung setzte, an deren Ende das Reichstagsgebäude wieder aufgebaut wurde. Er wünschte sich »den Ausbau und [war] der Ansicht, daß der historische Bau des ersten Deutschen Reichstages [...] seinen ursprünglichen Zwecken entsprechend verwendet« werden sollte; der Berliner Regierende Bürgermeister Otto Suhr verlangte nachdrücklich den Umbau, weil »die Bevölkerung der Sowjetzone es nicht verstehen würde, wenn wir noch länger warten.«[6]

Offenbar hatte Heuss im Oktober 1956 den Wiederaufbau erneut angesprochen; jedenfalls versammelte Gerstenmaier in seinem Bonner Büro am 5. Februar 1957 seinen Direktor Hans Trossmann, den Oberregierungsbaurat Carl Mertz, Direktor der Bundesbauverwaltung, und den Ministerialdirigenten Johannes Rossig vom Bundesfinanzministerium, um das Thema zu besprechen.

Über Carl Mertz wissen wir inzwischen gut Bescheid: Geboren wurde er in Berlin am 10. Januar 1908. Wo und was er studiert hat, wissen wir nicht, nur, dass er ab 1936 bei der Reichsbaudirektion war und dass er 1939 zur Deutschen Botschaft nach Rom abgeordnet oder abgeordert wurde. Was er im Krieg gemacht hat, weiß man hingegen nicht. Nach dem Krieg betrieb er ein Architekturbüro in Bozen und war Alleininhaber eines Bauunternehmens in Turin, bis er 1952 nach Bonn zur Bundesbauverwaltung ging, deren Präsident er 1959 wurde, woraufhin er nach Berlin übersiedelte. Seine Biographie in «Wer ist Wer» von 1973 besagt, dass er beteiligt war am Bau von drei Weltausstellungen und 24 Botschaften, auch war er der Leiter der Olympia-Baugesellschaft in München. Zudem ist bekannt, dass er 1954 bis 1959 die Beseitigung der Kriegsschäden am Schloss Bellevue leitete. Er starb am 9. Januar 1978 in München. Warum er für den Posten des Präsidenten der Bundesbaudirektion ausgesucht wurde, und wie diese Ernennung vor sich ging, das wissen wir nicht.

Über Rossig ist bekannt, dass er am 19. November 1905 in Dresden geboren wurde, dass er zwischen 1925 und 1930 an der Technischen Hochschule in Dresden studierte und von 1936 bis 1945 bei den Reichsbauämtern in Schwerin und Passau beschäftigt war. 1949, nach der Kriegsgefangenschaft, stieß er zur Baugruppe des Bundesfinanzministeriums; 1970 erreichte er die gesetzliche Altersgrenze und schied aus dem Bundesdienst aus. Er starb 1991.

Bei dem Treffen wurde vor allem diskutiert, welchen Nutzen ein wiederaufgebautes Reichstagsgebäude haben würde. Es schien allen die Idee zu gefallen, dort eine Parlamentsbibliothek zu errichten – maximal sollten hier 400 000 Bände untergebracht werden. Wenn es die politischen Umstände erlaubten, sollte darin sogar wieder der Bundestag zusammentreten – nur: da würde man den Plenarsaal vergrößern und dann auch die Kuppelpfeiler schleifen müssen:

»Das Ergebnis dieser Untersuchungen besteht darin, daß es ohne weiteres möglich ist, anstelle des ehemaligen Plenarsaales des Deutschen Reichstages einen vergrößerten neuen Saal einzubauen, der eine Kapazität von 600 Plätzen für Abgeordnete, 120

Plätzen für Mitglieder der Regierung, des Bundesrates sowie der notwendigen Sachbearbeiter hat und auf einer Tribünenanlage 720 Sitzplätze aufnehmen kann, die für Publikum, Diplomaten und Pressevertreter geeignet sind. Dabei läßt sich ohne Schwierigkeit insbesondere der Zugang zu den Publikumstribünen durch Sondertreppen so anlegen, daß die Besucher ihre Sitzplätze auf den Tribünen erreichen können, ohne die eigentlichen Parlamentsräume – wie in Bonn – betreten zu können. Möglich wird diese Lösung durch die Tatsache, daß die große Kuppel über den Plenarsaal-Teil nicht mehr vorhanden ist und daß auch die starken Eckpfeiler durch die Kriegseinwirkungen zum großen Teil unbrauchbar geworden sind. Somit ist eine Vergrößerung des ehem. Plenarsaales ohne weiteres möglich.«
Vereinbart wurde, dass das Bundesfinanzministerium einen Brief an den Präsidenten des Bundestages richtet, um eine Grundlage für weitere Gespräche mit den Fraktionen zu haben.[7]

Am 30. März 1957 wurde der Hauptstadtwettbewerb ausgelobt. Als Punkt Nr. 3 war der Reichstag aufgelistet, der zu schätzungsweise 70% zerstört war. Darüber müsste gesondert recherchiert werden, es genügt an dieser Stelle jedoch aufzuführen, wer u.a. im Preisgericht saß: Otto Bartning, Werner Hebebrand, Rudolf Hillebrecht, Johannes Rossig, Senatsbaudirektor Hans Stephan und Edgar Wedepohl. Viele fielen durch ihre Mitwirkung an den Plänen von Albert Speer als Generalbauinspektor der Reichshauptstadt auf – vor allem Hillebrecht, Stephan und Wedepohl. Unschwer zu ahnen, welche Ideen aus diesem Kreis kommen würden.

So verbindlich scheint der Bundestagsbeschluss von 1955 nicht gewesen zu sein, denn am 28. August 1957 beschloss die SPD-Fraktion, die »endgültige Entscheidung« bis nach den Wahlen (im Herbst 1957) zurückzustellen. In einer Fußnote zu dieser Entscheidung liest man:

»Über den Wiederaufbau des alten Reichstagsgebäudes war eine Kontroverse zwischen Mitgliedern der SPD-Fraktion und *Gerstenmaier* entstanden. Während *Gerstenmaier* für einen unveränderten Wiederaufbau des Reichstagsgebäudes eintrat, hatte insbesondere [Walter] *Menzel* eingewendet, daß das alte Reichstagsgebäude modernen Parlamentsbedürfnissen nicht entspräche. *Menzel* hatte bemängelt, daß *Gerstenmaier* die kalkulatorischen Unterlagen für den Wiederaufbau des Reichstages dem Ältestenrat nicht zur Kenntnis gebracht hatte.«[8]

Wegen des allgemeinen Interesses an der Frage des Reichstagsgebäudes regte Rossig die Bildung eines Gremiums an – hierüber gibt es keine Korrespondenz, auch findet sich kein Adressat dieser Anregung. Das Gremium bestand aus vier Personen: Bartning, Hans Scharoun, Wedepohl und Rossig selbst. Gerstenmaier ist hiervon am 6. April 1957 in Kenntnis gesetzt worden. Später schrieb Rossig, dieses Gremium sei »im Einvernehmen mit dem Präsidenten des Deutschen Bundestags« gebildet worden. In den Akten findet sich die Kopie eines Briefes an Bartning vom 23. Oktober 1957, bei dem sich Rossig für seine positive Antwort vom 18. Oktober 1957 auf die Einladung bedankt, die offenbar in den Tagen davor eingegangen sein musste.

Hier beginnen Rätsel. Über diese Entscheidung ist fast nichts überliefert, auch nicht, woher die Namen kamen. Verwirrend ist die Wahl von Hans Scharoun, denn über ihn ist Widersprüchliches bekannt. Scharoun passt nicht in die üblichen Schemata der damaligen Architektur – städtebaulich war er ein »Gartenstädter«, der Heil in idyllischer Vorstadtarchitektur suchte und dem die Großstadt – mit ihrer für ihn luft- und lichtlosen Blockbebauung, mit ihren Wohnsilos und Mietskasernen – sichtlich ein Greuel war. In seiner Architektur war er ein Solist und ein fast organischer Expressionist, wie die Philharmonie und die Staatsbibliothek in Berlin zeigen. Im »Dritten Reich« war er sozusagen kaltgestellt. Nach Kriegsende wurde er Stadtbaurat von Berlin, wo er das Problem des Wiederaufbaus tatkräftig zu lösen versuchte. Während seiner Ausstellung »Berlin plant« in Berlin 1946 meinte er, dass das Bombardement der deutschen Städte im Zweiten Weltkrieg eine »Chance« geschaffen habe, denn es habe eine »mechanische Auflockerung« bewirkt.[9] 1957 war Scharoun nunmehr Präsident der Berliner Akademie der Künste. Über Otto Bartning wissen wir, dass er zu diesem Zeitpunkt ein überaus gefeierter Architekt und zugleich Präsident des Bundes Deutscher Architekten war.

Über Wedepohl sind wir ein klein wenig besser informiert. Hier seine Daten: Wedepohl, Edgar, Architekt (geb.: Magdeburg, 9. September 1894, gest.: Berlin, 17. März 1983). 1939–45 Nachrichtenoffizier im Stab von Wilhelm Canaris; 1945–47 Kriegsgefangenschaft; 1951–61 Professor an der Hochschule für bildende Künste in Berlin, 1960–61 Mitglied der Jury für den Reichstagsumbau.[10] Nach Auskunft von Wolfgang Schäche war er an der Planung der Nord-Süd-Achse unter Albert Speer beteiligt.

Ende der fünfziger Jahre verlief alles anders als bei den ersten Wettbewerben von 1872 und 1882. Das Parlament war kaum involviert – schließlich war es dem Bundestag untersagt, in Berlin zu tagen. Federführend waren Bonner Ministerien, und dort nicht so sehr die Minister als vielmehr deren Beamte, über die wenig Kontrolle auszuüben war. Obwohl das Gremium aus vier Personen bestand, die niemandem gegenüber als sich selbst verantwortlich waren, beschränken sich die Aktenüberlieferungen auf einen Briefwechsel zwischen Wedepohl und Rossig.

Die vier Mitglieder des Fachgremiums – einen anderen Namen gab es nicht – besichtigten das Reichstagsgebäude zum ersten Mal am 17. November 1957 und kamen zum Ergebnis, dass das Gebäude als historisches Denkmal unbedingt erhalten bleiben müsse und dass die Festlegung einer endgültigen Zweckbestimmung erst nach Abschluss des Hauptstadtwettbewerbs erfolgen könne. Es sei den Teilnehmern aber freigestellt, Vorschläge zu machen. Schließlich könne das Fachgremium mit Vertretern des Bundestags ein Raumprogramm für ein künftiges Parlamentsgebäude ausarbeiten.[11] Im Übrigen war man der Meinung, dass die Kuppel nicht mehr nötig sei, die Ecktürme sollten aber beibehalten werden.

Über diese Besichtigung machte sich der junge Wolf Jobst Siedler im »Tagesspiegel« lustig:

»Dennoch bleibt fraglich, ob [mit der Bildung des Fachgremiums] die Schwierigkeiten aus der Welt geschafft sind. Wettbewerbe und Beratungsgremien haben ihren Sinn und ihre Funktion; nur allzu selten machen staatliche Bauherren von ihnen Gebrauch. Aber auch sie können den Politikern die Entscheidung nicht abnehmen. Bonn hat sich – zu Recht – vorbehalten, über die zukünftige Verwendung der Ruine zu befinden. Erst wenn das geschehen ist, sollte man Wettbewerbe ausschreiben. Denn es ist für den Architekten nicht ganz unerheblich, ob Bücher oder Abgeordnete sein Haus bewohnen werden.«

Das Fachgremium besichtigte das Reichstagsgebäude erneut am 14. Dezember 1957. Unter anderem beschloss man, die Bekanntgabe der Entscheidung im Hauptstadtwettbewerb, die für den 17. Juni 1958 vorgesehen war, abzuwarten. Diese Haltung wurde auch auf der Sitzung vom 31. Januar 1958 bekräftigt: Erst wenn man weiß, welche Vorschläge für das Reichstagsgebäude gemacht werden, wäre es möglich, ein Bauprogramm zu erarbeiten. Rossig betonte »die großen Schwierigkeiten, denen sich besonders die Bundesregierung gegenübergestellt sieht, denn schließlich soll doch das Gebäude ›der Reichstag des wiedervereinten Deutschlands‹ werden.«[12]

Am 17. Juni 1958 wurden die Namen der Preisträger im Hauptstadtwettbewerb bekannt gegeben, unter ihnen mit einem zweiten Preis Hans Scharoun – nicht zu vergessen, dass seine Gremiumskollegen Wedepohl, Bartning und Rossig in der Jury waren. Neun der zehn Preisträger sprachen sich für den Erhalt des Reichstagsgebäudes aus, aber nicht als Parlament – dafür sollte etwas Neues gebaut werden. Hier – am Rande vermerkt – spricht Carl Mertz und verrät sich ein klein wenig: »Neun von zehn Arbeiten der Preis- und Ankaufsgruppe haben sich als *Endlösung für* den *Neubau* eines Parlamentsgebäudes entschieden, haben sich jedoch der Absicht des Auslobers, das Reichstagsgebäude zu erhalten, angeschlossen.«[13] Andere Nutzungsvorschläge waren: Bibliothek, Museum, Ausstellungsgebäude, auch für Regierungszwecke, möglicherweise als Sitz des Bundeskanzlers, als Dienstgebäude mehrerer kleinerer Ministerien, auch eventuell als »Länderkammer« oder Bundesverfassungsgericht. Da allerdings der Bau eines neuen Parlamentshauses »zumindest in der augenblicklichen Situation praktisch nicht lösbar« sei, werde man wohl umdenken müssen:

»Die Aufstellung eines genauen Raumprogrammes für den Neubau eines Bundestages bzw. Reichstages unter der Berücksichtigung der Erfordernisse nach der Wiedervereinigung ist z. Zt. praktisch unmöglich. Es dürfte vielmehr wohl richtig sein, diese Aufgabe als gesamtdeutschen Auftrag solange zurückzustellen, bis die politischen Verhältnisse klare Entscheidungen auf diesem Gebiet zulassen. Damit wird der Vorschlag des 1. Preisträgers [Spenglin, Eggeling und Pempelfort, die den Vorschlag machten, das Reichstagsgebäude entweder als ›Kammer der Länder‹ oder als ›Verfassungsgericht‹ zu nutzen] bedauerlicherweise zu einem Planungs*fern*ziel, dessen Verwirklichung zwar niemals aus den Augen gelassen werden sollte, das aber im Moment nicht realisierbar ist. Somit ist man wieder an demselben Punkt angelangt und findet dieselben Gegebenheiten vor, die bei Beginn der Ausschreibung des City-Wettbewerbs und damit bei Beginn der Bauarbeiten vorgelegen haben.«

Zudem war der Versuch, die Parlamentsbibliothek unterzubringen, gescheitert (weil damit nur 1/6 des Hauses hätte »bespielt« werden können). Mertz schlägt dann vor, Gerstenmaier aufzufordern, »die von ihm in mehrfachen Besprechungen in Aussicht gestellte Entscheidung über die Zweckbestimmung des Reichstagsgebäudes nunmehr tunlichst zu fällen; und zwar mit der ausdrücklichen Feststellung, daß der Ausbau des ehemaligen Reichstages vorerst als provisorischer Berliner Sitz des Bundestages aus politischen und wirtschaftlichen Erwägungen vorgenommen wird, *ohne* daß damit das Planungs*fern*ziel, d. h. der spätere Neubau eines Parlamentsgebäudes etwa im Spreebogen, präjudiziert werden würde.«[14]

Zwei Wochen später sagte Gerstenmaier, dass er das Reichstagsgebäude für parlamentarische Zwecke ausgebaut wissen wolle. Die Meldung, im »Kurier« vom 1. Oktober 1958 erwähnt, dass diese Entscheidung endgültig sei, dass Gerstenmaier alles mit dem Vorstand des Bundestags besprochen habe – darüber gibt es keine Akten. Auch dafür, dass Gerstenmaier seine Ideen vor der SPD-Fraktion erörtert habe, findet sich in den gedruckten Fraktionsprotokollen kein Hinweis. In den verbliebenen Monaten des Jahres 1958 gab es vereinzelt Zustimmung und Kritik zu dem Vorhaben, Entscheidungen sind den Akten jedoch nicht zu entnehmen.

In den ersten zwei Monaten des Jahres 1959 liest man in den Dokumenten von vereinzelten Erklärungen Gerstenmaiers, aber erst in der Sitzung der SPD-Fraktion vom 24. Februar 1959 nimmt das Thema politische Konturen an. Und trotz der Kritik von einigen Genossen beschloss die Fraktion »fast einstimmig, [...] die Mitglieder des Haushaltsausschusses zu beauftragen, die Mittel für den weiteren Ausbau der Reichstagsruine zu bewilligen.« In der Frage der Zweckbestimmung scheint keine abschließende Meinungsbildung erfolgt zu sein. Am 1. Juni 1959 stimmte der Haushaltsausschuss diesem Votum zu, er vermied jedoch ebenfalls eine Erörterung über den Zweck des Ausbaus und wich damit von seinem im Beisein von Gerstenmaier am 29. April 1959 gefällten Beschluss ab, den Reichstag für »Tagungszwecke des Bundestages in Berlin« auszubauen.

Es muss dann im Juni 1959 gewesen sein, dass eine »Denkschrift« von Rossig (in mehreren Akten vorhanden) erschienen ist, denn die Zeitschrift »Bauwelt« kommentierte sie am 20. Juli 1959. Diese »Denkschrift« ist einigermaßen aufschlussreich, bringt sie doch die verschiedenen Aspekte der langwierigen Geschichte in knapper Form und in einer Art Bürokratendeutsch zur Sprache, wobei die eingetretenen Differenzen leicht verheimlicht werden.

Am 27. Oktober 1959 begannen die Vorarbeiten für den Wettbewerb: Rossig legte dem Bundesministerium für den wirtschaftlichen Besitz des Bundes einen Brief und eine Anlage vor für die Ausschreibung eines ersten »engeren Wettbewerbs für die Ausgestaltung der Repräsentations- und Eingangsräume im Westflügel des Reichstagsgebäudes«. Diese Anlage ist uns nicht überliefert. Als nächste Schriftstücke sind aber Abschriften der Briefe, die Rossig an die prospektiven Teilnehmer und Preisrichter Ende Dezember 1959 richtete, erhalten. Was dazwischen geschehen ist, muss weiter erforscht werden, denn diese Lücke wirft manche Fragen auf.

Nach dem augenblicklichen Stand der Recherche hat Rossig das ganze Verfahren alleine bestimmt. Er dominierte das gesamte Prozedere, er entwarf das Wettbewerbsprogramm. Er bestimmte, dass es hier keinen allgemeinen Wettbewerb geben würde. In wenigen Wochen entschied er, ohne Gegenstimmen: Zehn Architekten werden eingeladen. Er bestimmte ihre Namen; er bestimmte auch die Namen der Preisrichter. Er und kein anderer hat entscheiden, dass die Kuppel nicht wieder benötigt werde, auch wenn die Begründung von Wedepohl stammte:

»Zur Beleuchtung des Plenarsaals mit Oberlicht ist heute technisch eine derart umständliche Konstruktion nicht mehr erforderlich. Der Wiederherstellung oder dem Neuaufbau einer Glas-Eisen-Kuppel im Wallot'schen Sinne fehlt die innere Berechtigung technischer Notwendigkeit.«

Also, wofür 1871 der Sachverstand des Reichstags und der wichtigsten Architekten – u.a. Richard Lucae, Architekt der Alten Oper in Frankfurt – benötigt wurde – für Verfahren, Teilnehmer, Programm, Fristen –, entschied 1959 ein einsamer Beamter. Und wir wissen nicht, warum er bestimmte Namen aussuchte und andere nicht. Eine Kontrolle hat es nicht gegeben, auch nicht durch die Presse.

Ende 1959 gingen die Einladungen an zehn Architekten: Paul Baumgarten in Berlin, Rudolf Schwarz in Köln, Wassili Luckhardt in Berlin, Karl Wilhelm Ochs in Berlin, Hans Döllgast in München, Johannes Krahn in Frankfurt am Main, Wilhelm Riphahn in Köln, Josef Wiedemann in München, Dieter Oesterlen in Hannover und Walter Krüger in Berlin. Unter anderem wurde ihnen mitgeteilt, dass in der Jury Hans Scharoun, Edgar Wedepohl, Wilhelm Wichtendahl und Egon Eiermann säßen – dass auch der Bundestag in der Jury vertreten sein würde, galt als selbstverständlich, Namen wurden aber nicht genannt. Man sah eine sehr kurze Bearbeitungszeit vor: bis zum Frühjahr 1960. Wenige Tage später kamen die Ab- und

Zusagen, Letztere allerdings mit der Bitte, die Bearbeitungsfrist nicht so kurz zu machen. Auch wurde ein Besichtigungstermin – der 2. Februar 1960 – vereinbart.

Am nachdenklichsten war Karl Wilhelm Ochs, Professor der Architektur an der Technischen Universität Berlin-Charlottenburg. Ochs, über den wenig bekannt ist, wollte vor einer Zusage mehr über die Aufgabe wissen. Rudolf Schwarz bat um Zusendung der Unterlagen. Baumgarten schrieb von einem Gasthaus in St. Moritz; eine verbindliche Zusage wollte er noch nicht geben, da er an zwei Wettbewerben arbeitete. Oesterlen, Architekt des niedersächsischen Parlamentshauses in Hannover, antwortete erst nach Beginn des neuen Jahres – auch er hatte viel Arbeit und wollte die genaue Aufgabenbeschreibung abwarten. Da Riphahn absagte, wurde Fritz Gaulke zugelassen, der darum sehr dezent gebeten hatte. Josef Wiedemann sagte zu.

Auch die Preisrichter wurden gefragt; Wedepohl war »grundsätzlich bereit, das Amt eines Preisrichters zu übernehmen, vorbehaltlich der Erfüllung der vorgeschriebenen Formalien: Zustimmung des Bundeswettbewerbsausschusses, Kenntnis der Wettbewerbsausschreibung, der aufgeforderten Architekten und der Preisrichter.«

In gleichlautenden Briefen an die Teilnehmer wurde am 16. Januar 1960 bekannt gegeben, dass der Endtermin auf den 9. Mai 1960 sowie ein Besichtigungstermin auf den 2. Februar 1960 festgelegt wurde.

Von Baumgarten kam die Antwort, dass er die Aufgabe übernehmen würde, den Mai-Termin jedoch für illusorisch hielt. Er riet folglich zu einem Termin »nicht vor 7 Monaten, d. h. Anfang September« und hielt es auch für wahrscheinlich, dass die »zu diesem Wettbewerb eingeladene Kollegen der gleichen Ansicht« seien. Er schlug vor, beim Besichtigungstermin am 2. Februar 1960 diese Terminfrage zu besprechen. Ochs sagte seine Teilnahme an der Besichtigung zu, den Wettbewerb selbst hielt er sich aber offen.

Ende Januar 1960 war die Auslobung fertig. In der Jury waren nunmehr vertreten: Gerstenmaier, Bundesminister Hermann Lindrath, Willy Brandt, Rossig, Mertz, Scharoun, Wedepohl und Wilhelm Wichtendahl, Präsident des Bundes Deutscher Architekten in Augsburg.

Über den Besichtungstermin am 2. Februar gibt es ein Protokoll. Anwesend sind u. a. Rossig, Mertz, Scharoun, Wedepohl, Döllgast,

Wiedemann, Ochs, Baumgarten, Krahn (auch für Schwarz), Oesterlen, Luckhardt und Gaulke. Es wird viel gefragt. Scharoun prägt die Bezeichnung für diesen Wettbewerb, er will die Beiträge »gutachtliche Entwurfsvorschläge« nennen. Über das Preisgeld wird gesprochen, 3 000 DM seien zu wenig für einen ersten Preis. Rossig weist auf die große politische Bedeutung des Projekts hin. Ein neuer Termin wird vorgeschlagen: der 23. Mai 1960. Baumgarten glaubt, auch diesen Termin nicht einhalten zu können. Neue Termine werden vereinbart: für Zeichnungen der 21. Mai, für Modelle der 11. Juni 1960.

Es war ein herber Schlag für den Wettbewerb, als bei der Bundesbaudirektion am 8. Februar 1960 ein Brief von Professor Ochs von der TU Berlin eintraf, er könne am Wettbewerb nicht teilnehmen:

»Wenn auch der Reichstag eines der markantesten Beispiele der Wandlung vom verblassenden Klassizismus zur neuen Renaissance darstellt und der Vorschlag für die damalige Zeit den ›Donnerschlag‹ im Monumentalbau bedeutet haben mag, so müßte man doch, um im erhaltenen Rest den Zwiespalt zwischen Geschichte und Gegenwart zu überbrücken, um zwischen dem unveränderlichen Äußeren und dem leeren Inneren eine organische Verbindung herzustellen, – das wäre das beste, – das Ganze lieben oder zum mindesten ihm innerlich nahekommen. Eine lange und schmerzliche Reihe von Überlegungen indes läßt mich zweifeln, daß dies gelingen würde; die Vorbehalte, die ich nach all dem, was mit diesem Reichstagsgebäude und von ihm aus – als Hintergrund zumindest – geschehen ist, nicht übergehen kann und die ich seiner Form gegenüber schon von Jugend an hatte, würden zusammenwirken und eine Überforderung des Gewissens und eine Leichtfertigkeit bedeuten, wollte ich Ihrer [Baudirektor Mertz'] vertrauensvollen Anregung folgen und mich zur Teilnahme zwingen. Nicht daß ich keine Gedanken oder Vorschläge dafür zu geben vermöchte, die wurden schon angeregt; doch es ist meiner Seele nicht wohl in diesem Körper, und ich darf um Ihr Verständnis bitten, wenn ich Ihnen das offen vorgetragen habe, und Sie bitte, gewiß zu sein, daß ich Ihnen in Herzlichkeit für die ehrende Absicht, mich einzuladen, dankbar bleibe.«

Ein Architekt mit einem Gewissen: Was Professor Ochs tief in seinem Inneren geplagt haben mag, wissen wir nicht, noch nicht –

dieses Licht ist gerade neu und seine Quelle noch nicht erforscht. Über Ochs ist nicht viel bekannt: geboren in Frankfurt am Main am 29. Februar 1896, 1956 war er in Heidelberg ansässig, 1960 in Berlin. Von ihm gebaut wurden u.a. Industriebauten, ein Flughafenhotel in Frankfurt und auch ein Konzerthaus dort.[15] 1954 baute er den Barkhausenbau der Technischen Universität in Berlin, Helmholtzstraße 18. Verheiratet war er mit der Architektin Dipl.-Ing. Helga Ochs. Zusammen bauten sie 1968/70 eine »zweite Kanzel mit einer Brüstung aus schlichten senkrechten eisernen Rundstäben« für die Kirche »St. Peter und Paul« auf Nikolskoe in Berlin. Außerdem soll er das Institut für Hochspannungstechnik der TU Berlin, Einsteinufer 11, entworfen haben.

Am 16. Januar 1960 gingen die Bauprogramme an die zehn Teilnehmer – gedruckt wurden sie nirgends. Der Titel ist schon sehr bezeichnend für die politischen Schwierigkeiten, die damals herrschten: »Ausschreibung eines engeren Wettbewerbs zur Erlangung von gutachtlichen Entwurfsvorschlägen für die Gestaltung der Haupteingangs- und Wandelhallen sowie der Repräsentationssäle im Westflügel des ehemaligen Reichstagsgebäudes in Berlin.« Was nicht verlangt war, war ein Entwurf für den Plenarsaal.

Auslober war der Bundesminister für wirtschaftlichen Besitz des Bundes, vertreten durch die Bundesbaudirektion Berlin. Die Preise: 1. Preis: 12 500 DM, 2. Preis 7 500 DM, 3. Preis 5 500 DM. Die Jury erhielt die Bezeichnung »Auswahlkommission«. Als Ersatzpreisrichter fungierten: Egon Eiermann, ein Ministerialrat Jahn und Bundestagsdirektor Hans Trossmann. Drei Sachverständige aus dem Ministerium kamen hinzu: Regierungsbaurat Bodo Kuttler, Bauassessor Johannes Galandi und Oberregierungsrat Wolfgang Leuschner. Einsendetermin war nunmehr der 23. Mai 1960. Die Einsendungen sollten immerhin mit Nummern versehen werden, um etwas an Anonymität zu gewährleisten.

Der Hauptsatz war:

»Nach einer Entscheidung des Deutschen Bundestages soll das ehemalige Reichstagsgebäude für parlamentarische Zwecke wiederhergestellt werden. [...] Der Plenarsal, der vollständig zerstört worden ist, soll zu einem späteren Zeitpunkt ausgebaut werden. Die formale Durchbildung dieses Saales wird zu Lösungen führen, die vom ursprünglichen Zustand schon deshalb abweichen, weil sich der Parlamentsstil wesentlich geändert hat.«

Die Auslobung, recht kurz im Vergleich zu dem Buch, das für den Wettbewerb 1992 zusammengestellt wurde, endet mit einer kurzen, nicht falschen Geschichte des Reichstagsgebäudes. Darin einige verräterische Sätze:

»Der Plenarsaal brannte damals (27. Februar 1933) zwar völlig aus und die darüber befindliche Kuppel wurde schwer beschädigt. Jedoch war sie in ihrer Substanz so erhalten, daß sie neu verglast werden konnte. Die nach diesem Brand wieder einmal viel diskutierte Vergrößerung des Plenarsaales erwies sich aber immer noch, gerade wegen der Kuppel und der damals unbeschädigt gebliebenen 4 großen Eckpfeiler des Plenarsaales, als schwierig und unterblieb nach längeren Planungsvorbereitungen ganz.«

Das ist ein problematischer Absatz. Es stimmt schon, dass die Kuppel nach dem Reichstagsbrand wieder verglast wurde, nicht bekannt aber ist, dass über eine Vergrößerung des Plenarsaales diskutiert, geschweige denn »viel diskutiert« wurde. Um 1937 erhielt der Münchener Architekt Woldemar Brinckmann den Auftrag, nördlich des Reichstagsgebäudes einen neuen Plenarsaal zu bauen für 1200 Abgeordnete. Die Planung ist bekannt. Doch die Ausführung unterblieb nicht wegen der vier Kuppelpfeiler, sondern wegen des Krieges. Oder wusste Rossig einiges, von dem nichts in den Akten steht?[16]

Diese kurze Baugeschichte fährt fort:

»Der Wiederaufbau Berlins stellte schließlich auch die Frage nach dem künftigen Schicksal des Bauwerkes. Der Deutsche Bundestag hatte sich zur Wahrung geschichtlicher Tradition für einen Wiederaufbau entschieden, zumal die noch vorhandenen Substanzwerte erheblich waren.«

Der Schluss der Geschichte lautet:

»Die 10 Preisträger [des Hauptstadt-]Wettbewerbes haben – dieses kann als ein Teilergebnis festgestellt werden – sämtlich die Erhaltung des Gebäudes befürwortet; nur in der Frage der Zweckbestimmung haben sie verschiedene Vorschläge gemacht, deren Realisierbarkeit jedoch in der augenblicklichen Situation nicht gegeben ist.«

Das war schon wieder leicht an der Wirklichkeit vorbeigeschrammt: Schließlich stand das Reichstagsgebäude als Fixpunkt im Wettbewerb. Also, es musste erhalten werden, und ein Nicht-Erhalt hätte bedeutet, dass der Entwurf aus der Prämiierung herausgeflogen wäre.

Am 26. Januar 1960 teilte ebenfalls Riphahn mit, dass er nicht in der Lage war, an dem Wettbewerb teilzunehmen. Es blieben nur noch neun. Als Ochs absagte, wurde er durch Krahn ersetzt, es blieben also noch immer neun. Aber am 23. Mai teilte Oesterlen mit, dass auch er sich nicht in der Lage sah, zu dem »heutigen Termin«, also zum 23. Mai 1960, eine Arbeit abzugeben. Nur acht Architekten haben also am Wettbewerb tatsächlich teilgenommen.

Je mehr Menschen an einem Termin beteiligt sind, desto schwerer ist es, den Termin aufrecht zu erhalten. Die Akten zeigen, dass ein Termin für das Preisgericht zunächst für den 16. Juni, dann für den 29. Juni festgelegt wurde – tatsächlich fand er am 1. Juli im Reichstagsgebäude selber statt – anwesend nicht mehr Gerstenmaier oder Trossmann, sondern außer den Vorprüfern (nicht mehr als Sachverständige) Scharoun, Wichtendahl, Wedepohl, Eiermann, Rossig und Mertz. Nach den Präliminarien erfolgte ein Rundgang durch das Haus.

Die Architekten waren aufgefordert, ihre Entwürfe mit Tarnnummern zu versehen, die dann von den Vorprüfern mit Wettbewerbsnummern ausgetauscht wurden. Hier die Liste: 001 Krüger, 002 Luckhardt, 003 Baumgarten, 004 Gaulke, 005 Wiedemann, 006 Döllgast, 007 Krahn.[17]

Es würde den Rahmen dieses Berichts sprengen, würde man auf die einzelnen Entwürfe eingehen wollen. Außerdem: Normalerweise müssen Architekten zu ihren Entwürfen auch Erläuterungsberichte hinzufügen. Obwohl anzunehmen ist, dass alle Beteiligten dieser Aufforderung nachgekommen sind, fehlen diese Unterlagen in den Akten. Von den drei Finalisten – von Baumgarten, Luckhardt und Schwarz – sind die Erläuterungsberichte oder Teile von ihnen immerhin in den entsprechenden Monografien abgedruckt.

Am Ende dieses ersten Rundgangs bestimmte man, dass nur die Entwürfe von Baumgarten, Luckhardt und Schwarz im Wettbewerb verbleiben sollten. Sie wurden zu einer Sitzung des Preisgerichts am 19. Juli 1960 eingeladen.

Am Ende dieses Tages war man sich noch immer nicht im Klaren, wer den ersten Preis bekommen sollte. So wurde bestimmt, dass eine endgültige Sitzung im Januar 1961 stattfinden sollte – später setzte man den 19. Januar fest.

In der Zwischenzeit aber waren die Preisrichter sehr aktiv – in den Akten findet man Briefe von Rossig, Wedepohl und Egon Eiermann über deren Präferenzen. Am 5. August 1960 schreibt

Wedepohl an Rossig, Mertz, Eiermann, Scharoun und Wichtendahl. Seine Sprache ist radikal:
»Der Entwurf [von Schwarz] verfehlt m.E. mit der kirchlichen Kathedralenfeierlichkeit – (geheime Gotik) – des Mittelraumes den Bautypus und die geistige Atmosphäre der zwar gehobenen, aber doch weltlichen Stätte parlamentarischen Lebens und seiner Begegnungen. [...] Baumgartens radikale Entkernung des Baues dient konsequent dem Ziele, eine aufgelockerte, transparente, von monumentaler Feierlichkeit befreite Atmosphäre zu schaffen als wirkliche ›innere Erneuerung‹, die aber wohl alle Räume des Baues auch in den Nord-, Ost- und Südflügeln einbeziehen müßte. [...] Der Entwurf präjudiziert, ebenso wie der von Schwarz, die Anlage des künftigen Sitzungssaales des Parlamentes. [...] Luckhardts Entwurf bemüht sich am stärksten, den Kern des Baues als traditionelles Element zu bewahren. Er reinigt den Wallotschen Raumgedanken, – der bereits durch die in den Seitenhallen eingezogenen Zwischendecken in seinem Monumentalcharakter römischer Thermenanlagen eingeschränkt ist.«[18]
Wedepohl kommt zur Schlussfolgerung: »Meine Reihenfolge der zu empfehlenden Arbeiten lautet [...] Luckhardt, Baumgarten, Schwarz.«

Rossig schrieb an Gerstenmaier am 4. Oktober 1960: »Der Entwurf von Professor Schwarz liegt an der Grenze des noch Vertretbaren«, und dann widerspricht er sich selbst: »Trotz des Purismus gelingt dem Verfasser eine Raumgestaltung von hoher Geistigkeit und Würde. [...] Die ›Würde des Hauses‹, im praktischen politischen Leben des Bundestages häufig zitiert, findet in diesem Entwurf seine architektonische Gestalt.« Der Entwurf von Baumgarten sei »lebendig im Ausdruck und voll schöpferischer Phantasie. Im Gegensatz zu der fast feierlichen Ruhe des Entwurfs Schwarz sind die Räume von Baumgarten fließend, bewegt und vermitteln eine Raumatmosphäre, die den Rhythmus des betriebhaften parlamentarischen Lebens unserer Gegenwart widerspiegelt. Dieser Entwurf steht im polaren Gegensatz zu der Auffassung von Schwarz. Die Eingriffe in die Substanz sind außerordentlich groß und würden bei Ausführung dieses Projektes voraussichtlich noch weitere Raumgruppen des Gebäudes erfassen. [...] Der Entwurf von Luckhardt ist ohne anspruchsvolle Problematik und deutet lediglich die Idee an.«

Und am 16. Januar 1961, wenige Tage vor dem Zusammentritt der Jury, schreibt Egon Eiermann an Rossig: Er sei mit keinem der Entwürfe einverstanden und äußert sich »mit aller Klarheit«:

»Was wir haben, genügt nicht. Vielleicht war es ein Fehler, den Plenarsaal als das Herz des Ganzen auszulassen und einen Wettbewerb zu starten, der sozusagen das Foyer des Theaters zum Gegenstand hat, das Theater selbst aber beiseite läßt. Der Wettbewerb hat gezeigt, daß diese Aufgabe vielleicht überhaupt unlösbar ist; er hat weiterhin gezeigt, daß der Kreis der Beteiligten zu klein ist und hat bewiesen, daß er unter mehr Architekten und vielleicht unter Einbeziehung jüngerer und weniger bekannter Architekten noch einmal mit vollem Programm gestartet werden muß.«[19]

Nun kam die große Sitzung. Der zur Verfügung stehende Raum verhindert, dass auf das entsprechende Dokument mehr als kursorisch eingegangen werden kann. Das bedeutende Protokoll mit seinen 94 Schreibmaschinenseiten dokumentiert die damals herrschenden Ansichten von Architekten und Parlamentariern über Deutschland, über den Bundestag und über die richtige Art, für ein Parlament Architektur zu schaffen.

Die Anwesenheitsliste führt auf: Gerstenmaier, Hans Wilhelmi (Bundesminister für wirtschaftlichen Besitz des Bundes), Franz Amrehn (an Stelle von Willy Brandt), Scharoun, Wichtendahl, Wedepohl, Rossig und Mertz als Stimmberechtigte, außerdem: Carlo Schmid, Richard Jaeger, Thomas Dehler, Johann Bapist Gradl, der CSU-Abgeordnete Gerhard Wacher, Adolf Arndt, Hans Trossmann, Werner Düttmann als Berater des Bürgermeisters von Berlin und einige Beamte und Angestellte der Ministerien. Diesen Teil der Sitzung leitete Rossig.

Am Vormittag stellten die drei ausgewählten Architekten, Baumgarten, Luckhardt und Schwarz, ihre Entwürfe selbst vor. Bei Baumgarten gibt es keine Nachfragen. Bei Luckhardt kommt hingegen die erste Frage auf. Gerstenmaier will von Luckhardt wissen, ob dieser es für richtig halte, »auf die Kuppel zu verzichten«. Dies bejaht Luckhardt, »um dadurch die Möglichkeit zu einer freien Gestaltung zu haben.« Nach den Schilderungen Paul Baumgartens, aber auch nach den Reden von Schwarz selbst, muss dieser eine durchgeistigte Rede gehalten haben; darin allerdings hat er das Reichstagsgebäude als ziemlich schlechte Architektur verdammt – als eine Reliquie müsse man es erhalten, aber ausbauen dürfe man es bitte nicht.

Nachdem Schwarz gesprochen hatte, zog sich das Gremium zum Mittagessen zurück – was beim Essen besprochen wurde, ist nicht überliefert. Nach der Pause bestimmte Gerstenmaier, dass Scharoun den Juryvorsitz übernehmen sollte.

Zu einem kleinen Streit kam es, als Gerstenmaier wissen wollte, wer der Bauherr sei; als er erfuhr, dies sei der Bundesschatzminister, weil dieser das Geld gibt, fragte Gerstenmaier:

»Bestimmt denn die Bundesregierung, was wir für ein Parlamentsgebäude haben sollen? Das geht auf keinen Fall. Wer zahlt, der bestimmt. Wir zahlen. Wir streichen lieber den ganzen Etat, als daß wir euch darüber bestimmen lassen. [...] Wir wollen zwar eine starke Regierung haben, aber wir wollen ein Parlament, das ihr gewachsen ist. [...] Jetzt steht allein zur Debatte, welche Empfehlungen diese Jury abgibt. Diese Jury empfiehlt nur und beschließt nicht. Sie muß beschließen, was sie empfehlen will.«

Als Scharoun sagte: »Der Auslober ist der Bundesminister für wirtschaftlichen Besitz des Bundes. Geht es hier um wirtschaftlichen Besitz?«, antwortete Gerstenmaier prompt: »Herr Professor, das übergehen Sie am besten.«

Es gibt einige bemerkenswerte Teile in dieser Diskussion. Als Scharoun feststellte, dass beim Baumgarten-Entwurf eine Straße als Verlängerung der Dorotheenstraße (östlich des Reichstags, im Sowjetsektor) vorgesehen war, kommentierte Gerstenmaier: »Dann müßte doch die Dorotheenstraße verbreitert werden.« Dazu Scharoun: »Das ist alles weg. Und da wir auf Grundstücke keinerlei Rücksicht nehmen, wird es gelingen, die Straße hinzukriegen.« Ziemlich radikal, in Gedanken über Grundstücke in Ost-Berlin zu verfügen: Damals waren alle Häuser in der Dorotheenstraße erhalten, und es bestand meines Wissens kein Plan, sie abzureißen.

In der Diskussion meldete sich u. a. Carlo Schmid, der nach der Zweckbestimmung des Gebäudes fragte. Als ihm erklärt wurde, es werde für »parlamentarische Zwecke« wiederaufgebaut, fragte er: »Was sind konkret parlamentarische Zwecke? Das kann sehr viel sein.« Darauf Gerstenmaier:

»Wir haben ja diese Diskussion oft und mehrfach gehabt. Man hat sich damals auf diese Formulierung: ›Wird für parlamentarische Zwecke des Bundes wieder aufgebaut‹ geeinigt. Warum? Weil dieser Baukörper – das war von Anfang an klar – den Erfordernissen eines modernen Parlaments, eines gesamtdeutschen Parlaments sicher nicht genügen würde. Auf der anderen

Seite stand man vor der Frage, ob man den ganzen Bau sprengen soll. Da kamen Gefühlsmomente auf.«

Am Ende des Nachmittags – man hatte jetzt ungefähr sieben Stunden getagt – wurde abgestimmt, sodass die Reihenfolge Baumgarten – Luckhardt – Schwarz festgesetzt wurde. Baumgarten glaubte, dass Schwarz gewonnen hatte, weil ihn die Schwarzsche Suada so sehr beeindruckt hatte;[20] aber er hatte den Preis gewonnen.

Das Berliner Reichstagsgebäude mit Glaskuppel – von der Sky-Lobby des Bundeskanzleramtes aus betrachtet.

Das Ende der Bescheidenheit. Rollenspieler vor Staatskulisse: Anmerkungen zur Architektur des Berliner Kanzleramtes von Axel Schultes und Charlotte Frank

1.

Das im Frühsommer 2001 eingeweihte Kanzleramt der Berliner Architekten Axel Schultes und Charlotte Frank ist das erste Bauwerk der Mediendemokratie. Kein anderes Staatsgehäuse, nicht einmal der dafür viel eher prädestinierte Reichstag, ist so sehr auf seine Kameratauglichkeit hin entworfen worden wie der Sitz des deutschen Regierungschefs im Spreebogen. Im Innern gleicht das Amt einem Fernsehstudio. Es ist verkabelt wie ein Sendesaal, im ganzen Haus sind Anschlüsse für TV-Übertragungen verlegt worden, fast überall sollten, so wünschten es die Bauherren, »spontane Pressebegegnungen« möglich sein. Den Journalisten stehen nicht nur der »Info-Saal«, die Kabinettssäle und der sogenannte Bildpresseraum gleich neben dem Arbeitszimmer des Kanzlers offen. Auch all die verschwenderisch dimensionierten Repräsentationsräume im Leitungsblock, die Hallen, Treppen und Höfe sind auf die Bedürfnisse der medialisierten Politik zugeschnitten.

Axel Schultes hat sich nicht damit begnügt, Büros, Konferenzsäle, Speisezimmer und die notwendige Technik zu schaffen. Er hat all das gebaut, luftige Arbeitsbereiche für die Beamten in den beiden Verwaltungsflügeln des Amtes und natürlich das Büro des Kanzlers im mittigen Leitungskubus. Es besticht durch eine fabelhafte Aussicht, ist ansonsten aber eher reizlos: ein annähernd rechteckiger Raum, dem alles Gepränge fehlt. Die Wände sind weiß verputzt oder mit Rotbuche vertäfelt, die Decke hängt tief, auf dem Boden liegt Auslegware. Nirgends weicht das Büro vom Chefetagenstandard ab.

Das offene und zugleich geschwungene Treppenhaus ist für die Darstellung von Politikritualen bestens geeignet.

Derlei diffuse Räume aber waren Schultes nicht genug. Er hat nicht geruht, ehe er das Leitungsgebäude zur veritablen Staatsoper stilisieren konnte. Hallen und Höfe sind wie Bühnen gestaltet, die Freitreppe im Hauptfoyer, die trichterähnliche Treppenskulptur in der »Sky-Lobby« scheinen wie geschaffen für Auftritte, und die Schaufassaden im Osten und Westen mit ihren baumbekrönten Stelen und tief gestaffelten Wandschirmen aus Beton hat Schultes unübersehbar als Kulissen entworfen, vor denen das Staatszeremoniell abgespult wird.

Eben das hatten die Auftraggeber verlangt, zumal Helmut Kohl, der die jahrelangen Planungen mit erstaunlichem Engagement betrieb.[1] Die Bauherren wollten so etwas wie das Weiße Haus in Washington – ein Haus wie ein Markenzeichen. Natürlich dachte niemand daran, in Berlin eine klassizistische Villa mit Oval Office zu bauen. Aber Kohl hatte genau registriert, wie die millionenfach fotografierte Ansicht von »The White House« zum Abziehbild der amerikanischen Präsidialverfassung geworden war. Ganz wie bei den »trade marks« von Coca Cola, McDonalds oder Mercedes-Benz genügen sekundenlange Einblendungen der Fassade, und Fernsehzuschauer in aller Welt erkennen den institutionellen Mittelpunkt der Vereinigten Staaten, den Ort der Macht schlechthin.

Die deutsche Exekutive hat ein solches Zentrum seit dem Zweiten Weltkrieg nicht mehr besessen. Die Erinnerung an die Berliner Wilhelmstraße, den Inbegriff preußischer und deutscher Politik bis 1945, verflüchtigte sich rasch, ohne dass etwas Vergleichbares an ihre Stelle getreten wäre. Der erste Regierungsbau der DDR, das Staatsratsgebäude am heutigen Schlossplatz, blieb dem Volk sorgfältig verschlossen und konnte so nie Ausstrahlung gewinnen. Nicht viel einprägsamer gerieten die Bauten der Bundesrepublik. In der Hauptstadt der Westdeutschen sei es schwierig, die Symbole der Herrschaft zu erkennen, hat der Journalist Stefan Kornelius einmal in der »Süddeutschen Zeitung« vermerkt, es gebe keine Paläste oder geschwungenen Auffahrten. »Bonn ist nicht auf den Fluren zu begreifen. Macht vermittelt sich nicht durch Prunk und Protz.«[2] Tatsächlich fehlte der Regierung jede anschauliche architektonische Gestalt. Weder das Palais Schaumburg noch der fast schwerelose Kanzlerbungalow, den Sep Ruf 1964 für Ludwig Erhard gebaut hatte, gewannen große Popularität, von den Ministerialbauten ganz zu schweigen. Und das 1976 errichtete Bundeskanzleramt brachte es in seinen fünfundzwanzig Dienstjahren noch nicht einmal zu einem Spitznamen. Stünde nicht die fabelhafte Skulptur »Large Two Forms« des britischen Bildhauers Henry Moore vor dem Amt,[3] es bliebe von der Bonner Zeit im kollektiven Bildergedächtnis kaum mehr haften als die »Tagesschau«-Aufnahmen von gepanzerten Limousinen, die kurz am Wachhäuschen vor dem bronzefarbenen Flachbau halten, um von Grenzschutzbeamten durchgewunken zu werden in die Sperrgebiete der Macht.

Diese Ausdrucksarmut der bundesdeutschen Politik ist häufig beklagt worden. Schon vor der Wiedervereinigung hatte der Bonner Staatsrechtslehrer Josef Isensee das »Untermaß an Staatsrepräsentation«[4] moniert, und kurz nach der Maueröffnung behauptete auch der Publizist Michael Stürmer, »Bonn war, wegen des gewollten Provisoriums, immer [die] verschämte Hauptstadt eines verschämten Staates, und so ist auch die Bonner politische Architektur.«[5] Diese Bilderarmut zu beseitigen, die – mit Karl Heinz Bohrer zu sprechen – »defiziente Ästhetik des Staates«[6] aufzuwerten, fernsehtaugliche Kulissen zu schaffen für das Geschäft des Regierens: das war das eigentliche Ziel, als Anfang der neunziger Jahre entschieden wurde, in Berlin ein neues Kanzleramt zu bauen.

Natürlich ging es nach dem 1991 von Parlament und Regierung gefassten Hauptstadtbeschluss auch darum, den Stab des Kanzlers an der Spree zu behausen, die gut fünfhundert Mitarbeiter des Amtes unweit des Reichstagsgebäudes unterzubringen. Doch jenseits dieser pragmatischen Erwägungen hat eine merkwürdige Sehnsucht nach Symbolen den Entwurfsprozess grundiert. Nun endlich, so forderte beispielsweise Stürmer, sei »auch in den Symbolen, in Stil und Architektur etwas von jener Staatsbildung nachzuholen, die wegen der deutschen Vergangenheit und der europäischen Zukunft vierzig Jahre überflüssig schien.«[7] Man kann die Suche nach einem spezifischen Ausdruck des Kanzleramtes, nach der Botschaft des Bauwerks geradezu als die Konstante der Formfindung bezeichnen, als deren inneren Antrieb. Denn wie vage auch immer die Vorstellungen der Bauherren und des Architekten über die Botschaft waren, die sie übermitteln wollten, so sicher waren sich doch alle Beteiligten, dass das Kanzleramt etwas sagen solle. Es müsse mehr sein als ein bloßes Verwaltungsgebäude. Es müsse ein Bild transportieren, ein Image schaffen oder, wie es in der Entscheidung des Bundeskanzlers für den Entwurf von Axel Schultes hieß, »an der Schwelle vom zwanzigsten zum einundzwanzigsten

Jahrhundert« ein »kulturpolitisches Zeichen«[8] setzen: Gesucht wurde ein steinernes Logo für Deutschland.

In immer neuen Wendungen mühten sich die Verantwortlichen, den ersehnten symbolischen Mehrwert zu umschreiben. Helmut Kohl erklärte, das Kanzleramt sei »in unserer durch Fernsehbilder bestimmten Zeit ein Haus, mit dem die Bundesrepublik identifiziert wird.« Deshalb müsse es zeigen, »dass Deutschland weltoffen ist: ein Land mit einer weiten Perspektive, mit einem natürlichen Geschichtsbewusstsein und mit einer Vision für die Zukunft.«[9] Kohls Staatsminister Anton Pfeifer strebte für den Bau ganz ausdrücklich einen ähnlichen »Signalcharakter« wie beim Weißen Haus an, der jedem Fernsehzuschauer weltweit bedeute: Das ist Berlin, das ist das Bundeskanzleramt.[10] Schultes, der nach einem langwierigen Auswahlverfahren 1995 den Bauauftrag für das Kanzleramt erhalten hatte, formulierte das Vorhaben weniger bürokratisch als die Politiker, aber nicht viel präziser. Er wolle, so schrieb Schultes, in der Architektur »das konkrete Bild der Deutschen Republik in Anschauung bringen.«[11]

Die Bauherren haben bekommen, was sie wollten. Ein Haus, das schlechterdings nur ein Blinder übersehen kann. Ein Gebäude, neben dem »The White House« wie die Hütte eines verarmten Baumwollpflanzers wirkt. Eine Schaufront am Ehrenhof, die den Kameras eindrucksvolle Bilder liefert und damit perfekt den Wunsch nach Zeichenhaftigkeit erfüllt. Und Innenräume, die tatsächlich wie Bühnen funktionieren.

Die hausbreite Freitreppe im Foyer beispielsweise gleicht einer Showtreppe für die Ewigkeit. Sie führt vom Ehrenhof, in dem die Staatsgäste begrüßt werden, eine Etage hinauf zum Gartenfoyer, dem Übergang in die Grünanlagen. Diese Treppenkaskade hinaufzusteigen, die Würdenträger vorneweg, ein Schweif von Aktenträgern hinterher, verspricht süffige Bilder. Frischberufene Kabinette könnten hier vor das Pressekorps treten, Minister sich zum Gruppenfoto drängen. Und wie viele Stufen der Kanzler einem Gast entgegenkommt, ließe sich umstandslos zum Gradmesser der Beziehungen stilisieren: die Treppe als Mittel der Politik.

Selbst die halböffentlichen Bereiche hat Schultes zu Räumen für Rituale stilisiert. So hatte der Architekt geplant, dass der Kanzler den für Pressekonferenzen vorgesehenen Info-Saal nicht einfach durch eine Tür betreten sollte. Der schlauchartige Saal ist vielmehr so konzipiert, dass der Regierungschef von oben kommen kann,

Der weiträumige Freitreppe im Foyer eignet sich vortrefflich, um Besuche im Kanzleramt medienwirksam zu inszenieren.

durch einen Nebeneingang über den Köpfen der Journalisten, eine Brücke längs der Seitenwand betritt, am Ende dieses Steges, nach den ersten Blicken hinab, wieder hinter einer Wand verschwindet, eine versteckte Treppe hinuntersteigt, noch einmal die Spannung steigert, um schließlich wie aus dem Nichts vor den Korrespondenten zu erscheinen. Es ist kein schlichtes Hereinschlendern, das diese Architektur nahelegt: Es ist ein kleines Fernsehspiel.

2.

Nun ist es eine feine List der Geschichte, dass ausgerechnet Gerhard Schröder zum ersten Hausherrn des neuen Berliner Kanzleramtes geworden ist. Denn ihm, dem geschmeidigen Medienkanzler, ist der Bau von Schultes und Frank wie auf den Leib geschnitten. Dass der Berliner Volksmund das Gebäude anfangs angeblich als »Kohllosseum« verspottet haben soll, ist bestenfalls ein Missverständnis. Mag Kohl sich mit dem Kanzleramt auch – bewusst oder unbewusst – so etwas wie ein Denkmal gesetzt haben, der geradezu ideale Staatsschauspieler für diese seltsame Bühne der Macht ist Schröder. Er weiß die Angebote der Architektur derart instinktsicher zu nutzen, dass es beinahe unmöglich ist, sich in diesen Räumen einen anderen Kanzler vorzustellen.

Schröder hat das im Rohbau schon recht weit fortgeschrittene neue Kanzleramt im Herbst 1998 als Nachlass seines abgewählten Vorgängers übernommen, und er hat keinen Zweifel daran gelassen, dass er das Erbe als Last empfinde. Schultes bekam dies als Erster zu spüren, als er feststellen musste, wie wenig sich die neue Leitung des Amtes um das Haus scherte. Mit Kohl kam dem Baumeister buchstäblich der Bauherr abhanden. Zwar verkündete Schröder gelegentlich in Zeitungsinterviews Entscheidungen über Details der Gestaltung wie die Bepflanzung der Zierstelen in Hof und Garten,[12] wohl versprach der frischbestallte Kanzler, Schultes könne ihn gerne anrufen, wenn es etwas zu klären gelte.[13] Aber den alltäglichen Planungsprozess ignorierte er, und recht bald schon begann Schröder, sich von dem Bau öffentlich zu distanzieren. Anfangs dezent, in Nebensätzen, dann deutlicher, wie mit seinem Seufzer: »Eine Nummer kleiner tät's auch.«[14] Schröder mied auch in seiner Rede zum Richtfest, die das Massige des Neubaus auf die Leibesfülle des Altkanzlers bezog, sorgsam jede Begeisterung.[15]

Diese offenkundige Zurückhaltung fiel gewiss nicht zufällig zusammen mit dem allmählichen Verlust jeder öffentlichen Sympathie für das Projekt. Je größer das Kanzleramt wurde, desto mehr wuchs das Unbehagen daran. Mit jeder neuen Etage schien der Reichstag gegenüber zu schrumpfen, und die Kritik wurde lauter. Monströs, klotzig und herrisch, »weiß, wuchtig und einschüchternd«[16] sei der Bau, hieß es immer häufiger, und sechs Monate vor der Eröffnung hatte das Kanzleramt schließlich alle Zuneigung bei Publikum und Presse verloren. Das Haus, dessen Entwurf 1995 noch von allen Feuilletons, von allen Fachleuten, von Kohl und seinen Beratern in überwältigender Einmütigkeit erwählt worden war, galt spätestens seit dem Herbst 2000 als pompöser Missgriff. Der Feuilletonist Gustav Seibt trieb die Vorverurteilung auf die Spitze, als er das Kanzleramt in Anspielung auf die wahnwitzigen Bauten des rumänischen Ex-Diktators »ceausescuhaft« nannte.[17]

Diese verbreitete Abneigung nahm Schröder in seiner Ansprache zur Schlüsselübergabe am 2. Mai 2001 noch einmal auf, wenngleich staatsmännisch gedämpft. Er ging zunächst auf die lebhafte Debatte über Maßstab und Masse des Amtes ein, merkte dann an, »manche Dimensionen« des Neubaus hätten vielleicht im Modell gut ausgesehen, »in der Wirklichkeit allerdings haben sie dann doch eine andere Wirkung.«[18] Im nächsten Satz schließlich ließ der Kanzler an seinen Einwänden keinen Zweifel mehr: »Ich habe in der Tat gesagt, dass mir der Bau wuchtig erscheine, in seiner Gesamtheit vielleicht ein bisschen zu groß für seinen Platz in der Mitte der Hauptstadt.«

Mit einer selbstironischen, geradezu eleganten Wendung machte Schröder jedoch im weiteren Verlauf seiner Rede klar, dass er sich nicht vor dem Bau fürchte und auch nicht gewillt sei, sich der Architektur zu unterwerfen. »Wenn manche Kritiker schon heute ausmalen, der Bundeskanzler könnte Sky-Lobby, Galerie und Freitreppen zu Auftritten nutzen wie sonst nur Filmstars, kann ich nur dringend empfehlen: Lasst uns den Ball flach halten.« Und wie zur Bekräftigung fügte Schröder hinzu: »Meine Scheu vor Auftritten und Publicity ist ja sprichwörtlich.«

Man muss nicht das Gesicht des Kanzlers an jenem sonnigen Mai-Morgen in Berlin gesehen haben, um sein Vergnügen an der Pointe nachzuempfinden. Der eine lockere Satz genügte, um Distanz zu schaffen und zugleich eine schelmische Vorfreude auf die Nutzung des Hauses zu signalisieren. Mehr noch, indem Schröder die Absage an das Dramatische der Architektur rhetorisch mit dem Bekenntnis zur eigenen Lust an der Selbstdarstellung verschränkte, skizzierte er fast so etwas wie eine informelle Hausordnung.

In den anderthalb Jahren bis zum Ende seiner ersten Amtszeit hat sich Schröder geschickt mit dem Bau arrangiert. Einerseits hat er den Ball tatsächlich »flach gehalten« und den Verlockungen des Pathetischen widerstanden, die der Bau bereithält. Seine Aneignung des Amtssitzes unterlief Schultes' Regieanweisungen; streckenweise waren Schröders Auftritte geradezu gegen das architektonische Bühnenbild inszeniert. Die Freitreppe in der großen Eingangshalle etwa hat er, jedenfalls vor der Presse und laufenden Kameras, gemieden wie vermintes Gelände. Es gibt kaum Bilder, die ihn darauf zeigen, und auch seine Staatsgäste führt er nicht durch das imposante Stiegenhaus, sondern schnurstracks auf ebener Erde zu den Fahrstühlen, die hoch hinauf in die Leitungsebene sausen.

Ebenso sehr hat Schröder den dramatischen Auftritt im Info-Saal gescheut, den Abstieg aus den höheren Sphären der Macht vor die Mikrophone der Medien, vermutlich aus Sorge vor den Affekten, die eine solche Selbstüberhöhung auslösen könnte. Stattdessen finden seine Pressekonferenzen, sehr zum Unmut des Architekten, in aller Regel in einer Ecke des Gartenfoyers statt, vor einer dauerhaft improvisierten Kulisse aus blauen Kunststoffbahnen.

Nun wäre freilich der Eindruck ganz falsch, Schröder habe sich an dem Haus gerieben oder gar darunter gelitten. Im Gegenteil. Er hat beileibe nicht nur ein feines Gespür dafür entwickelt, welche Gefahren für sein Image der Neubau birgt. Er hat auch einen offenen Sinn für dessen Chancen bewiesen und die Angebote der Architektur leichthändig für seine Zwecke genutzt. Schon wenige Monate nach dem Einzug diente das Haus beispielsweise zur Übermittlung einer sehr klaren politischen Botschaft. Im Sommer 2001 lud Schröder den Bundesvorsitzenden der FDP, Guido Westerwelle, zu einem Gedankenaustausch ins Kanzleramt. Offiziell handelte es sich dabei um einen Antrittsbesuch des neugewählten Parteichefs, aber Beobachter deuteten das allgemein kundgetane Treffen vor allem als Signal an den Koalitionspartner der SPD, als gar nicht sonderlich subtile Drohgebärde an die Adresse der Grünen, dem Kanzler stünden notfalls auch andere Optionen offen.[19] Und wie um diese Einschüchterungs-Absicht zu unterstreichen, traten Schröder und Westerwelle im Laufe ihres Gesprächs hinaus auf die kleine Terrasse, die vor dem Büro des Kanzlers liegt, auf der sich Schröder sonst aber nie blicken lässt. Sichtlich gut gelaunt und entspannt, nur in Oberhemd und Krawatte, plauderten die beiden Politiker unter freiem Himmel ein wenig miteinander, rauchten eine Zigarre, winkten wohl auch einmal den vor dem Haus lauernden Journalisten zu und demonstrierten so in luftiger Höhe, wie auf einem päpstlichen Erscheinungsbalkon, exakt so lange bestes Einvernehmen, bis auch der letzte Kameramann das symbolträchtige Bild gemacht hatte. Selten ist das Kanzleramt offensichtlicher als Bühne für einen wohlkalkulierten Auftritt genutzt worden als an diesem Nachmittag.

Ähnlich geschickt, dabei jedoch weniger augenfällig, hat Schröder die Sky-Lobby in seine Selbstinszenierung einbezogen. Das ist eine hinreißend schöne Treppenhalle, ein Foyer im Himmel über Berlin, von dem aus Kanzlerbüro und Kabinettssaal erschlossen werden. Drei Stockwerke hoch zieht sich dieser Raum gleich einem Canyon durch die ganze Tiefe des Leitungsblocks, in der Mitte enger, zum Ehrenhof und zum Garten sich weitend. In der Mitte der Halle steht eine kreisrunde Treppe, die eher einer Architekturplastik gleicht denn einer Konstruktion zur Überwindung von Höhenunterschieden. Alle Wege kreuzen sich in diesem plastisch bewegten Raumkontinuum, alle Blicke gleiten hindurch, von Ost nach West, von West nach Ost, »Paris-Moskau-mäßig«, wie der Architekt halb ironisch, halb pathetisch bemerkte.[20] Hinter den durchsichtigen Fassaden liegen Loggien, die von geschwungenen Mauern wie von riesigen Paravents umfasst werden; Decken und Wände scheinen frei geformt wie Knetgummi; nichts wirkt statisch und schwer an dieser Festarchitektur für den politischen Alltag.

In just diese lichte und luftige Raumfolge hat der Kanzler immer mal wieder zu Veranstaltungen mit Künstlern geladen, zu Dichterlesungen, zur Übergabe neuer Plastiken und Gemälde, zum Gedankenaustausch mit Philosophen und Schriftstellern, wohl um sein Interesse an Kunst und Kultur zu demonstrieren, oder einfach aus Spaß am Gespräch jenseits der Politik. Keiner der zahlreich geladenen Journalisten, der nicht sichtlich angeregt berichtet hätte, wie Schröder in diesem Rahmen professionelle Entspanntheit vorführte. Der Lesung aus Moritz Rinkes Schauspiel »Republik Vineta« beispielsweise folgte er sichtlich amüsiert, »wie ein Student« auf den Stufen des Treppentrichters sitzend, »und man erwartet jeden Augenblick, dass er seine Krawatte abstreift«, wie ein Beobachter notierte, um dann fortzufahren:

DAS ENDE DER BESCHEIDENHEIT 171

Die Sky-Lobby mit kreisrunder Treppe in der Mitte wird von Bundeskanzler Schröder immer wieder genutzt, um Treffen mit Künstlern zu veranstalten.

»Als um dreiundzwanzig Uhr die meisten Gäste fort sind, sitzt der Kanzler wieder auf der Treppe. Das Wasserglas hat er nun endgültig gegen den Rotweinpokal getauscht, eine hübsche Schauspielerin des Gorki-Theaters lauscht andächtig seinen Deklamationen. Unbekannte junge Menschen lagern ihnen zu Füßen, man fühlt sich für Augenblicke an den musischen Hof Kaiser Neros versetzt.«[21]

Ob absichtsvoll oder instinktiv – Schröder hat im Umgang mit der Architektur geschickt deren Ambivalenz genutzt: Das angestrengt Erhabene des Bauwerks suchte er in den Hintergrund zu drängen, das Begeisternde und Beschwingte hat er sich zu Eigen gemacht.

3.

Nur die Schaufassaden des Leitungsbaus entziehen sich diesen Beschwichtigungsversuchen des ersten Nutzers. Deutlicher als jedes andere Detail des Baus zeigen sie das Kulissenhafte des Kanzleramtes. Beherrschendes Element sind eigenwillige Körper aus Beton. Die im Grundriss amöbenförmigen Stelen sind Zwitter aus verdrehter Betonscheibe und massigem Pfeiler. Halb Wand, halb Säle, stehen sie teils im Haus, teils sind sie dem Baukörper wie Skulpturen vorgestellt, zwischen denen sich ein leichtes Vordach spannt. In manchen wachsen gar Felsenbirnen, die über den Köpfen der Menschen einen schwebenden Garten schaffen sollen.

All diese dauergewellten Stelen formen keine Fassade im herkömmlichen Sinne. Sie schaffen Zwischen-Räume, Übergangszonen, in denen sich ein beinahe manieristisches Wechselspiel von Massivität und Transparenz entfaltet. Vergeblich sucht das Auge die Grenze zwischen drinnen und draußen auszumachen, erfolglos forscht der Betrachter nach vertrauten Ordnungen. Schultes hat weder einen traditionellen Pfeilerportikus geschaffen noch eine Lochfassade, auch keinen Glasvorhang aufgespannt, sondern etwas eigenwillig Neues ersonnen. Eine semipermeable Schicht, die den Besucher – ganz ähnlich wie bei Schinkels Altem Museum in Berlin – langsam von der Außenwelt in den Innenraum hinübergeleitet und zugleich einen unverwechselbaren Hintergrund für den Empfang der zahllosen Staatsgäste bietet, die hier Jahr für Jahr vorfahren.

Die Kulisse, vor der die Ehrenkompanien aufmarschieren und die höchsten Würdenträger einander die Hände reichen, spricht

Eingangsbereich des Bundeskanzleramtes in Berlin, das im Frühsommer 2001 offiziell eingeweiht wurde.

vernehmlich von den Ambitionen der Auftraggeber und ihres Architekten, von dem Selbstbild, das sie der Welt zu vermitteln trachten. Und zugleich lässt sich ihre merkwürdige Mittelstellung zwischen Wand und Säulenreihe, ihr Changieren zwischen Pathos und Nervosität, zwischen Großartigkeit und Aufdringlichkeit umstandslos als das notwendige Resultat der angestrengten Suche nach dem Bildmächtigen und Bedeutenden lesen, das die Planungen angetrieben hat.

Bürgernähe und unauffällige Effizienz, die üblichen Verheißungen modernen Behördenbaus, gelten im Zentrum der deutschen Politik offenkundig nichts. Hier ist keine anonyme Verwaltung am Werk, so verkündet die Architektur, hinter diesen Mauern werden nicht bloß Aktenvermerke geschrieben; hier geschieht Bedeutenderes. Also schwingen sich Freitreppen empor, rollen Betonwellen durchs Haus, wuchern die Säulenbüschel und schweben noch die wuchtigsten Dächer beinahe schwerelos. Nirgendwo ist das Kanzleramt nur eine Kanzlei, jedes Detail ist auf Effekt und Emotionen berechnet.

Das Weiße Haus in Washington ist dagegen nur eine bessere Villa. Ein eleganter Landsitz mitten in Washington, umgeben von alten Bäumen und Rasenflächen. Der Sitz des amerikanischen Präsidenten, der den Bauherren des Berliner Kanzleramtes immer wieder als Vorbild im Kopf herumging, ist von außen betrachtet ganz das Haus eines Gentleman. Der Bau im Spreebogen für den deutschen Bundeskanzler dagegen hat etwas beinahe Neureiches – und das nicht nur, weil er vier- oder fünfmal so groß ist wie das Weiße Haus. Ihm fehlt völlig jene »Gelassenheit«, die der Kritiker Manfred Sack schon während des Auswahlverfahrens anmahnte,[22] und man kann nur mehr schwer nachvollziehen, wie die Wettbewerbsjury dem Entwurf von Axel Schultes und Charlotte Frank im Dezember 1994 »vornehme Zurückhaltung«, »kleinteilige Gliederung« und eine »noble Erscheinung« attestieren konnte[23]. Warum, so muss man angesichts dieser erstaunlichen Entwicklung fragen, hat keiner der Auftraggeber den Architekten gebremst? Warum wurde Schultes nicht gedrängt, seinen Bau ruhiger, bescheidener, weniger expressiv zu gestalten? Warum haben sich die Bauherren, statt Schultes' »Ausdruckswut zu zügeln«,[24] auf die Eskalation des Erhabenen eingelassen? Die Antwort ist einfach: Sie haben sie gewollt.

Es wird zwar immer ein Rätsel bleiben, wie es Schultes gelingen konnte, ausgerechnet dem konservativen Kanzler der deutschen

Einheit die Korkenzieher-Treppe im Leitungsbau oder die ondulierten Schaufassaden nahe zu bringen. Vielleicht hat Helmut Kohl nie wirklich verstanden, was Schultes plante, womöglich hat der Kanzler sich auch nicht ernstlich für die Architektur interessiert, solange nur die politische Richtung stimmte. Dass der Bauherr aber die »Lust am Großen« seines Baumeisters teilte, steht außer Zweifel. Mochten sich die beiden auch über Details zanken – das Ziel teilten sie. Auf der Suche nach einer Architektur, die frei von den Verspannungen der Vergangenheit etwas vom Selbstbewusstsein des vereinten Deutschland ausdrücken sollte, schmiedeten der Kanzler und sein Baumeister eine eigentümliche Koalition.

Kohl kannte keinen »Neid auf Washington oder Paris. Er schrumpfte auch nicht um Hauptesläng e, wenn er die Stufen des Kapitols in der amerikanischen Hauptstadt emporstieg. Aber er bemerkte sehr wohl die Wirkung solcher Inszenierungen auf gewöhnliche Besucher«[25] – und erstrebte dasselbe für Berlin. Der Kanzler sei eben etwas anderes als der Ministerpräsident von Mainz, umriss Kohl seine Intentionen einmal, und wenn das Kanzleramt dastehe wie ein Schuppen, dann sei das halt nichts.[26] Nicht zufällig zielte seine – neben der Auswahl des Bauplatzes und der Bestimmung des Architekten – wichtigste Intervention im Entwurfsprozess auf Größe und urbanistischen Effekt. Mit der verfassungspolitisch durchaus nachvollziehbaren Ordre, das Kanzleramt dürfe nicht im Einerlei der Abgeordnetenbüros untergehen, sondern müsse deutlich sichtbar herausgehoben, also schlicht höher werden als die Nachbarbauten, ließ Kohl keinen Zweifel an seinem Willen zur Ausdruckskraft. »Das Kanzleramt, so war schon immer meine Vorstellung, ist nicht allein der Sitz des Bundeskanzlers, es repräsentiert auch die Bundesrepublik Deutschland.«[27]

Kohl war dabei der Ermöglicher, nie ein Formsucher aus eigenem Recht. Nie hat er für sich die Rolle eines Friedrich Wilhelm IV. in Anspruch genommen und mit eigenen Entwürfen dilettiert. Alle Vorschläge zur Gestaltung des Hauses stammen vom Architekten. Der aber konnte nur mit Unterstützung dieses Kanzlers riskieren, was seit fünfzig Jahren kein deutscher Architekt mehr gewagt hatte: aus dem Schatten der Vergangenheit zu treten, die »Angst vor dem Großen, diese Verkrampfung der besonderen deutschen Art«[28] abzuschütteln, von der er das Land befallen sieht, und im Bau des Kanzleramtes neue Repräsentationsformen zu schaffen für die Berliner Republik.

Manches deutet darauf hin, dass Bauherr und Baumeister beständig aus den Worten des anderen das heraushörten, was sie hören wollten. Wie in einem Spiegel sahen der Kanzler und sein Architekt in den Entwürfen, was sie hineinprojizierten. Wenn Kohl davon sprach, das Kanzleramt dürfe nicht mit einem Weltausstellungspavillon zu verwechseln sein, den man schnell aufbaue, kurz bestaune und rasch wieder demontiere, dann durfte sich Schultes in seiner Abneigung gegen technische Spielereien und in seiner Liebe zur Schwere der Materialien bestätigt fühlen. Wenn umgekehrt der Architekt auf seine Vorbilder in fünftausend Jahren Baugeschichte verwies, mag der Kanzler immerhin beruhigt gewesen sein, der Neubau werde sich nicht dem »herrschenden Zeitgeist« unterordnen und auch keine bauliche Sprache sprechen, die lediglich »an eine Generation gebunden« ist.[29] Wenn Kohl das Kanzleramt die »Visitenkarte Deutschlands« nannte, wird Schultes gehofft haben, der Kanzler meine damit irgendetwas Ähnliches wie er selbst, wenn er den Neubau als generösen Satz verstanden wissen wollte, den die Gesellschaft über sich selbst spreche. Wenn der Architekt über die Verklemmungen eines »preußisch durchsäuerten Neoklassizismus« der Berliner Schule spottete,[30] dann mochte Kohl darin eine Garantie gegen politisch schädliche Reminiszenzen an die NS-Architektur sehen. Schultes schien ihm gemäßigte Modernität zu garantieren. Die eher schlichten Wünsche des Politikers nach Unverwechselbarkeit und architektonischer Eindrücklichkeit verschmolzen so mit den bauhistorischen Reflexionen Schultes' über Raum und Monumentalität zu einem eigenartigen Magma, das alle Bedenken unter sich begrub.

4.

Axel Schultes ist fraglos ein bedeutender Architekt. Wie er in seinen Häusern den Raum moduliert und dynamisiert, wie er Blicke und Bewegungen zu lenken versteht, wie er das Licht führt, ist hinreißend. Schultes' Bauten sind bewegte und bewegende Raumskulpturen, die niemanden unbeeindruckt lassen. Aber Schultes treibt auch eine merkwürdige Sehnsucht nach dem Großartigen um, die etwas Irritierendes hat. Der Blick auf Schultes' Vorbilder unterstreicht diesen Eindruck. Mit Bedacht hat er seine Motive auf der ganzen Welt zusammengetragen. Der Berliner Baumeister, schrieb ein Kritiker einmal, sei ein »Spenglerianer«, dessen Inspirationsquellen im gesamten indogermanischen Kulturraum sprudelten.[31] Tatsächlich zitiert er jedoch nicht wahllos, sondern sehr gezielt. Was auch immer der Eklektiker hervorholt aus dem Ozean der Baugeschichte – es sind die dicken Fische: Versailles, das Forum Romanum, die Hadrians-Villa, Schinkels Altes Museum, Schlösser, Tempel und Pyramiden. Schlichte Verwaltungsgebäude, einfache Bürohäuser sind nicht darunter.

Auch das Berliner Kanzleramt verarbeitet eine Unzahl grandioser Anregungen. Beinahe jede Einzellösung lässt sich zurückverfolgen zu früheren Bauten Schultes' oder zu Arbeiten anderer Architekten. Die Treppenskulptur im Leitungsbereich beispielsweise verweist auf Schultes' eigenes Werk, auf eine nahezu identische Stiege im Foyer des Bonner Kunstmuseums. Die Fensterform der Wintergärten in den beiden Verwaltungsflügeln ist unverkennbar eine von vielen Verbeugungen vor dem Werk des amerikanischen Architekten Louis Kahn.[32] Auch der charakteristische Bogen an Nord- und Südfront des Kanzlerkubus ist bei Kahn entlehnt. Die Anregung für Schultes' Staatsloggia oberhalb des Ehrenhofes hingegen dürfte persischer Monumentalarchitektur entstammen, genauer dem »Ali Quapu«, einem gegen Anfang des siebzehnten Jahrhunderts errichteten Torpalast am Eingang zum Palastbezirk von Isfahan im heutigen Iran.[33] Über dessen wuchtig-schwerem Sockel erhebt sich eine weite Terrasse, auf der Schah Abbas den Großen Hof hielt – ganz so, wie der Kanzler es in seiner offenen »Sky-Lobby« tun soll.

All das weltweit Aufgelesene steht nicht unverbunden nebeneinander. Auf eigentümliche Weise »passen« die Einzelteile des Kanzleramtes zum Ganzen, sie klingen zusammen. Was die Fragmente verbindet, ist der Wille zum Erhabenen. So ist Schultes' zweiter großer Anreger neben Kahn der französische Architekt Le Corbusier: »Kahn oder Corbusier werden diesen Ort schon richten«, nannte Schultes gelegentlich seine geistigen Ratgeber für die Arbeit im Spreebogen beim Namen.[34] Aber er meinte damit bezeichnenderweise nicht den frühen, funktionalistischen Le Corbusier, sondern den Archaiker und Pathetiker, der die Massen stemmt und den rohen Beton knetet. Einflüsse aus dessen expressiven Spätwerk finden sich in vielen Entwürfen Schultes', aber nirgends sind sie so offensichtlich wie im Kanzleramt.

Auch die steinernen Kreise, die ursprünglich als »große Neugierde« den Leitungsbau schmücken sollten und nun den westlichsten Ausläufer des Südflügels zieren, belegen die Neigung des Architekten zur eindrucksvollen Geste. Sie lassen sich wiederum als Kahn-Zitat nachweisen. Im Schaffen des amerikanischen Architekten tauchen sie häufig auf, im »Indian Institute of Management« in Ahmedabad etwa, im Parlamentskomplex von Dhaka, Bangladesh. Schultes hingegen bezeichnete die Steinkreise ausdrücklich als letztes architektonisches Mittel: »Der Kreis, im römischen Grundriß fast schon die Regel, ist als Wandöffnung in unserer Bautradition das sehr Besondere, die Ultima ratio, nur dem außergewöhnlichen Anlaß vorbehalten.«[35]

Deutlicher noch als diese Worte sprechen allein Schultes' Skizzenbücher von der Sehnsucht des Architekten nach der einen, einzigartigen, erhebenden Bauaufgabe.[36] Neben eine der vielen rasch hingeworfenen Zeichnungen, in denen Schultes sich an die Gestaltung des großen Foyers im Kanzleramt herantastete, stellte er einen Grundriss der Hagia Sophia. Die Erwähnung der großen Kirche erhellt wie ein Blitz die Assoziationswelt, in der Schultes sich bewegt: Er spiegelt das Foyer des Kanzleramtes in einem gewaltigen Sakralraum, zieht die Parallele zum mythenverschatteten Innern eines bedeutenden Gotteshauses und erhebt den Staatsbau damit zur Kathedrale der Kanzlerdemokratie.

Getrieben von seinen Auftraggebern und den eigenen Ambitionen, hat Schultes sich nicht damit begnügt, ein großes Haus zu bauen. Er wollte mehr. Immer hat er sich auch als Identitäts-Stifter gesehen, als Zeichen-Setzer. Er stellte sich nachdrücklich eine Aufgabe, die in Bonn nie auch nur erwogen worden war, nämlich »eine zeitüberdauernde und raumübergreifende Nationalsymbolik« mit den Mitteln der Architektur zu entwickeln.[37] Schultes ist angetreten als einer, der die Deutschen wenigstens auf dem Felde der Architektur von ihren Selbstzweifeln erlösen wollte. Nach den Exzessen des Symbolischen während des »Dritten Reiches« und den Exerzitien der Bonner Nüchternheit suchte Schultes einen dritten Weg. Auf den Trümmern aller Traditionen wollte er eine neue begründen. Er mühte sich, eine eigene Sprache zu erfinden, mit der sich wieder Großes sagen ließe, ohne hohl zu dröhnen. »Der Anspruch, dem sich die Bauten im inneren Spreebogen stellen müssen, greift weit, hoffentlich weit ins neue Jahrtausend hinein. Jeder Bau,« schrieb der Architekt, »der dort keine eigene Sprache wagt oder hat, wird morgen schon von gestern sein.« Er rang um ein architektonisches Idiom, das allgemein verständlich sein sollte, ohne platt zu klingen, das das historische Zitat ebenso vermeiden müsste wie den modischen Zeitgeist.

Schultes ist zu klug und anspruchsvoll, den Trampelpfad zurück zu den Stilen zu nehmen. Er bediente sich nicht im Archiv der Baugeschichte, berief sich nicht auf Schinkel wie viele seiner Berliner Kollegen. Er wolle, erklärte er gleich nach dem Wettbewerbsgewinn, »die ›Dummheit‹ der Fassade vermeiden, das Pompöse der Achsen, den faden Geschmack von Stil, die Komödie der Tradition.«[38] Schultes weiß, wie sinnentleert die gängigen Repräsentationsmittel der europäischen Baugeschichte sind, und er hat genau registriert, wie allergisch die Öffentlichkeit auch fünfzig Jahre nach den nationalsozialistischen Architekturprotzereien immer noch auf alle Spielarten des Neoklassizismus reagiert.

Schultes begnügte sich aber auch nicht damit, die Bonner Haltung der Zurückhaltung weiterzuentwickeln. Im Gegenteil, er verschrieb sich der Aufgabe, das Ausdrucksstarke, das sich die deutsche Repräsentationsarchitektur fünfzig Jahre lang versagt hatte, wieder gesellschaftsfähig zu machen. Ausdrücklich warf er das »tapfere architektonische Understatement«[39] der Bonner Zeit auf den Müllhaufen der Baugeschichte – und stand damit wieder ganz am Nullpunkt der Formfindung. Indem er die einzige vorhandene Traditionslinie kappte, löste er sich aus allen Bindungen. Indem er beherzt ignorierte, was zwei Generationen bundesdeutscher Architekten, Kritiker und Politiker über die »Demokratie als Bauherr« gesagt und geschrieben hatten, warf sich Schultes auf sich selbst zurück. Er setzte die für die Berliner Baugeschichte so typische Polemik wider das Alte als das Falsche zugunsten eines optimistischen Neuen fort und fing noch einmal von vorne an, ganz so, als habe die Berliner Republik rein gar nichts mit der Bonner zu tun. Er überhöhte den Regierungsumzug, der mit der Einweihung des Kanzleramtes abgeschlossen wurde, zum Epochenwechsel. In seinem abrupten Wechsel der Tonlage, in seinem Maßstabssprung und dem Abschied von allem Vertrauten markiert der Schultes-Bau unmissverständlich einen Neuanfang – und wurzelt damit tief in der Tradition der Traditionslosigkeit aller deutschen Selbstdarstellung.

Architekturhistorisch gesprochen tauscht das Kanzleramt im Spreebogen die gebauten Vorbilder aus, vollzieht den Schritt von den zwanziger in die fünfziger Jahre, orientiert sich nicht länger an den Glashäusern eines Mies van der Rohe, wie es in Bonn in allerlei

Schwund- und Magerstufen üblich war, sondern an den expressiven Betonbauten des späten Le Corbusier und Louis Kahns. Dieser Schritt von Mies zu Le Corbusier bedeutet einen gewaltigen Sprung: von der Reduktion zur Komplexität, von der Luftigkeit zur Schwere, vom kristallinen Pavillon zum steinernen Monument. Es ist, als habe Schultes den Wind des Wandels, der 1989 durch das Land fegte, in Beton gießen wollen. Bonn ist eine erledigte Epoche, verkündet nun der Berliner Bau, die rheinische Republik mit ihren Selbstzweifeln, ihren Restriktionen des Symbolischen ist eine historische Episode wie die untergegangene DDR, von der nichts bleibt als ein Kopfschütteln.

Mit der Absage an die Bonner Biederkeit aber verschärfte Schultes nur die Forderungen an die eigene Imagination. Nicht allein, dass es nun für das Berliner Kanzleramt kein Vorbild mehr gab, nichts, woran sich Auftraggeber und Architekten hätten orientieren können. Ihnen fehlte auch, was die Bonner Bauherren immerhin stets besaßen: ein Negativ, von dem sie sich absetzen konnten. Das wenigstens wusste die rheinische Republik immer ganz genau: Wie sie nicht sein und nicht bauen wollte – so wie das »Dritte Reich«. In Berlin aber war mit dieser Distanzierungsstrategie allein kein Staatsbau mehr zu machen. Nur anders zu sein, genügte nicht länger. Bei der Gestaltung des Kanzleramtes, bemerkte Kohls Staatsminister Pfeifer gelegentlich, sei es nicht um eine Definition dessen gegangen, »was wir nicht wollen, sondern darum, was wir wollen.«[40]

Von dem vagen Wunsch des Kanzlers freilich, der Neubau solle »Bescheidenheit« und »Würde« vereinen, von Kohls Weisung, das Bauwerk solle »auch über unsere Landesgrenzen hinaus das Bild unseres Staates prägen«,[41] kurz: von der politischen Floskel zur architektonischen Form ist es ein schwieriger Weg. Immer wieder hat Schultes denn auch beklagt, dass es keine architektonische Hierarchie mehr gebe, keine selbstverständliche Unterscheidung zwischen bedeutenden und banalen Bauaufgaben, keinen Formen-Kanon. In dieser totalen Freiheit, in der gleichermaßen inspirierenden wie bedrückenden Beliebigkeit des »anything goes«, nahm Schultes seine Zuflucht zur Verschmelzung fremder Formen. Seine Suche nach Anregungen gleicht einem Durchmustern des universalen Bestandes an Erhabenheit. Schultes fahndete weltweit nach gebauten Bildern, die dem Kanzleramt einen architektonischen Ausdruck von Selbstbewusstsein und Würde verleihen könnten, ohne antimonumentale Reflexe auszulösen. Neben den Anleihen bei Le Corbusier und Kahn diente ihm dabei vor allem das Arabisch-Byzantinische als Formenreservoir, das sich schon einmal, beim Bau des Krematoriums Baumschulenweg in Berlin-Treptow, als Quell seiner Inspiration bewährt hatte. Mit zahlreichen Verweisen auf Moscheen und ägyptische Grabanlagen war es Schultes dort gelungen, gleichsam zu einer Urarchitektur vorzudringen, zu einer unbestimmten Feierlichkeit, die jeden ergreift, der das Krematorium betritt.

Dieses Kunststück wollte Schultes im Spreebogen in der Sphäre des Politischen wiederholen. Noch einmal sollte eine eigenwillige Mischung orientalisch angehauchter Formen und Zitate spätmoderner Großarchitektur eine neue, »selbstverständliche«[42], von allen historischen Belastungen freie Monumentalität erzeugen. Im Spiel der Anspielungen sollte ein Haus entstehen, das die Würde des Amtes mit einer gewissen republikanischen Heiterkeit verbinden würde, das Eindruck machen sollte, ohne zu erdrücken, und das mit unverbrauchter Frische vom Stolz der Deutschen auf ihren Staat künden könnte.

In seinem Bemühen, eine sprechende Architektur zu erfinden, ähnelt Schultes all den anderen Architekten, die Gleiches an anderer Stelle schon vor ihm versucht haben: dem gebürtigen Slowenen Josip Plecnik etwa, der im Auftrag des ersten tschechoslowakischen Staatspräsidenten Tomás Masaryk die Prager Burg zum Nationalheiligtum der jungen Republik umformen sollte. Oder jenen Baumeistern, die Instant-Symbole erfinden wollten, neue, vermeintlich identitätsstiftende Kapitelle zum Beispiel, solche mit Maiskolben in den Vereinigten Staaten etwa, oder solche mit Hammer und Sichel in der Sowjetunion. Näher liegt es freilich, in Schultes einen späten Erben des Reichstagsarchitekten Paul Wallot zu sehen. Auch der baute mit dem Parlamentsgebäude unweit des heutigen Kanzleramtes ganz dezidiert ein Symbol der deutschen Einheit und war fast verzweifelt auf der Suche nach so etwas wie einer deutschen Form. Er trachtete einen künstlichen Nationalstil zu schaffen, eine »voraussetzungslose Großform« für die traditionslose Volksvertretung, einen »dem Reich gemeinsamen, die Einzelstaaten mit ihren regionalen Bautraditionen übergreifenden, nirgendwo genau lokalisierbaren ›Reichsstil‹«,[43] in dessen Anblick sich die deutschen Stämme nicht mehr als Sachsen, Preußen, Hamburger oder Bayern fühlen sollten, sondern nur mehr als Bürger des Reiches.

Schultes suchte etwas Ähnliches. Sein Entwurf sollte nicht nur »das Wesen des Amtes zum Ausdruck bringen, von der mühseligen Notwendigkeit der täglichen Kompromisse bis zu der geschichtlichen Dimension, mit der dieses Haus sich über die Jahre aufladen wird.« Nein, er wollte, wie er schrieb, in der Architektur des Kanzleramtes sogar »das konkrete Bild der Deutschen Republik in Anschauung bringen.«[44] Unverwechselbar sollte die Regierungszentrale im Spreebogen werden, einprägsam, leicht zu unterscheiden von Theatern, Museen, Konzernzentralen und Gewerkschaftshäusern. Schultes wünschte nicht weniger als eine architektonische Gestalt zu erfinden, die Identität stiften sollte: einen neuen Nationalstil. Er ist damit gescheitert – weil er scheitern musste. Denn Traditionen lassen sich nicht erfinden. Symbole kann man nicht am Reißbrett planen. Sie entstehen. Das zierliche Palais Radziwill beispielsweise, das Otto von Bismarck im Frühjahr 1878 bezog, wurde nach Rücktritt und Tod des Reichsgründers nicht seiner Architektur wegen zur Wallfahrtsstätte; die Nachgeborenen mochten sich darin nur flüsternd und gleichsam auf Zehenspitzen bewegen, weil sie in den Räumen etwas von dem Geist des verklärten Reichskanzlers zu spüren meinten, weil Bismarck in den Salons und Büros an der Wilhelmstraße »seine großen Gedanken gedacht und seinen eisernen Willen durchgesetzt« habe.[45] Auch das Weiße Haus oder Downing Street 10 in London sind keine Denkmale aus der Retorte. Sie haben sich erst langsam mit Bedeutung aufgeladen, gewannen ihre Aura mit der Zeit dank der Ereignisse und Gestalten, denen sie Raum gaben, nicht aufgrund ihrer Form. Dasselbe gilt für Paul Wallots Reichstag. Im Rückblick ist dessen synthetischer Nationalstil nicht der Auftakt zu etwas Neuem geworden, sondern hat sich als letzte, bizarre Blüte des Alten erwiesen. Ein Solitär, fremd in seiner eigenen Zeit, schon bald überholt von der heraufziehenden Moderne. Nicht Wallots sonderbare »neobarocke Hochrenaissance«[46] hat den Reichstag zum deutschen Gedächtnisort werden lassen, sondern das dichte Assoziationsgeflecht, das sich um den wuchtigen Bau legt. Die Bilder des Jahrhunderts, die sich mit dem Haus verbinden: Scheidemann am Fenster, die Republik ausrufend; die nationalsozialistische Machtergreifung im Feuersturm des Reichstagsbrandes; Ernst Reuters »Ihr Völker der Welt, schaut auf diese Stadt!«; und endlich, zum ganz unerwartet guten Schluss, der Fall der Mauer.

Viel spricht dafür, dass es Schultes' Kanzleramt ganz ähnlich ergehen könnte. Dessen synthetischer Monumentalismus, dessen heiter-beschwingte Archaik ist ohne Vorbild und ohne Aussicht auf irgendeine Nachfolge. Dieses Tempeltheater für Staatsathleten taugt auch nicht mehr zur »Ikone des Umzugs«, wie Schultes lange hoffte,[47] denn diese Rolle ist vergeben an die Reichstagskuppel vis-à-vis. Der Kubus für den Kanzler ist das merkwürdige Denkmal des Zusammentreffens zweier Männer, die sich stets fremd blieben, aber gemeinsam nach Großem strebten. Es ist eine wunderbare Kapriole der Baugeschichte, ein schöner Klotz am Bein der Republik und eine prächtige Zumutung für jeden Kanzler, der darin regiert.

IV.
Die Inszenierung von Politik in der Mediendemokratie

Ulrich Sarcinelli

Von der repräsentativen zur präsentativen Demokratie. Politische Stilbildung im Medienzeitalter

»Der Stil [ruht] auf den tiefsten Grundfesten der Erkenntnis, auf dem Wesen der Dinge, insofern es uns erlaubt ist, es in sichtbaren und greiflichen Gestalten zu erkennen.«[1] So hat Goethe einmal Stil definiert. – Mit Stilfragen bewegt man sich also nicht nur in der Sphäre des individuellen oder kollektiven Geschmacks. Und Stillosigkeit bezeichnet mehr als den Vorwurf ästhetischer Degoutanz. Es geht nicht allein um Formfragen. Es geht um Substanzielles, in der Kunst nicht weniger als in der Politik.

Andererseits: Was heißt schon politische Stilbildung in der Mediendemokratie? Guter Stil ist langweilig. Das Einhalten von Spielregeln, Konventionen, politisches Verhalten im Üblichen allgemeiner Erwartungen hat keinen Nachrichten- und schon gar keinen Unterhaltungswert. Stilbrüche, die demonstrative Verletzung formeller oder informeller Regeln sichern Aufmerksamkeit: »Good news is bad news!«, lautet die alte journalistische Regel. – Wo also ist die kalkulierte Entgleisung, die vielleicht sympathische Despektierlichkeit, der Anlass zur Skandalisierung, die unterhaltende Inszenierung mit schönen bunten Bewegtbildern? Politischer Stil in der Mediengesellschaft kann sich hoher Aufmerksamkeit sicher sein, wenn er mit Regelverstoß, dem Nichteinhalten von Konventionen, kurz: dem Besonderen, verbunden ist. Und wenn es dann noch den Lesern, Zuhörern, vor allem aber den Zuschauern Spaß macht – umso besser.

1. Stilwandel als Demokratiewandel: These

Fragt man, was Stil und Stilwandel in der Mediendemokratie ausmachen, so spricht viel für die inzwischen verbreitete These, dass der moderne Medienbetrieb zu Mediengewinnen einerseits und Institutionenverlusten andererseits führe. Verfassungs- und demokratietheoretisch gesprochen: Die für die Lebensfähigkeit freiheitlicher Systeme notwendige Balance zwischen Volkssouveränität und Gewaltenteilung, zwischen demokratischer Legitimation durch Mobilisierung von Öffentlichkeit und Berufung auf die öffentliche Meinung einerseits und Legitimation im Wege rechtsgebundener Amtsautorität andererseits, kurz: zwischen Demokratie und Liberalität verändert sich unter den Bedingungen der Mediendemokratie. Immer mehr tritt das stimmungsdemokratische Element quasi-plebiszitärer Legitimationsbeschaffung über die Medien in den Vordergrund und die institutionell-verfassungsstaatliche Ordnung, aber auch das intermediäre System organisierter Willensbildung und Interessenvermittlung in den Hintergrund. Gerade in Deutschland war den repräsentativ-demokratischen Institutionen wie auch den intermediären Organisationen seit Gründung der Republik hohe Bedeutung zugemessen worden als eine Art Legitimationspuffer gegenüber einem ungefilterten Volkswillen, man könnte auch sagen gegenüber gefürchtetem Populismus.

Man kann darüber streiten, ob dieses veränderte, im Wesentlichen medienvermittelte Erscheinungsbild politische Wirklichkeit adäquat abbildet, für die politische Wahrnehmung ist es jedenfalls mangels unmittelbarer Erfahrungen ein Wirklichkeitsgenerator. Hier verschieben sich die Gewichte. Zugespitzt könnte man sagen: Kennzeichnend für den politischen Stil in der Mediendemokratie ist die Abkoppelung der Politikdarstellung von sozialen *und* institutionellen Kontexten einerseits und die Verkoppelung mit dem Medien- und Meinungsmarkt andererseits. Zugespitzt: Der »telegene Schwung« verdrängt das Bewusstsein für die demokratische Legitimität einer institutionellen verfassungsstaatlichen Ordnung. Befindet sich die parlamentarisch-repräsentative Demokratie auf dem Weg »*zur präsentativen Demokratie*«[2], zu einem System mit Fernsehlegitimität?

2. Stilbewusstsein und Stilbrüche: Drei Beispiele

Drei Beispiele, die für Stilfragen in der Mediendemokratie exemplarisch sind, geben einen ersten Einblick in die vielschichtige Dimensionierung der aktuellen Stildebatte.

Beispiel 1: Mit der Diskrepanz zwischen der ästhetischen Attraktivität der Parlamentsarchitektur – man denke an die durch die Parlamentskuppel geschleusten Besucherströme – und der mangelnden Popularität des deutschen Parlamentarismus befasste sich Bundestagsvizepräsidentin Antje Vollmer in einem Wochenzeitungsartikel. Das Parlament müsse in der modernen Mediendemokratie ankommen. Und mit Verweis auf die Konkurrenz zu Christiansens, Böhmes oder Illners Polit-Talkshows im Fernsehen sowie auf die öffentliche Aufmerksamkeit für außerparlamentarische Expertenrunden – sie nennt sie »Nebenparlamente« und »Nebenautoritäten ohne Mandat« – fordert Vollmer, das Parlament wieder mehr zu einer Arena zu machen, die einen »Gegenpol zum Fernsehen« bilde. Dabei empfiehlt sie einerseits Stilmittel des Medienbetriebs auch zum Gebrauch im parlamentarischen Alltag, wie beispielsweise die »Technik der Zuspitzung« oder die Prominenzierung der Plenardebatten durch die stärkere Präsenz politischer Spitzenrepräsentanten. Andererseits rät sie zu mehr Abstand gegenüber den Medien. In der Mediendemokratie anzukommen bedeute eben auch, »die Medien als eigenständige Machtsphäre statt als verlängerten Arm des Politischen zu begreifen«.[3]

Was Frau Vollmer letztlich anzutreiben scheint, ist die Furcht, dass die Vorbehalte gegen Entscheidungsverfahren der repräsentativen Demokratie durch spektakulär in Szene gesetzte Nebenautoritäten ohne demokratische Legitimation, vor allem aber durch Angriffe der selbst ernannten Sprecher der vermeintlichen Volksseele zunehmen und das Vertrauen in die demokratischen Institutionen weiter schwindet. Deshalb votiert sie einerseits für eine den Erwartungen der Mediengesellschaft angepasste Modernisierung des Parlamentsstils und erhofft sich andererseits damit eine Stärkung der Amtsautorität des Parlaments als demokratischer Schlüsselinstitution.

Beispiel 2: Just zwei Tage nach dem dramatischen Verlauf der entscheidenden Sitzung des Bundesrates, in der die Länderkammer über das Zuwanderungs(begrenzungs)gesetz zu entscheiden hatte und in deren Verlauf ein umstrittenes Abstimmungsprocedere tumultartige Reaktionen in dem ansonsten eher für unterkühlte Sachbezogenheit bekannten Verfassungsorgan auslöste, beschäftigte sich der saarländische Ministerpräsident Peter Müller in einer Rede im Saarbrücker Staatstheater mit dem Thema »Politik und Theater – Darstellungskunst auf der politischen Bühne«[4]. Politik und Theater sei schon etwas anderes. Trotzdem erhebe sich die Frage, ob in der Politik oft und viel Theater gespielt werde; ob die Inszenierung nicht den Inhalt dominiere. Aufbauend auf seiner unspektakulären Generalthese, in Politik gehe es nicht nur um die Gestaltung der Wirklichkeit nach eigenen Überzeugungen, sondern immer auch um die Herausforderung, Mehrheiten im demokratischen Prozess zu erringen, erging sich der Ministerpräsident dann in Reflexionen über Vergleich und Qualität des Schauspielerischen in Theater und Politik, in Hinweisen zur Bedeutung von Glaubwürdigkeit und Marktorientierung sowie in Anmerkungen zu den Möglichkeiten von Rollendistanz und Publikumsabhängigkeit. – Natürlich sei Politik Theater. Das sei gut, solange das politische Theater ein Beitrag dazu leiste, Aufmerksamkeit zu erreichen für die vertretenen Inhalte und Konzepte. Mit Blick auf Ereignisse würden Drehbücher geschrieben. Auch die Reaktionen im Bundesrat hätten sich nicht spontan ergeben, die Empörung sei verabredet gewesen, alles Theater, aber eben »legitimes Theater«. Dies war alles in allem das nüchterne Eingeständnis, dass man sich auf die Logik der Medien eingestellt hat.

Beispiel 3: Da lässt sich der inzwischen zum Vorsitzenden avancierte Generalsekretär einer etablierten Partei mit jungen Leuten in einen Container einsperren, um vor laufenden Kameras bei »Big Brother« über dies und jenes zu plaudern, er präsentiert sich in der reichweitenstärksten Talkshow mit bemalten Schuhsohlen – Wahlziel »18 %« als Fußabdruck. Man hat dies ähnlich wie die bekannten Fallschirmsprünge und so manch anderen Gag von Jürgen Möllemann lange und immer wieder belächelt als populären Ausdruck eines neuen mediengerechten Politikstils und als typische Inszenierung wirklichkeitsferner Kunstprodukte. Aber: »Projekt 18« wurde zum »Programm«, wurde Teil einer neuen politischen Strategie mit dem Anspruch, eine Art Volkspartei sein bzw. werden zu wollen. Hier geht es nicht mehr allein um Politik als Aufmerksamkeitsgenerator, um Auffallen um jeden Preis – notfalls mit Regelverstoß und Tabubruch als systematisch eingesetztem Stilmittel. Zur Debatte steht vielmehr die Öffnung von Schleusen zur Aufnahme populistischer Strömungen, die Umwandlung der Partei des organisierten Liberalismus in eine Protestpartei. »Dem Protest aus der breiten Mitte« solle »eine politische Heimat« gegeben werden, so der Parteivorsitzende.[5] Insgesamt ein Beispiel dafür, dass die Anpassung an die vermeintliche Medienlogik nicht lediglich Ausdruck eines äußerlichen Stilmittels ist, sondern den Kern des politischen Selbstverständnisses einer demokratischen Partei berühren kann.

Alle drei Beispiele reflektieren nicht nur vordergründige Aspekte der Politikdarstellung, die bloße »Inszenierung des Scheins« (Meyer), sondern substanzielle Fragen des Politischen: Zur Debatte steht das Ansehen des Parlaments als einer Schlüsselinstitution demokratischer Legitimation (vgl. Beispiel 1). Im zweiten Fall geht es um die Einhegung streitiger Entscheidungen durch institutionalisierte Verfahren und Regeln. Und im letzten Beispiel wird die Veränderung der politischen Koordinaten nicht nur einer Partei erprobt, sondern auch ein Gründungskonsens dieser Republik, antisemitischen Ressentiments im Spektrum der demokratischen Parteien keinen politischen Raum mehr in diesem Land zu geben, auf die Probe gestellt.

Man könnte die drei Beispiele durchaus als Anregung für eine erste Differenzierung des Stilbegriffs verstehen: das Plädoyer der Bundestagsvizepräsidentin als Beispiel für einen gewünschten *Verhandlungs-* oder *Debattenstil*, das Bundesratsspektakel als Exempel für einen umstrittenen *Entscheidungsstil* und den dritten Fall als typischen Ausdruck eines spektakulären *(Selbst-)Darstellungsstils*. Welche unterschiedlichen Ebenen und Dimensionen politische Stilfragen dabei noch berühren können, sei an einigen Beispielen verdeutlicht:

3. Stile – Zur Dimensionierung einer peripheren Kategorie

Es gibt *nationale Politikstile*, d. h. eine spezifische Art und Weise politischer Willensbildung, Problemlösung und Entscheidungsfindung, beispielsweise eher konsensdemokratische Stilmuster in Verbindung mit korporatistischen Strukturen oder eher konfliktorische Stile in mehrheitsdemokratischen Systemen.

Als Stil kann eine bestimmte Art und Weise des Regierens und Führens, als *»Regierungsstil«* oder als *politischer Führungsstil*[6] also, verstanden werden. Damit sind nicht nur »persönlich bedingte

Besonderheiten«[7] gemeint. Die Regierungsstile der deutschen Bundeskanzler Adenauer, Erhard, Kiesinger, Brandt, Schmidt, Kohl und jetzt auch Schröder oder beispielsweise die des amerikanischen Präsidenten Bush und des englischen Premiers Blair sind dabei nicht nur Ausdruck sehr unterschiedlicher Charaktere sondern auch das Ergebnis einer bestimmten institutionellen Ordnung, unterschiedlicher politischer Kräftekonstellationen, machtpolitischer Strukturen und Verankerungen in bestimmten historischen Situationen.

Mit politischem Stil können des Weiteren *unterschiedliche Rollen* angesprochen sein, die mit einem Amt oder einer politischen Funktion verbunden sind. So verweist die im amerikanischen Parlamentarismus geläufige Unterscheidung zwischen »hill-style« und »home-style« auf die spezifischen Rollen eines Abgeordneten als Repräsentant des Capitol Hill, der Institution insgesamt also, und seiner Rolle als oberster Lobbyist der Wahlkreisinteressenten. Analog könnte man von einem »Berlin-Stil« versus »Basis-Stil« sprechen.[8] In Berlin ist es vor allem die »Rolle als abhängig Beschäftigter des arbeitsteiligen Parlamentsbetriebs«, die das Verhalten bestimmt. »Bei den Menschen draußen im Lande«, wie es so verräterisch heißt, wird sie oder er zur im Zweifelsfall politisch allzuständigen Prominenz aus der Hauptstadt, von der man ebenso erwartet, Auskunft über die große Politik geben zu können wie über ausgesprochene »Sozialarbeiterqualifikationen« zu verfügen.[9]

Stil kann schließlich als *politisch-kulturelle Kategorie* verstanden werden. Hier unterscheiden sich eher staatszentrierte politische Kulturen, wie sie für die meisten kontinentaleuropäischen Staaten mit langer wohlfahrtsstaatlicher Tradition typisch sind, von angelsächsischen politischen Kulturen mit einer dezidiert zivilen Tradition, in denen gegenüber staatlichen oder staatsnahen Lösungen eine größere Skepsis vorhanden ist als hierzulande.[10] Allerdings lassen sich auch zwischen den politischen Kulturen europäischer Länder zum Teil bemerkenswerte Unterschiede feststellen.

Es scheint geradezu typisch für den Gebrauch des Stilbegriffs in der Politik, dass formelle und informelle, institutionelle und personelle, sachliche und ästhetische, strukturelle und ethische Aspekte miteinander vermischt werden. Martin und Sylvia Greiffenhagen schreiben dazu in ihrem Buch »Ein schwieriges Vaterland. Zur politischen Kultur im vereinten Deutschland«:

»Der politische Stil ist nie nur eine Frage der äußeren Form, sondern hat auf intime Weise mit der ›inneren Verfassung‹ eines Volkes zu tun. Am Ende hängt auch die Funktionsfähigkeit der politischen Institutionen davon ab, wie sie von der Politik dargestellt, ob sie geachtet oder mißachtet werden.«[11]
Stil als »Ausdruck eines Wesens«[12], so hat es einmal Arnold Bergstraesser ausgedrückt.

In der wissenschaftlichen Beschäftigung mit Politik war Stil lange Zeit eine »periphere Kategorie«[13], eine »quantité négligeable«[14]. Man kann dies als mehr oder weniger zwangsläufige Folge einer verbreiteten »Versozialwissenschaftlichung« in der wissenschaftlichen Beschäftigung mit Politik bezeichnen. Stil als »Ausdruck eines Wesens« (Arnold Bergstraesser) – mit einer solchen ganzheitlichen, phänomenologisch-essentialistischen Betrachtungsweise tun sich die modernen Sozialwissenschaften schwer. Und obwohl es inzwischen zahlreiche Initiativen gibt, sozial- und kulturwissenschaftliche Betrachtungsweisen in der Auseinandersetzung mit gesellschaftlichen und politischen Entwicklungen zu verbinden,[15] haben es kulturalistische Ansätze in der deutschen Politikwissenschaft nach wie vor schwer.[16] Dies gilt insbesondere dann, wenn Fragen des politischen Stils mit kultursoziologischem Instrumentarium unter weitgehender Abstraktion von politisch-institutionellen Kontextbedingungen thematisiert werden und sich ausschließlich auf die Präsentationslogik konzentrieren.[17] Denn trotz aller Eigengesetzlichkeiten ist der Politik*darstellungs*stil nicht völlig vom Politik*entscheidungs*stil zu trennen.

4. Elemente der Stilbildung in der Mediendemokratie

Im Weiteren sollen einige symptomatische Aspekte der Stilbildung in der Mediendemokratie skizziert, nach Begründungszusammenhängen für den politischen Stilwandel gefragt und dann mit Blick auf die Ausgangsthese eine abschließende Bewertung vorgenommen werden. Welches sind nun typische Elemente »mediendemokratischer« Stilbildung? Ohne Anspruch auf Vollständigkeit ist auf folgende Stilmittel zu verweisen:

(1) Stilbildung durch Aufmerksamkeitsmanagement: Aufmerksamkeit wird in einer expandierenden medialen Umwelt mit immer mehr Angeboten ein sehr knappes Gut. Die Konkurrenz um Leser-,

Hörer- und vor allem Zuschauermärkte, um die sich ausdifferenzierenden Teilpublika nimmt auch in der Politik mehr und mehr Kapazitäten in Anspruch. Das hat wie alles seine zwei Seiten. Einerseits ist Demokratie die politische Ordnungsform, in der sich die Politik den Verpflichtungen einer ständig einzulösenden kommunikativen Bringschuld unterwirft. Der Zwang zur »Legitimation durch Kommunikation«[18] ist systemgewollt. Herstellung von Öffentlichkeit, Transparenz, Nachvollziehbarkeit von Entscheidungsgründen sind notwendige Voraussetzungen für die Wahrnehmung von Staatsbürgerrollen. Hier geht es aber um mehr: nämlich um aktives politisches Aufmerksamkeitsmanagement; um professionelles Kommunikationsmarketing; insgesamt also um die Einlösung von Medienpräsenz als einer zentralen Machtprämie. Fragen der Politikvermittlung sind nicht etwas, was gleichsam der »eigentlichen« Politik hinzugefügt wird. Nach dem Motto: Erst kommt die Sachentscheidung, dann die Vermittlung der Entscheidung, erst der Inhalt, dann die Verpackung, erst die *Politikherstellung*, dann die *Politikdarstellung*. Kommunikationsfragen werden zum integralen und nicht selten dominierenden Bestandteil der Politik selbst.

(2) Stilbildung durch Expressivität und Visibilität: Politischer Stil wird in hohem Maße expressiv. Die Suche nach dem passenden Ausdruck, dem richtigen Eindruck, der möglichst gelungenen Inszenierung, der Aufmerksamkeit sichernden Pointe, dem unterhaltenden Gag vielleicht auch, dem schönen Bild vor allem, darauf wird zunehmend Wert gelegt, und zwar nicht nur zur Wahlkampfzeit. Dabei kommt dem Bildmedium Fernsehen eine »stilbildende« Funktion zu. Das Fernsehen gibt das »Politikformat« vor, ist »Leitmedium« der Politikvermittlung geworden. Dies gilt für die Darstellung ebenso wie für die Wahrnehmung von Politik; wie es überhaupt die Folie für die Wirklichkeitsvermittlung und -wahrnehmung abgibt, auf die sich auch andere, z. B. viele Druckmedien, einstellen. Zeitungen als eine Art gedrucktes Fernsehen, das gibt es ja schon. Visualisierung und Telegenität sind nicht alles und sie garantieren auf Dauer auch nicht politischen Erfolg. Aber sie sind stilbestimmend.

In einem von der Bertelsmann-Stiftung veröffentlichten Band mit dem Titel »Politik – überzeugend vermitteln« schreibt Peter Glotz dazu: »Politik ist im Zeitalter der Visualisierung erst gelungen, wenn sie ästhetisch gelingt und über den Schirm kommt«. – »Projekte?«, fragt dann der Autor weiter, »Es geht um hergezeigten Machtwillen, um das vorgereckte Kinn«. Keineswegs bestimme

Inszenierung alles. Auch heute könne man noch darauf dringen, dass ein bestimmtes Stück gespielt werde. Allerdings verlange die kontrollierte Zündung des politischen Rohstoffs sensible Sprengmeister. Die seien aber selten geworden.[19] Glotz kennt nach zahlreichen Führungsämtern nicht nur den Politikbetrieb. Er ist auch gelernter Kommunikationswissenschaftler, war kurzeitig RTL-Moderator und ist publizistisch überaus aktiv. Seine Einschätzung scheint typisch für Akteure, die im Politikvermittlungsgeschäft aktiv sind oder waren. So decken sich auch Peter Radunskis Empfehlungen, dem Politikvermittlungsexperten von der politisch anderen Seite,[20] mit Glotz' Einschätzungen zum politisch-medialen Betrieb. – Radunski war es im Übrigen auch, der bereits Anfang der achtziger Jahre die umstandslose Umstellung des Politikbetriebes auf die Gesetzmäßigkeiten der Fernsehdemokratie forderte und wie kaum ein Zweiter das Nachdenken und Schreiben über die Medialisierung von Politik anregte.

(3) Stilbildung durch Talkshow-isierung: Der mediale Prozess, insbesondere das Medium Fernsehen hat der Politik eine Reichweite verschafft, die sie historisch nie hatte. Gerade das Fernsehen hat die Distanz des Bürgers zum Politischen reduziert, Politik in die Wohnzimmer transportiert, hat bis zu einem gewissen Grade auch den Abstand zwischen den politischen »Treibhaus«-Insassen[21] und den »Menschen draußen im Lande« verringert. Insofern haben die Medien und gerade auch das Fernsehen ihre Verdienste bei der Popularisierung von Politik. Zugleich ist zu fragen, was Distanzlosigkeit bewirkt, wenn mehr und mehr die Talkshow zum beispielgebenden, stilbildenden politischen Diskursmodell wird. Welche Folgen hat es, wenn aus jeder ernsthaften Diskussion über ein Sachproblem tendenziell ein Selbsterfahrungsprogramm wird, wenn Sachdiskussionen nur laufen, sofern sie im Stil von Spaßdiskussionen organisiert werden? Was bewirkt es auf Dauer, wenn sich Öffentliches und Privates, Allgemeines und Besonderes, Kollektives und Individuelles auf der ideellen Gesamtcouch des Telediskurses – oder wie immer eine Talkshow-isierte politische Veranstaltung abläuft – bunt miteinander mischen? Welche Folgen hat langfristig eine allgemeine Moralisierung des Politischen und Gesellschaftlichen oder der tendenzielle Umschlag von Interesse in Betroffenheit? – Es wäre übertrieben zu sagen, dass der politische Betrieb oder auch die Politikvermittlung mittlerweile diesem so mancher Talkshow zu entnehmenden Muster folgten. Kommunikationsmus-

ter dieser Art kommen allerdings immer häufiger zur Anwendung; ob es um die Bemühungen geht, junge Menschen frühzeitiger an das gesellschaftliche und politische Leben heranzuführen oder etwa auch um die Anstrengungen der Parteien, ihr Binnenleben attraktiver zu gestalten.

Talkshow-isierung scheint jedenfalls ein Stilmittel zu sein, dem sich auch die Politik im Wettbewerb um die Aufmerksamkeit des Publikums nicht entziehen kann. Vor kulturkritischen Verdikten sei dabei allerdings ebenso gewarnt wie vor idealistischen Überhöhungen dieser Diskursform, geht es doch um ein medienattraktives Format, das mit sehr unterschiedlichen Qualitätsansprüchen vereinbar und deshalb auch als ambivalent zu beurteilen ist.[22]

(4) Stilbildung durch Prominenzierung: Die wachsende Bedeutung des Medialen hat nicht nur Einfluss auf die Wahrnehmung des politischen Personals. Die Frage stellt sich auch, inwieweit der moderne Politikvermittlungsbetrieb den »Charakter« der »politischen Klasse im Parteienstaat«[23] und insgesamt das politische Personal verändert. Gewiss, auch Personalisierung hat seine zwei Seiten. Die personale Zuordnung von politischer Verantwortung gehört elementar zur Demokratie. Ein repräsentatives System braucht eben auch Repräsentanten, braucht politisches Führungspersonal, das – in welchen Funktionen auch immer – mit Mandaten auf Zeit ausgestattet ist, das »im Namen des Volkes, jedoch ohne dessen bindenden Auftrag« handelt, wie es in der klassischen Definition von Repräsentation bei Ernst Fraenkel heißt.[24]

Sicher wäre es übertrieben zu sagen, in der Mediendemokratie werden aus den politischen Repräsentanten medienversierte Präsentanten, wird Elite durch Prominenz ersetzt.[25] Doch das Gewicht des Faktors Prominenz nimmt in der Mediendemokratie zu. Prominenz aber ist etwas anderes als Elite. Prominent ist man dann, wenn man über die Fähigkeit verfügt, Aufmerksamkeit zu erzeugen, Beifall bekommt. Der Prominentenstatus wird nicht von Delegierten oder Experten in den politischen »Arenen« verliehen, sondern von Laien auf der (un)politischen »Galerie«, vom Medienpublikum also. Dabei kann sich Prominenz als eine Ressource entwickeln, die auch unabhängig davon wirkt, was ihr jeweiliger Träger sagt und tut. Die Aufmerksamkeit gilt dem Prominenten selber. Dieser ist qua Person Teil der öffentlichen Agenda und wird im Maße seiner Prominenz selber zum Thema. Allerdings kann derzeit nicht – noch nicht – belegt werden, dass Medienprominenz und

-kompetenz für die Rekrutierung des Führungspersonals zum alles entscheidenden Kriterium geworden ist. Noch kommt der medienöffentliche »Beifall« in der Regel »nach [der] Auslese« durch Parteien, gesellschaftliche Organisationen etc. und nicht umgekehrt.[26] Noch sind politische Karrieren an den üblichen Rekrutierungsinstanzen vor allem der Parteien vorbei eher die Ausnahme als die Regel und haben es prominent gewordene politische Seiteneinsteiger ohne institutionelle Basisverankerung schwer. Für die großen Parteien gilt dies allerdings mehr als beispielsweise für FDP oder auch PDS, wo die Bereitschaft zur Nominierung publikumsattraktiver Kandidaten, die politisch bisher nicht unbedingt aufgefallen sind, stärker ausgeprägt ist. Ohne dass dies derzeit empirisch belegt werden kann, spricht dennoch viel für die Tendenz, dass Telegenität und Medienwirksamkeit für Kandidatennominierung und für die Auswahl von Führungspersonal an Bedeutung gewinnen, was besonders dann problematisch wird, wenn sich die Urteile über die Starqualitäten verselbständigen und zum Ersatzindikator für eine breitere politische Kompetenz werden.

Eines gilt aber auch: Die medienunterstützte Prominenzierung fördert den schnellen Aufstieg ebenso wie den jähen Abstieg. Zwar gibt es auch das Gegenteil: den authentisch, glaubhaft wirkenden Akteur, unbequem, kompetent, und nicht unbedingt auf den stimmungsdemokratischen Wogen surfend. Und manchmal kommen auch Glaubwürdigkeit und Medienversiertheit zusammen. Insgesamt aber verändert sich etwas, übrigens auch in der Wahrnehmung von Politik. Abgeordnete kennen das Phänomen. Als Politiker von Bürgern angesprochen: »Ich habe Sie gestern im Fernsehen gesehen!«, bleibt die Frage, was man denn gesagt habe, zumeist unbeantwortet. Das Bild, die optische Präsenz, dies bleibt hängen. Weniger, was gesagt wurde, als vielmehr, wie man ankam, setzt sich im Gedächtnis fest.

5. Stildefizite der Mediendemokratie:
Das Verblassen des Amtsethos

Man kann die vorgenannten Stilmittel als vordergründige Merkmale einer medienspezifischen Präsentationslogik verstehen, die die Substanz des Politischen im Kern nicht berühren. Eine solche Interpretation verkennt jedoch, dass Kommunikation – und das heißt vor allem massenmediale Kommunikation – in der Mediendemokratie zum axialen Prinzip demokratischer Legitimation geworden ist. In der Mediendemokratie vollzieht sich ein Legitimitätswandel durch politischen Stilwandel, schleichend, manchmal spektakulär, oft auch unspektakulär. Für diesen Legitimitätswandel gibt es plausible Erklärungen. Zunächst sind die Veränderungen der politischen Kultur zu nennen, die man harmlos als Modernisierung oder als sozialer Wandel zu bezeichnen pflegt und die Ralf Dahrendorf als Transformation von »status«-Verhältnissen in »contract«-Beziehungen bezeichnet[27]. Die Medien sind in diesem Wandel eine Art Turbolader. Sie sind Medium und zugleich Faktor der Veränderung: nämlich einer Pluralisierung, Individualisierung und Säkularisierung, durch die sich die Bindungen an gesellschaftliche und politische Institutionen gelockert haben. In einer Gesellschaft aber, in der politisches Verhalten mit abnehmender Tendenz durch Tradition, Milieuzugehörigkeit, weltanschauliche Verankerung, Organisationstreue und stabiles Institutionenvertrauen bestimmt und mehr und mehr zu einem Verhalten der »Wahl«, d. h. des nutzenorientierten Kalküls wird, steigen die Chancen für kurzfristige kommunikative Einflüsse und wächst der Einfluss des Medien- und Meinungsmarktes. Und diesen Markt von Optionen bedienen die Massenmedien, die sich nicht nur in quantitativer Hinsicht, sondern auch in qualitativer Hinsicht grundlegend verändert haben. Qualitativ vor allem dadurch, dass sie sich von der Politik entfernen. Sie orientieren sich weniger denn je an der Erwartung politischer Akteure und an der Logik politischer Prozesse, Entscheidungen, Institutionen, sondern an ihrer eigenen Logik. Und das ist in einem zunehmend unter Kommerzialisierungsdruck stehenden Mediensystem vor allem die Logik des Marktes. Reichweite, Kaufinteresse, Einschaltquoten – kurz Publikumsorientierung ist zu einem zentralen Maßstab geworden. Da aber die Medien nach Niklas Luhmann[28] jenes gesellschaftliche Teilsystem sind, das Gesellschaft und Politik braucht, um sich selbst beobachten zu können, orientiert sich auch die Politik an den Funktionsmechanismen des Medienbetriebs. Die Folge ist eine Art medial-politischer Verdrängungswettbewerb, in der sich die Logik des Darstellbaren mehr und mehr von der Logik des Entscheidungsnotwendigen, die politische Kommunikation vom politischen Handlungsvollzug entkoppelt.

Das in demokratietheoretischer Hinsicht eigentlich Bedenkenswerte der hier nur symptomhaft angesprochenen »Stilbildung in der Mediendemokratie« ergibt sich damit aus der Tendenz einer Erosion des Institutionellen, zunächst im öffentlichen Erscheinungsbild von Politik und damit in der Politikwahrnehmung, dann aber substanziell im politischen Entscheidungssystem. In einer pseudoplebiszitarisierten Mediendemokratie haben Sichtbarkeit, Sympathie und Prominenz einen hohen Stellenwert. Die Sehnsucht nach dem unmittelbaren Ausdruck eines medial dauerpräsenten Volkswillens korrespondiert mit einer »Abneigung gegen alles Institutionelle«. »[A]n die Stelle einer abstrakteren, institutionell vermittelten Form von Vertrauen, eines ›Legitimitätsglaubens‹, der aus der Integrität institutioneller Verfahren erwächst«[29], tritt die Illusion des medialen »plebiscite de tous les jours«. Auf der Strecke bleibt das Bewusstsein für den rechtlich-institutionell vermittelten Legitimationsmodus als unentbehrlichen normativen Kristallisationspunkt von Freiheit – auch in der Mediendemokratie. Denn die »freiheitliche Verfassung setzt nicht auf identitäre Kurzschlüsse, sondern auf die vom Recht geformte Unterscheidung von Freiheit und Herrschaft«.[30] Der italienische Politikphilosoph Angelo Bolaffi hat dies so zugespitzt: »Man benutzt die Volkssouveranität, um das Legalitätsprinzip auszuhebeln, man verwendet die Demokratie gegen das Recht.«[31]

Mit der Anpassung des politischen Stils an die Präsentationslogik der Medien bleibt die rechte Balance zwischen Volkssouveränität und rechtsgebundener Amtsautorität, zwischen Demokratie und »Amtsgedanke«[32] mehr denn je prekär.

Andreas Dörner

Demokratie – Macht – Ästhetik.
Zur Präsentation des Politischen in der Mediengesellschaft

1. Einleitung

Kann Politik schön sein? Kann demokratische Politik eine eigene Ästhetik entfalten, ja muss sie dies vielleicht sogar, wenn sie erfolgreich sein will? Oder erschöpft sich die Frage nach der Ästhetik der Demokratie im Zeitalter der Personalisierung darin, das Styling und Erscheinungsbild von Politikern zu beobachten? Führt also beispielsweise der Streit um die möglicherweise gefärbten Haare des Bundeskanzlers, der im Frühjahr des Wahljahres 2002 die Medien umtrieb, ins Zentrum der politischen Ästhetik moderner Gegenwartsgesellschaften? Die Antwort lautet nein und ja zugleich. Denn einerseits wäre es viel zu kurz gegriffen, wollte man die Ästhetik der Demokratie mit dem Outfit politischer Akteure gleichsetzen; hierbei würden relevante Bereiche wie etwa die politische Architektur, die symbolische Form parlamentarischer Rituale und auch das zunehmend wichtiger werdende *Corporate Design* von Parteien und Verbänden unzulässig in den Hintergrund gestellt. Andererseits aber ist kaum zu bestreiten, dass die ästhetische Inszenierung von Personen als Teil des Machterwerbs in modernen Mediendemokratien von zentraler Bedeutung geworden ist. Wer diese Dimension des politischen Geschäfts vernachlässigt, hat auf den volatil gewordenen Wählermärkten keine Chance, in Gestaltungspositionen zu gelangen.

Das Problem einer genaueren Bestimmung der Ästhetik von Demokratie (und Demokraten) liegt zunächst einmal darin, dass kaum ein Zusammenhang so allgegenwärtig erfahrbar und gleichzeitig doch so wenig systematisch erforscht ist wie der zwischen Politik und Ästhetik. Dies ist sicherlich zu einem großen Teil jener »scandaleuse spécialisation des domaines universitaires« zu verdanken, wie sie der französische Mentalitätshistoriker Jacques Le Goff

angesichts seiner Hauptquellen für die Erforschung des Imaginären
– Literatur und Kunst – lautstark beklagt.[1] Hier sind zweifelsohne
interdisziplinäre Kompetenzen gefragt, die auszubilden nach wie
vor in unserer Hochschullandschaft alles andere als einfach ist.
Dennoch erschiene es sträflich, die Thematik zu vernachlässigen,
weil sie nicht nur zum Verständnis aktueller politischer Prozesse
beiträgt, sondern auch für die Frage der Stabilität politischer Ordnungen von zentraler Relevanz ist.

Der folgende Beitrag versucht zunächst, grundsätzliche Gedanken zur Rolle der Ästhetik in der Politik zu entwickeln. Ausgehend von diesen Erkenntnissen soll dann genauer geklärt werden, wie die Ästhetik der Demokratie in der medialen Erlebnisgesellschaft beschaffen ist. Das entscheidende Stichwort lautet hier »Politainment«: die unterhaltende Inszenierung von Politik und Politikern, die in der Medienkultur fast aller westlichen Gesellschaften zur Normalität geworden ist. Eine Allianz aus Politikinszenierung und Massengeschmack, aus Popularität und Populärkultur kennzeichnet hier das Werben der politischen Akteure um Zustimmung. Die Funktionsweise dieses Syndroms wird allgemein und mit Hilfe von Beispielanalysen untersucht. Abschließend gilt es dann, Kosten und Nutzen der Entwicklung zu bilanzieren. Dabei wird deutlich, dass die unterhaltende Inszenierung von Politik nicht gleich das Ende der demokratischen Kultur bedeutet. Stattdessen werden auch die positiven Potentiale des Politainment in den Blick genommen, um so zu einer hinreichend differenzierten Gegenwartsdiagnose zu gelangen.

2. Ästhetik und Politik

Am Beginn der Überlegungen zur Ästhetik von Politik allgemein und von (Medien-) Demokratien im Besonderen steht die Einsicht, dass jede politische Kultur neben der Inhaltsseite immer auch eine Ausdrucksseite vorzuweisen hat. Die politische Vorstellungswelt, Bedeutungen und Sinnkonstrukte materialisieren sich sinnlich fassbar in Form von Zeichenwelten. Auf die Notwendigkeit der Materialisierung von Kultur in Zeichen weist schon 1928 der russische Semiotiker Valentin N. Vološinov hin. Alle Kultur hat Zeichencharakter, und jedes »Zeichenphänomen manifestiert sich in irgendeinem Material, einem Ton, einer physikalischen Masse, einer Farbe, einer Körperbewegung usw.«.[2] Diese materialisierte Bedeutung wiederum ist nicht etwas, was der Einzelne »hat«, sondern es stellt sich als Gemeinsames *zwischen* den Menschen her: »Zeichen können nur auf einem interindividuellen Territorium entstehen.«[3] Die Sinnlichkeit des kulturell Geteilten ist uns fühlbar, nicht nur dort, wo Lebensweisen sich in Form von Körperhaltungen, Zu- und Abgewandtheiten, Gesten und Gerüchen zeigen; nicht nur in ästhetisch durchgeformten Bereichen, sondern auch in der alltäglichen Sprache, auf deren heimatlichen Klang wir in der Fremde oft sehr emotional reagieren.

Kultur in Form ihrer sinnlichen Symbole, so hat es Alfred Lorenzer in seiner Auseinandersetzung mit dem sinnenfeindlichen Zweiten Vatikanum formuliert, ist eine unverzichtbare Sozialisationsinstanz.[4] Politische Sozialisation ist daher immer auch zu begreifen als Semiotisation, als Einübung in Konventionen der Produktion und Rezeption von politischen Zeichen. Vor allem dann, wenn man den diachron beständigen Charakter von Kultur betonen will, ist der Aspekt der ausgeprägten Form von höchster Relevanz. Nur über Formung ist Kultur auf Dauer zu stellen, ist kulturelle Einbindung zu sichern: »Forms are the food of faith«, heißt es bei Arnold Gehlen, und: »Über lange Zeiten und große Zahlen hin können gerade die hohen und verdichteten Inhalte nur in den Formalismus eingewickelt überleben.«[5] Damit kulturelle Form lebendig bleibt und nicht ins Folkloristische und Museale absinkt, ist freilich auch eine stetige kommunikative Praxis erforderlich, welche die Konstruktionen von kulturell geteiltem Sinn stets erneuert. Hier ist nicht zuletzt die Funktion von gesellschaftlichen Ritualen zu verorten.

Die habitualisierte Präsenz von Symbolen, Mythen und Ritualen im öffentlichen Zeichenraum versichert die Mitglieder einer politischen Gemeinschaft der Festigkeit der politischen Ordnung und gibt ihnen ein stabiles Gefühl der Zugehörigkeit. Wo dies nicht der Fall ist, wo wie in der Weimarer Republik die symbolischen Manifestationen des republikanisch-demokratischen Denkens sogar demontiert und verächtlich gemacht werden – man denke an die Nichtachtung der Flagge schwarz-rot-gold, das Ignorieren des Verfassungstages oder die Beschimpfung des Parlaments als Ort des Parteienzwists –, da kann sich eine entsprechende politische Kultur nicht als unhinterfragte Selbstverständlichkeit ausbilden.

Im Fall der Bundesrepublik scheint das hingegen, wie die Diskussionen um das Ende der alten Bonner Republik deutlich zeigen, besser gelungen zu sein, so dass eine unter ästhetischen Gesichtspunkten mitunter langweilig erscheinende Hauptstadtarchitektur zur symbolischen Repräsentation einer verfassungspatriotisch zurückgenommenen Bonner Republik avancieren konnte. Politische Architektur, dies hat Harold D. Lasswell gezeigt, kann sehr genau die Identität einer Gemeinschaft, ihr Verständnis vom politischen Prozess und von sich selbst prägen.[6] In Bonn war sehr bewusst dem monumentalen Stil eine Absage erteilt und stattdessen Sachlichkeit, Funktionalität und Zurückhaltung zur stilistischen Maxime erhoben worden. Nach der Vereinigung hat sich freilich die Meinung durchgesetzt, eine solche Architektur sei der Bedeutung des neuen deutschen Staates ebenso unangemessen wie die Stadt Bonn insgesamt nicht länger als Hauptstadt fungieren könne. Zumindest lässt sich konstatieren, dass in Norman Fosters umgebauten Reichstag mit der Integration von historischen Brüchen und Diskontinuitäten, mit einer Verbindung aus Monumentalität und Transparenz eine gelungene symbolische Form für die ästhetische Repräsentation der neuen Berliner Republik gefunden scheint.[7]

Wenn nun vor diesem Hintergrund einer konzeptionellen Bestimmung von politischer Kultur als ein Gebilde mit Inhalts- und Ausdrucksseite das Verhältnis von Politik und Ästhetik geklärt werden soll, dann ist klar, dass es hierbei nicht um den engeren Bereich von Literatur bzw. Kunst und Politik geht, sondern allgemeiner um die Rolle der ästhetischen Funktion in der politischen Kommunikation. Diese Differenzierung zwischen Kunst und Ästhetik, die hier im Anschluss an Jan Mukařovský vorgenommen wird, ist insofern wichtig, als der Bereich des Ästhetischen sehr viel weiter reicht als der der Kunst. Kunst konstituiert sich dort, wo die ästhetische Funktion eines Artefakts gegenüber den anderen, pragmatischen Funktionen dominant ist.[8] Als »dienende« ist die ästhetische Funktion dagegen fast omnipräsent, im Design des Toasters ebenso wie in der Gestaltung des Verwaltungsgebäudes, in der politischen Rhetorik ebenso wie in den Feinheiten des Lebensstils. Kein Gegenstand, keine Handlung ist dabei »an sich« ästhetisch oder nicht ästhetisch, sondern eine ästhetische Funktion kann jeweils durch die Wahrnehmungsperspektive aktualisiert werden.[9] Die gerade gezogenen Ackerfurchen sind in den Augen des Traktorfahrers ein nüchternes, mehr oder weniger effektiv produziertes Arbeitsergebnis, während ein vorbeigehender Spaziergänger ein starkes ästhetisches Vergnügen an ihnen empfinden kann.

Der Vorteil eines solchen funktionalistischen Modells der Ästhetik liegt darin, dass zum einen die immanente, objektbezogene Betrachtung ästhetischer Phänomene zugunsten einer Betrachtung von gesellschaftlichen Gebrauchsweisen abgelöst wird. Zweitens wird deutlich, dass ästhetische Fragen bei jedem politischen Akt, bei jeder politischen Institution *auch* im Spiel sind, denn die ästhetische Funktion ist auch im außerkünstlerischen Bereich stets präsent, und sei dies nur im Hintergrund der Fall. Partiell kann die ästhetische Inszenierung jedoch auch in den Vordergrund symbolpolitischer Bestrebungen gerückt werden – das genau ist es ja, was Walter Benjamin seinerzeit mit dem Diktum der »Ästhetisierung der Politik« betont hat.[10] Es werden mit dem funktionalistischen Ansatz also die politischen Aspekte des Ästhetischen ebenso wie Prozesse einer Ästhetisierung des Politischen analysierbar.

Dem historischen Blick enthüllt sich ohnehin, dass sich der Objektbereich, den wir heute gemeinhin als »Kunst« ansprechen, keineswegs schon immer autonom, unter eigenen ästhetischen Gesetzmäßigkeiten entwickelt hat. Künstlerische Gestaltung ist noch bis weit in die Neuzeit hinein fest eingebunden, vor allem im religiös-sakralen Bereich und im Feld der politischen Repräsentation.[11] In dem einen Bereich dient die ästhetische Funktion der Vermittlung einer Erfahrung des Numinosen in der Welt, im anderen markiert sie die Herausgehobenheit, Schönheit und Unantastbarkeit einer von Gottes Gnaden legitimierten Herrschaft, wobei ja beide Sphären oft sehr eng zusammenhängen.[12] Gemeinsam ist diesen funktionalen Einbindungen des Ästhetischen, dass es in beiden Fällen der Inszenierung des Außeralltäglichen dient, und hierin liegt auch eine wichtige Rolle des Ästhetischen in der modernen Politik insgesamt.

Es ermöglicht, insbesondere wenn es in Kategorien des Pathetischen, Erhabenen und Monumentalen in Erscheinung tritt, die Erfahrung einer über den »niederen« Auseinandersetzungen des politischen Alltags stehenden »höheren« Transzendenz. Als Inszenierungsmedium des Außeralltäglichen in der Politik ist die ästhetische Funktion ein Charismagenerator, der in einer Sphäre jenseits von Argument und Interesse Gefolgschaften sichert und Handlungsbereitschaften mobilisiert. Wenn man unter Charisma eine symbolisch angezeigte besondere Beziehung zu dem vitalen, »heiligen« Zentrum einer sozialen Ordnung versteht, wie dies Clifford Geertz ausführt,[13] dann ist es in der Tat die ästhetisch attraktive

Gestaltung, die eine solche Symbolisierung von außeralltäglich-numinosen Qualitäten entscheidend stützen kann. Dies gilt selbst in den Bereichen einer populärkulturellen Inszenierung des Politischen in der Mediengesellschaft, die auf den ersten Blick mit solchen Dimensionen der menschlichen Existenz scheinbar kaum etwas zu tun haben. Darauf wird weiter unten noch eingegangen.

George L. Mosse hat gezeigt, wie in der politischen Moderne die ästhetische Inszenierung von Symbolen und Mythen zu einem konstitutiven Element der Massenkommunikation wurde.[14] Die Sinnstruktur »Nation« bekam auf diese Weise für viele die sakralen Weihen einer Transzendenz, die nicht mehr hinterfragbar, sondern nur noch mit jenem Schauer erfahrbar war, wie ihn Rudolf Otto als spezifisch für die Erfahrung des Heiligen kennzeichnet.[15] Zur Perfektion gebracht haben diese Inszenierungstechniken ohne Zweifel die kulturellen Eliten im Nationalsozialismus. Zunächst eng angelehnt an den »faschistischen Stil«, mit dem die »Ästhetisierung des politischen Lebens«[16] betrieben wurde, haben sie den Kult von Rasse und Nation in einer effektvollen Mischung aus Archaik und Moderne zelebriert.

Im Extrem wird hier sichtbar, was im politischen Alltag schon immer vorhanden ist. Im entdramatisierten Normalmodus des Politischen spielen ebenfalls ästhetische Kategorien wie die des Ansehnlichen, Eleganten und Stilvollen eine wichtige Rolle. Politik, so sind wohl die Bohrerschen Schmähschriften über »das Defizit der symbolischen Form in der [Bonner] Politik« zu verstehen, muss auch schön sein.[17] George Santayana formuliert schon 1896 unter der Überschrift »Aesthetics of Democracy« die These, dass politische Ordnungsvorstellungen als »Form« jenseits pragmatischer Nutzenkalküle ästhetische Qualitäten entwickeln, die in nicht geringem Maße die Akzeptanz von Herrschaftsverhältnissen und sogar die Opferbereitschaft der Bürger für ihre Gemeinschaft sicherstellen:

»That which was happening to democracy had happened before to the feudal and royalist systems; they too had come to be prized in themselves, for the pleasure men took in thinking of society organised in such an ancient, and thereby for their fancy, appropriate and beautiful manner. The practical value of the arrangement, on which, of course, it is entirely dependent for its origin and authority, was forgotten, and men were ready to sacrifice their welfare to their sense of propriety; that is, they allowed an aesthetic good to outweigh a practical one.«[18]

Die Ästhetiken des Politischen fallen freilich nationalkulturell sehr unterschiedlich aus. Was dem Franzosen adäquat und schön erscheint, kann ein Brite als politische Inszenierung geschmacklos finden.[19]

Wird die ästhetische Dimension in die politologische Analyse integriert, stellen sich allerdings Anschlussprobleme ein. Die Wahrnehmung von Form und Funktion geschieht ja nicht völlig unstrukturiert, sondern sie steht immer vor einem Horizont von Erwartungen und Normen. Normen definieren den Maßstab, mit dem ein Phänomen wahrgenommen und bewertet wird. Diesen Zusammenhang von Funktion und Norm hat ebenfalls Jan Mukařovský herausgearbeitet.[20] Zu jedem Zeitpunkt ergeben sich in einer Kultur stabile Horizonte, die gleichsam als alltägliche Normalitätserwartungen gegenüber ästhetischen Objekten fungieren.

Hier kommt eine Sozialwissenschaft der Ästhetik ins Spiel, die bei Mukařovský schon angedeutet, jedoch nur ungenügend umgesetzt worden ist. Zwar sind Fragen nach dem Zusammenhang zwischen Geschmackspräferenz und politischer Präferenz noch kaum zu beantworten. Eine systematische Zuordnung von ästhetischen Normen einerseits sowie gesellschaftlichen Gruppen und Machtpositionen andererseits ist in Pierre Bourdieus kultursoziologischen Arbeiten jedoch schon weit vorangetrieben worden.[21] Ästhetik ist also keine freischwebende Größe, sondern unmittelbar in soziale und politische Prozesse eingewoben.

Dies ist deshalb wichtig, weil damit mögliche Akzeptanzen für bestimmte Formen der Symbolpolitik kalkuliert werden können. Die russische Avantgarde etwa, die nach der Revolution mit radikal neuen ästhetischen Formen den neuen sowjetischen Menschen prägen wollte, hat dabei verkannt, dass ästhetische Alterität als Bruch mit den populärkulturellen Normen kaum massenwirksam eingesetzt werden kann. Das sowjetische Establishment hatte also insofern leichtes Spiel, als es die unbequemen Avantgardisten mit Berufung auf den »Volksgeschmack« verbieten und verfolgen konnte. Sicherer ist der Bezug auf weithin akzeptierte ästhetische Normenhorizonte: auf die der kanonisierten Hochkultur – man denke nur an die »Erbe«-Diskussion in der DDR – oder auf den breit angelegten »Midcult« der populären Kultur, die in der Regel nirgends anstößig wirkt, sondern Etabliertes immer wieder neu arrangiert.[22]

Bei den so genannten Trivialformen hingegen kann die politische Aneignung schon wieder problematisch werden, weil diese oft – unter der diskriminierenden Kategorie »Kitsch« – ästhetisch kriminalisiert wurden[23] oder aber in ihrer subversiv-respektlosen Volkstümlichkeit zur groß angelegten politischen Inszenierung nicht recht geeignet sind. Was zunächst im Kaiserreich als populärkulturelle Vermittlung politischer Herrschaft noch stimmig funktioniert hatte, weil es sich in die ästhetische und kulturelle »Großwetterlage« einfügte (so etwa die Bismarck-Bierkrüge, die eine selbstverständliche Präsenz der politischen Herrschaft im Alltag gewährleisteten),[24] das schien einige Jahrzehnte später den Nazis schon zu gefährlich für ihre spezifische Symbolpolitik, so dass sie unmittelbar nach der Machtübernahme, am 19. Mai 1933, angesichts einer gewaltigen Welle von massenproduzierten »Kitschgegenständen« eine Art Anti-Kitsch-Gesetz erließen (»Gesetz zum Schutz der nationalen Symbole«). In den Ausführungsbedingungen zu diesem Gesetz wird dargelegt, was von der politischen Ästhetik her nicht statthaft schien: eine lediglich »verzierende« Funktion der NS-Symbole; die Verwendung zu Reklamezwecken; und »minderwertige« Ausführungen bzw. solche mit »entstellendem Beiwerk«, »z. B. künstlerisch minderwertigen Bildnissen« oder »selbstleuchtenden Hakenkreuzen«.[25] Krawatten, Aschenbecher, Streichholzschachteln und Fingerhüte mit Führer und Hakenkreuz waren forthin verboten, wurden mit »Kitschlisten« und »Anti-Kitsch-Ausstellungen« bekämpft. Gefährdet schien hier offensichtich das Monopol der Symbolbewirtschaftung und im Zusammenhang damit der moderne pathetische Inszenierungsstil, zu dem die gemütlich-biedermeierlichen Devotionalien nach Art der Bismarck-Bierkrüge aus dem Kaiserreich nicht mehr so recht passen wollten.

Dies heißt selbstverständlich nicht, dass der Nationalsozialismus auf populäre Ästhetiken völlig verzichtet hätte; viele der schwülstigen Inszenierungen, Skulpturen und Gemälde erscheinen heutigen Betrachtern geradezu als Paradebeispiel für politischen Kitsch,[26] was jedoch wiederum mehr auf die raum-zeitliche Relativität der Kitsch-Kategorie und der ästhetischen Normen als auf irgendwelche objektiven Eigenschaften ästhetischer Artefakte verweist.

In jedem Fall sollte das Beispiel des Nationalsozialismus auch deutlich machen, dass politische Ästhetik nicht nur in der offen erkennbaren Inszenierung des Politischen, sondern auch in vielen scheinbar unpolitischen Sphären am Werk ist. Spielfilme, Unterhaltungssendungen, Kulturfilme aus dem »Dritten Reich« sind mittlerweile gut erforschte Beispiele, aber auch in modernen westlichen

Demokratien ist die Kulturindustrie stets aktiv an der Produktion politischer Ästhetik beteiligt. Quizsendungen als Einübung in eine spezifische Wählerkultur sind hier ebenso zu nennen wie die »große Samstagabendunterhaltung« auf den bundesdeutschen Bildschirmen, die spezifische Formen politischer Vergemeinschaftung symbolisiert.[27] An dieser Stelle sei nur darauf hingewiesen, dass in der amerikanischen Politologie und Kommunikationsforschung dieser politisch-kulturelle Effekt populärästhetischer symbolischer Formen schon seit langem ein legitimes Forschungsfeld darstellt.[28]

In jedem Fall scheint es plausibel, dass politische Akteure in modernen Demokratien, in denen es darum geht, zum Machterwerb Mehrheiten zu organisieren, eine Ästhetik wählen müssen, die mehrheitsfähig ist. An die Stelle von Avantgarde, Hochkultur oder Kitsch muss hier eine Gestaltung rücken, die der Mehrheit der angesprochenen Wähler aus ihrer (medialen wie außermedialen) Alltagswelt her vertraut und sympathisch erscheint. So ist es kein Zufall, dass Politikinszenierung in der medialen Erlebnisgesellschaft eine Inszenierung ist, die primär auf Elemente der populären Unterhaltungskultur zurückgreift. »Politainment«, wie dieses Inszenierungssyndrom im Folgenden genannt werden soll, ist heute in allen westlichen Demokratien vorzufinden. Politainment erscheint als der adäquate, weil konkurrenzlos erfolgreiche Inszenierungsstil in der Mediendemokratie.[29]

3. Politainment

Der Begriff des *Politainment*, der in Anlehnung an das mittlerweile gebräuchliche Infotainment verwendet wird, soll darauf aufmerksam machen, dass sich in den 90er Jahren eine enge Koppelung zwischen Politik und Entertainment, politischer und unterhaltender Kommunikation herausgebildet hat, die es so vorher nicht gab.[30] Politainment bezeichnet eine Form der öffentlichen Kommunikation, in der politische Themen, Akteure, Prozesse, Identitäten und Sinnentwürfe im Modus der Unterhaltung zu einer neuen Realität des Politischen montiert werden. Diese neue Realität konstituiert den Erfahrungsraum, in welchem den Bürgern heutzutage typischerweise Politik zugänglich wird. Das Bild, das die normalen Wähler und Mediennutzer, Publikum und Elektorat sich von der Politik machen können, ist maßgeblich geprägt durch die bunte

Welt des Politainment. Politik im Unterhaltungsformat ist daher an der Schwelle vom 20. ins 21. Jahrhundert zu einer zentralen Bestimmungsgröße von politischer Kultur geworden.

Grundsätzlich bildet sich Politainment immer auf zwei Ebenen, die jedoch in der real existierenden Medienwirklichkeit oft eng verzahnt in Erscheinung treten: *unterhaltende Politik* und *politische Unterhaltung*. Unterhaltende Politik liegt immer dann vor, wenn Akteure auf Instrumente und Stilmittel der Unterhaltungskultur zurückgreifen, um ihre politischen Ziele zu realisieren. Die sichtbarste Variante dieser Handlungsstrategie können wir regelmäßig in Wahlkämpfen beobachten, wo nicht nur Showprominenz in die Dienste von Parteien gestellt wird, sondern die Polit-Profis selbst in den Fundus der Unterhaltungsbranche greifen, um sich in einem günstigen Licht zu präsentieren. PR-Kampagnen aller Art bedienen sich ebenso zahlreicher Politainment-Methoden wie andere Versuche der symbolischen Politik, durch die einzelne Projekte und Vorstöße öffentlich »verkauft« werden sollen. Unterhaltende Politik dient also dazu, politische Macht zu erwerben und auf Dauer auszuüben.

Politische Unterhaltung wird dagegen von der anderen Seite aus betrieben. Die Unterhaltungsindustrie greift dabei auf politische Figuren, Themen und Geschehnisse zurück, um sie als Materialien bei der Konstruktion ihrer Bildwelten zu verwenden und ihre Produkte somit interessant zu gestalten. Die Aktivitäten sind hier nicht, oder zumindest nicht primär, auf politische Zielsetzungen ausgerichtet, sondern orientieren sich zunächst einmal am Markt und am Erwartungshorizont des zahlenden Publikums. Den Unterhaltungsmachern ist es grundsätzlich gleich, ob nun Polit- oder Showprominenz, ein politischer oder privater Handlungsstrang die Quote steigert – die Hauptsache besteht im Erfolg am massenmedialen Markt.

Häufig kann aus dieser Konstellation eine symbiotische Beziehung erwachsen: Der Auftritt des Bundeskanzlers in der Game Show stellt einerseits die gewinnbringende Einschaltquote sicher und bietet dem Politiker andererseits eine vielbeachtete Bühne, um ein Publikum anzusprechen, das über die konventionellen Kanäle politischer Kommunikation nicht mehr erreichbar wäre.

Woher rührt nun diese offenbar vorhandene Bereitschaft vieler Spitzenpolitiker, im Getriebe der Unterhaltungsindustrie mitzuspielen? Ist es der Spaß an der Spaßgesellschaft, wie vor allem ideologiekritische Feuilletonisten gerne unterstellen; ist es strategisches Kalkül zynischer Machtpolitiker; oder ist es eine geradezu unvermeidbare Reaktion auf veränderte Realitäten in der Gegenwartsgesellschaft? Wenn man dem Phänomen genauer auf die Spur kommen will, muss man es kontextualisieren. In fast allen modernen Gesellschaften ist beobachtbar, dass sich die öffentliche Politikvermittlung entertainisiert hat.[31] Dies ist vor allem auf zwei wichtige Entwicklungen zurückzuführen, die den Rahmen, in dem politisches Handeln heute stattfindet, nachhaltig verändert haben:

1. Das politische Feld hat sich von einem relativ fest gefügten Gebilde mit politischen Milieus, Lagern und Parteien sowie entsprechend fest gefügten Koalitionen zwischen Wählergruppen und politischen Eliten zu einem in weiten Teilen *marktförmig* organisierten Zusammenhang verändert. An die Stelle von berechenbaren Stammwählern sind immer deutlicher unberechenbare, »volatile« Wechselwähler getreten, die sich vor jedem Wahlgang und in immer kurzfristigeren Zeiträumen überlegen, wem sie ihre Stimme geben wollen.[32] Entsprechend bewegen sich die Parteien als *Politikanbieter* auf einem Markt, der zwar gerade in Deutschland hohe Zugangsschranken hat, in sich aber doch ausgesprochen beweglich geworden ist.[33] Die Wähler, Kunden, Nachfrager müssen ständig umworben werden, um nicht nur bei Wahlgängen, sondern auch im Zuge der demoskopischen Dauerbeobachtung des Publikums die eigene Politik mit der entsprechenden Legitimationsgrundlage zu versehen. Politik, zumindest die auf der Vorderbühne, ist so zur *Dauerwerbesendung* geworden.[34] Und geworben wird, wie auf Produktmärkten auch, immer weniger mit Produkteigenschaften – übersetzt: mit politischen Programmen und Argumenten –, sondern mit Lifestyle, mit Emotionen, mit ästhetisierten Showeffekten, Geschichten und Pointen.

2. Die Einführung des dualen Rundfunksystems Mitte der 80er Jahre hat in der deutschen Medienkultur zu einem *Boom der Unterhaltung* geführt. War das Fernsehen vorher eine quasi-staatliche Angelegenheit, so hat sich in der Folge ein Marktgeschehen herausgebildet, bei dem alle Sender ständig um Quoten und Marktanteile kämpfen müssen. Dieser Populismus des Marktes wiederum hat bewirkt, dass die vom Publikum hauptsächlich nachgefragten Unterhaltungsformate einen großen Anteil in der Programmstruktur der privaten, aber zunehmend auch der öffentlich-rechtlichen Anstalten ausmachen. Der zur Bertelsmann-Gruppe zählende Markt-

führer RTL sendete beispielsweise Mitte der 90er Jahre nicht weniger als 34 Prozent fiktionale und 16 Prozent nichtfiktionale Unterhaltung, demgegenüber aber nur 17 Prozent Informations- und Bildungssendungen.[35] Bei dem vor allem im jüngeren Publikum beliebten Konkurrenten Pro 7 (Kirch-Gruppe) fanden sich im gleichen Zeitraum 50 Prozent Filme und Serien sowie 7 Prozent Unterhaltungsshows bei insgesamt knapp 12 Prozent Informationssendungen. Dabei muss zusätzlich noch berücksichtigt werden, dass die Privaten in ihren Informationsformaten vor allem auf Infotainment und »human touch«-Angebote setzen – ein weiteres Indiz für die Allgegenwart der Unterhaltung.

Wie sehr sich auch bei den öffentlich-rechtlichen Anbietern der Unterhaltungsimperativ des Marktes geltend macht, lässt sich vor allem an der Entwicklung der Dritten Programme beobachten. Waren diese früher fast vollständig der Hochkultur und dem Bildungssektor gewidmet, sind dort seit einigen Jahren vermehrt Unterhaltungsformate anzutreffen: zahlreiche Talk-Shows, Spielfilme aus dem ARD-Verwertungsverbund, Schlagerparaden und »heimatlich« geprägte Musiksendungen.

Hinzu kommt ein in der Mediennutzungsforschung als »Unterhaltungsslalom« beschriebenes Verhaltensmuster vieler Zuschauer, die den Informationsangeboten durch gezieltes Umschalten aus dem Wege gehen. Die Nutzung von Unterhaltungssendungen ist in der Regel höher, als es ihrem Anteil am Angebot entspricht. So lag 1995 der Gesamtanteil der gesendeten Unterhaltung bei 39 Prozent, während der Anteil an den tatsächlich eingeschalteten Sendungen bei 46 Prozent lag. Umgekehrt machten die Informationssendungen im Angebot einen Anteil von 38 Prozent aus, während jedoch der Anteil bei den genutzten Angeboten nur 23 Prozent ergab.[36] Das aber bedeutet: Ein großer Teil des Publikums und damit auch der Wählerschaft ist über herkömmliche Kanäle der politischen Kommunikation gar nicht mehr erreichbar. Wer also diese Menschen kontaktieren will, muss sich – ob er will oder nicht – auf die Logik des Entertainment einlassen.

Aus der Sicht der politischen Akteure ist schließlich ein nicht unerheblicher *strategischer Vorteil* der Unterhaltungskommunikation zu benennen. Sie können sich in den Unterhaltungsformaten nicht nur ausgesprochen »menschlich« präsentieren und somit ein sympathieheischendes Bild jenseits der tradierten Berufsrolle inszenieren, sondern sie haben auch einen Zugang zum Publikum, der nicht – wie in den klassischen Informationsformaten üblich – journalistisch gefiltert und kritisch kommentiert ist. In der Talk-Show oder auf Thomas Gottschalks berühmtem *Wetten-dass*-Sofa können diejenigen Akteure, die sich im Unterhaltungsformat zu bewegen vermögen, ungestört ihre positive Seite hervorkehren, um Wählerstimmen zu akquirieren.

Paradigmatisch sichtbar werden die Potentiale einer Inszenierung des Politischen im Gewand populärer Medienästhetik anhand der SPD-Kampagne im Jahr 1998. Das sozialdemokratische Kampagnenmanagement hat den Fundus der Unterhaltungsindustrie systematisch genutzt, um das Politische zu fiktionalisieren und ihren Spitzenkandidaten auf einer Welle des leichtfüßigen Amüsements als bessere Alternative zu verkaufen. Konnte Helmut Kohl primär das Kapital der schieren Kontinuität im Amt geltend machen, so gelang es den Wahlkampfmachern Machnig, Müntefering und Hombach, ihren Mann als dynamische Alternative zu inszenieren und diese Dynamik über Genres des Entertainment auch an jüngere, politikferne Wählergruppen heranzutragen. Schröder, der bereits in den Jahren zuvor bewiesen hatte, dass er mühelos nahezu jedes Medienformat für seine Kommunikationsabsichten einzusetzen weiß,[37] war in dieser Rolle des hyperrealen Medienkandidaten ohne Zweifel die Idealbesetzung.

Einen der gelungensten Coups stellte der mit großer Presseaufmerksamkeit gedrehte und im Juni gesendete Auftritt Schröders in der Endlosserie *Gute Zeiten, schlechte Zeiten* dar. In dieser 1.500. Folge der mit Abstand erfolgreichsten Daily-Soap im deutschen Fernsehen, die von weit über 6 Millionen Zuschauern gesehen wurde, spielt Schröder sich selbst – einen Kandidaten auf Wahlkampftour, der durch Zufall in den Polterabend des Serienpärchens Flo und Andy hineingerät. In leichter Selbstironie macht der kurz zuvor erst wiederverheiratete Kandidat mit seinem Text (»Herzlichen Glückwunsch zur Hochzeit. Ich weiß, wie schwer das ist.«) deutlich, dass die reale Welt in der Leichtigkeit des Seins einer unterhaltenden Als-ob-Welt aufgeht. Auch die Politik ist hier letztlich Bestandteil einer Endlosserie, die mal besser, mal schlechter unterhält, wo das Personal mitunter wechselt, aber allein die Serialität verbürgt, dass es trotz gelegentlicher Katastrophen schon immer irgendwie weitergeht.[38] Was in jedem Fall bleibt, ist die gute Grundstimmung aller Beteiligten.

Die Fiktionalisierung des Politischen als *Feel-Good*-Generator wurde von der SPD sogar im Bereich des »negative campaigning« erfolgreich betrieben. So griff man bei den Presseplakaten – das sind Medien, die nicht breit plakatiert, sondern als Unikate der Presse präsentiert werden und auf dem Wege der Berichterstattung ihre Verbreitung finden – auf bekannte Beispiele der Filmgeschichte zurück, um den Gegner zum Objekt des Gelächters zu machen. Kohl und Waigel wurden so zu komischen Medienfiguren transformiert, deren filmische Rollen gleichsam das politische Scheitern programmatisch implizierten: Mit *Vom Winde verweht, Denn sie wissen nicht, was sie tun* und schließlich, mit Verweis auf den erfolgreichsten Film aller Zeiten, *Titanic*, konnten diese Plakate auf ein medial vermitteltes Alltagswissen zurückgreifen, das nahezu jeden Beobachter in die Lage versetzte, den Gag zu verstehen und in seiner eigenen kommunikativen Praxis weiterzuverwenden. Unter ausgesprochen geringem finanziellem Aufwand konnte so in einer durchaus sympathisch wirkenden Weise knallharter Negativwahlkampf mit großer Reichweite gemacht werden.

In der gleichen Weise funktionierte schließlich auch der für das Kino produzierte Wahlwerbespot der SPD. Dem Rahmen gemäß auf ein jüngeres Publikum zielend – ein Wählersegment, das die CDU auch hier sträflich vernachlässigte, indem sie als einzige große Partei auf einen eigenen Kino-Spot verzichtete[39] – machte man die Kult-Serie *Star Trek* (*Raumschiff Enterprise*) zum Rahmen für eine symbolische Destruktion des politischen Gegners. Dieser 44 Sekunden lange Minispielfilm zeigt, wie im All ein Rettungstrupp zusammengestellt wird, um Probleme auf der Erde zu lösen. Das »Beamen« auf den Planeten will jedoch nicht klappen, da einer der Weltraumkämpfer offensichtlich zu dick ist. Als er, in Zeitlupe, seinen Helm abnimmt, erkennt man: Es ist ein gedoubelter Helmut Kohl. Aus dem Off ertönt dazu ein hämischer Kommentar: »Die Zukunft – nicht jeder ist dafür geschaffen.« Eine Bild- und Erzählwelt und eine Präsentationsästhetik, die wohl jedem jüngeren Betrachter aus langjähriger Mediensozialisation gut vertraut ist, wird hier mit der realen Physiognomie des Kanzlers verknüpft, die ohnehin dem Körperideal der »Fit-for-Fun«-Generation denkbar fern steht. Und das Genre der zukunftsorientierten Science Fiction, das somit der Zeitorientierung jüngerer Jahrgänge passgenau entspricht, ist mit einer sinnlich fassbaren Exklusion des CDU-Kandidaten aus dieser Zukunftswelt verknüpft. Entscheidender Vorteil der humoristischen Erzählung schließlich: Die sonst beim »negative Campaigning« schnell drohende schlechte Stimmung wird durch den *Feel-Good*-Faktor der frohgelaunten Spaßkultur im Kinosaal mühelos vermieden. Der politische Kampf wird zum amüsanten Weltraumspektakel, und die Wahl erscheint als ein neu zu entdeckendes Freizeitvergnügen, bei dem die Teilnehmer wie in einem Videospiel die Möglichkeit haben, schwache Figuren aus dem Geschehen »rauszuschießen«. Diese gute Stimmung, die um den Medienprofi Schröder herum aufgebaut wurde, konnte gerade der »Spielverderber« Kohl mit seinen Beschwerden gegen die »bloße Show« der SPD in keiner Weise zerstören.

Den Höhepunkt der Ästhetisierung bildete aber ohne Zweifel der Leipziger Parteitag der SPD. Ein Parteitag ist in der medialen Erlebnisgesellschaft längst nicht mehr nur eine Versammlung von Delegierten, die irgendwelche Beschlüsse fassen, Programme verabschieden oder Personalien regeln. Parteitage sind Bestandteil eines strategischen »Event-Marketing« geworden, da sie über die mediale Berichterstattung eine Selbstinszenierung der Partei vor einem Millionenpublikum ermöglichen, ohne zusätzliche Kosten hervorzurufen. Der SPD-Parteitag in Leipzig am 17. April 1998 führte sichtbar vor Augen, wie in Anlehnung an die Choreographie amerikanischer Conventions das Medium des Events zur Wahlwerbung genutzt werden kann. Dem Parteitag, der in der Presseöffentlichkeit bald als »Krönungsmesse« für den dort nominierten Kanzlerkandidaten Gerhard Schröder etikettiert wurde, erreichte sein Ziel der breiten Aufmerksamkeitsgenerierung nicht zuletzt deshalb, weil ihm allenthalben eine neue, außeralltägliche Qualität attestiert wurde.

Die Event-Regisseure hatten in der Halle zunächst ein Bühnenbild installiert, bei dem nicht etwa die üblichen SPD-Farben Orangerot und Weiß dominierten, sondern ein kräftiges Mittelblau, das durch seine unterschiedliche Helligkeit als das Blau eines Horizontes wirken konnte. Vor diesem »Horizont« erhob sich, wie eine aufgehende Sonne, ein roter Kreis, in den hinein in weißer Schrift der Leitslogan des Parteitags geschrieben war: »Die Kraft des Neuen«, wobei »Neuen« durch Fettschrift hervorgehoben wurde.[40] Daneben war, in einem etwas kleineren roten Quadrat, das Parteilogo zu finden, verknüpft mit dem Kampagnenslogan »Wir sind bereit«. Rechts davon fand die Bühne in einem bewusst modern designten

Lichtturm ihren Abschluss. Auf der Hinterbühne war eine Tribüne mit dem Parteivorstand angeordnet, auf der Vorderbühne das Rednerpult, ebenfalls in Blau gehalten, mit dem SPD-Logo und dem Slogan. Den linken Abschluss des gesamten Bühnenbildes markierte schließlich eine riesige Videowand, auf der je nach Bedarf das Bild einer Saalkamera oder auch Einspiegelungen präsentiert werden konnten.

Farbgebung, Beleuchtung und sprachliche Semantik waren also eindeutig auf die Inszenierung von Innovation, Wechsel und Dynamik abgestimmt. Dieses Setting wurde dann vor allem in der Eingangssequenz der Veranstaltung mit einer ausgeklügelten Choreographie gefüllt: Der Saal war weitgehend abgedunkelt, und auf der Videowand erschien ein Wahlwerbespot der SPD, der zunächst Menschen (Pärchen, Kinder, Alte, Familien) in blühender Natur und harmonischer Zuwendung zueinander zeigte. Nachdem diese musikalisch untermalte Idylle durch eine Stimme aus dem Off (»Deutschland braucht einen politischen Wechsel«) als Zukunftsvision bestimmt wurde, erschien schließlich im Weichzeichner der »Macher« Schröder. In moderner Video-Chip-Ästhetik sah man ihn sein schickes Jackett überstreifen, im Büro umhergehen, eine Unterschrift leisten. Den Abschluss bildete eine Porträtaufnahme des Kandidaten, während die Musik in einem Crescendo aufwallte und zugleich den Schlusspunkt setzte.

Dieser Sequenz folgte der legendäre Einmarsch von Schröder und Lafontaine, gerahmt von der triumphalen Filmmusik des US-Kassenschlagers *Airforce One*. Die beiden Protagonisten gingen zur Mitte der Bühne und blieben dort winkend bis zum Ende der Musik stehen. Dieser Auftritt machte die Transformation des Politikers zum hyperrealen Medienhelden direkt miterlebbar. Der »gleiche« Schröder, den wir aus unzähligen Medienauftritten kennen und der gerade noch Bestandteil einer ausgefeilten Videoästhetik war, steht nun »echt« und »live« auf der Bühne. Der Körper, der als Medienkörper zuvor einen fiktionalen Als-ob-Status hatte, ist nun kopräsent mit dem Publikum im Saal. Gleichzeitig erfolgt jedoch eine musikalische Rahmung aus dem aktuellen Fundus Hollywoods, die den Menschen Schröder re-fiktionalisiert. Er schlüpft in die mediale Rolle jenes in *Airforce One* inszenierten Superhelden, der als amerikanischer Präsident im Alleingang eine ganze Terroristengruppe außer Gefecht setzt. Die Musik rahmt Schröder als fiktionalen Helden mit außeralltäglichen Fähigkeiten, die zum Wohl des Volkes eingesetzt werden. Der Kanzlerkandidat erhält im Kontext der durch das Bühnenbild und den Werbespot gesetzten Bedeutungswelt den Status eines messianischen Erlöserhelden, wie er uns aus den Erzählungen der amerikanischen Traumfabrik allen vertraut ist. Hier lässt sich gut beobachten, wie die charismagenerierende Funktion ästhetisierender Inszenierungen auch in der heutigen Unterhaltungskultur zur Geltung kommt.

Der hyperreale Status dieser Figur besteht aus einem ständigen Oszillieren zwischen Realität und Fiktion, inner- und außermedialer Existenz. Während die eine Seite Außeralltäglichkeit und nahezu omnipräsente Wahrnehmbarkeit im öffentlichen Diskurs gewährleistet, verbürgt die andere Seite die Authentizität jener Wirklichkeit, die wir als die »reale« zu betrachten pflegen. Reales und Medienfiktionen, so führt John Fiske im Anschluss an Jean Baudrillard aus, sind im Hyperrealen implodiert und formen dort eine neue, spezifische Form von Wirklichkeit.[41] Medienfiguren sind hyperreale Größen, die an realen Personen anknüpfen und sie in einem semiotischen Prozess zu Zeichen transformieren, an denen sich Diskurspositionen festmachen lassen. Die realen Körper und Biographien sind dabei Mittel der Visualisierung und der Authentizitätsgenerierung, aber entscheidend ist jeweils, welche Bedeutungen, Werte und Sinnmuster sich im politischen Unterhaltungsdiskurs an diese Figuren anlagern. Sie sind »a body of discourse, a point where circulating meanings are made visible and audible public«[42]. Populäre Medienkultur und massenmediale Ästhetik fungieren hier also als wichtige Infrastruktur des politischen Diskurses und als Schaltstelle für die Aushandlung und Inszenierung von politischen Identitäten.

Freilich kann es zu Funktionsstörungen kommen, wenn die Realität des politischen Prozesses die Als-Ob-Welten der Medienunterhaltung interpenetriert, wenn das in den Medien übliche Happy End ausbleibt und durch die harten Tatsachen realpolitischer Probleme und einer schlechten Leistung des gewählten politischen Personals ersetzt wird. Solche Desillusionierung kann längerfristig auch zu Wut, Protest und politischer Entfremdung führen. So erhob sich im Frühjahr 1999, als die rot-grüne Regierung in Deutschland mit vielen Problemen zu kämpfen hatte und die eigene Handlungsunfähigkeit durch den spektakulären Rücktritt des Finanzministers Lafontaine eine krisenhafte Zuspitzung erfuhr, bald öffentlicher Widerspruch gegen die allzu häufige Präsenz des Kanzlers in den Unterhaltungsmedien. Schröder sagte daraufhin u.a. einen geplanten Auftritt in der *Harald-Schmidt-Show* und seine Rolle als Co-Kommentator eines Fußball-Bundesligaspiels in der Sat1-Sportsendung *ran* ab. Diese Störungen deuten jedoch nicht auf grundsätzliche Probleme, sondern auf die Relevanz der gelungenen Dosierung und der zeitlichen Platzierung hin, die eine perfekte Polit-Show in der Unterhaltungsöffentlichkeit benötigt. Als Schröder Gefahr lief, in die Unterhaltungsfalle einer großen Diskrepanz zwischen *Feel Good* und den mühsamen Ebenen des grauen politischen Alltags zu geraten und dort politisch aufgerieben zu werden, änderte er seinen Inszenierungsstil abrupt und versuchte, sich als seriöser und ernsthafter Politiker zu zeigen. Dieser Stilwechsel konnte, in Verbindung mit weiteren Faktoren, den freien Fall des Akteurs in der Publikumsgunst durchaus bremsen.

Wahlkampf scheint heute insgesamt ohne Unterhaltungsästhetik kaum noch denkbar. Einen weiteren Höhepunkt markierte FDP-Politiker Jürgen W. Möllemann im NRW-Landtagswahlkampf 2000. »Spaßpolitiker« Möllemann, der schon in früheren Kampagnen durch Fallschirmsprünge und lockere Sprüche Furore gemacht hatte, suchte hier ganz bewusst die Nähe zu einschlägigen Unterhaltungsformaten, die bei der jüngeren Wählerschaft als kultiges »Trash-TV« hoch im Kurs standen. Im Mai, kurz vor dem Wahltermin, ließ sich der FDP-Mann am *Big Brother*-Container von RTL 2 sehen. Später nahm er an der täglichen Talk-Show teil, um dort mit populistischen Statements die fragwürdige Show gegen Kritiker in Schutz zu nehmen. Launige Pointe des Politiker-Auftritts war schließlich der Vorschlag, demnächst in Wahlkampfzeiten alle Spitzenkandidaten für vier Wochen in einen ähnlichen Container zu sperren, um den Wählern durch Dauerbeobachtung die Wahl zu erleichtern.

Möllemanns Strategie hatte großen Erfolg. Aus den vorher belächelten 8 Prozent als Zielvorgabe wurden im Wahlergebnis satte 9,8 Prozent. Möllemann hatte bei den Jungwählern sogar einen überproportionalen Zuwachs von 6 Prozent zu verbuchen. Der Zugriff auf die Fun-Generation ist hier also mit kalkulierten Politainment-Strategien bestens gelungen.

In jedem Fall gilt, dass politische Akteure an den Unterhaltungsforen, insbesondere am Format der Talk-Show, nicht mehr vorbeikommen. Der Wahlkampfauftakt 2002 mit dem Doppelschlag von Gerhard Schröder bei *Berlin Mitte* und dem legendären Auftritt Edmund Stoibers bei *Sabine Christiansen* zeigt das ebenso wie die nahezu täglichen Beiträge von Politikern zu Personality-Talkshows von *Beckmann* über *Kerner* bis zu *Harald Schmidt*. Hier wird nicht politische Debatte praktiziert, sondern hier werden Personen mit Anekdoten und Biografien, mit Lifestyle-Angeboten und Unterhaltungswert inszeniert.

Gerade in der ausufernden Talk-Kultur wird deutlich, dass die politische Ästhetik in der medialen Erlebnisgesellschaft neben den charismagenerierenden Akzenten professioneller Filmästhetik, wie sie nicht nur bei Schröders »Krönungsmesse«, sondern auch in TV- und Kinowerbespots zum Tragen kommen, eine Ästhetik des Alltags kultiviert. Die Politiker präsentieren sich in Personality-Shows bewusst als »Menschen wie du und ich«, sie plaudern locker über Fußball, kulinarische Vorlieben und das eigene Familienleben, damit sich die mögliche Distanz zwischen Wähler und Amtsträger reduziert. Es gilt, den Massengeschmack zu treffen, um die Mehrheit der Wähler zumindest für kurze Zeit als eigene Anhängerschaft zu organisieren. Schröders Ausflüge in die Brioni- und Zigarrenwelt, die er *nach* seiner Wahl 1998 so demonstrativ zur Schau getragen hatte, wurden sehr schnell aufgrund schlechter Umfragewerte wieder eingestellt.

4. Probleme und Potentiale populärer Medieninszenierungen

Die ästhetische Inszenierung von Politik stellt, dies ist vor allem im ersten Teil des Beitrags herausgearbeitet worden, alles andere als ein neues Phänomen dar. Sie scheint grundsätzlich ein Instrument politischen Machterwerbs und Machterhalts zu sein, gleich in welchem politischen Ordnungsrahmen wir uns bewegen. Die Inszenierungsstile und die zugrunde liegenden ästhetischen Normen ändern sich, und es gibt angemessene wie unangemessene Konstellationen. Besonders am Politainment, an der unterhaltenden Inszenierung des Politischen macht sich derzeit heftige Kulturkritik fest.[43] Daher soll abschließend ein funktionaler Blick auf die Potentiale populärkultureller Politikpräsentation gerichtet werden, um so ein möglichst abgewogenes Bild von der heutigen Realität des Politischen zu entwerfen.

Unterhaltende Politik und politische Unterhaltung haben aufgrund ihrer ästhetischen Attraktivität wie emotionalen Intensität die Erreichbarkeit der Wählerschaft erheblich gesteigert. Es stellt sich dabei allerdings die Frage, ob dieser Popularitätsgewinn mit Kosten verbunden ist, die letztlich die Substanz des Politischen im Feuerwerk der Unterhaltungskultur auflösen. In der Geschichte der wissenschaftlichen Beschäftigung mit populärkulturellen Phänomenen gibt es, mit Umberto Eco zu sprechen, »Apokalyptiker« und »Integrierte«.[44] Die »Apokalyptiker«, deren Reihe von Kulturkonservativen wie Matthew Arnold über die Frankfurter Schule bis zur heutigen Kulturkritik reicht, haben immer die Kosten in den Vordergrund gestellt. Die Funktion der »Kulturindustrie« ist demnach das Vorgaukeln des guten Lebens mit dem Ziel der Integration, Affirmation oder, wie es der Untertitel des entsprechenden Kapitels bei Horkheimer und Adorno drastisch ausdrückt, des »Massenbetrugs«. Demgegenüber behaupten die »Integrierten« entweder, dass Unterhaltung ein bisweilen auch lehrreicher Spaß sei, oder aber sie sehen in der modernen Populärkultur sogar große Potentiale für die politische Selbstverwirklichung und den »Widerstandskampf« der Bürger, die im Staat ansonsten nicht viel zu bestimmen haben – letztere Sicht wird vor allem in neueren Arbeiten der Cultural Studies propagiert.[45]

Illusion und Blendwerk für die unterdrückten Bürger einerseits, Selbstfindungs- und Befreiungsinstrument andererseits – ein angemessenes Bild lässt sich letztlich nur durch eine abgewogene Erörterung der Pros und Kontras entwickeln:

1. Politik im Unterhaltungsformat stellt immer eine personalisierte und auf einfache Grundkonstellationen reduzierte Wirklichkeit dar. Erzählungen, Anekdoten und pointiert zugespitzte Aussagen bilden hier den Normalmodus des Politischen. In dieser Reduktion liegen zweifellos Verzerrungen und Verkürzungen dessen, was die Komplexität politischer Prozesse in der Realität ausmacht. All das, was sich dem Modus unterhaltender Politikpräsentation nicht fügt, wird in der Regel ausgeblendet. Diesem Manko steht jedoch eine Veranschaulichung und Verlebendigung der politischen Welt gegenüber.

Politainment bewirkt eine Visualisierung des Politischen. Nicht nur Akteure, sondern auch Positionen und Konfliktlinien werden etwa in der Talk-Kultur sichtbar gemacht. Damit ist eine nicht gering zu schätzende Orientierungsleistung für das Publikum verbunden. Die relevanten Akteure wiederum, die politischen Eliten, stehen gleichsam unter medialer Dauerbeobachtung. Dem Publikum als dem »Auge Gottes« entgeht nichts, was sich in diesem Panoptikum abspielt.[46]

Der Prozess der Privatisierung des Politischen, der im Sommer 2001 bis hin zur Badehose des Bundesverteidigungsministers reichte, hat überdies auch einen oft übersehenen Aspekt. In repräsentativen Demokratien wird auch die Person des Mandatsträgers betont. Insofern scheint es nur konsequent, wenn Wähler sich ein Bild von dem Menschen machen wollen, dem sie ihr politisches Schicksal anvertrauen. Dass dieses Bild kein authentisches, sondern ein inszeniertes Bild darstellt, tut dem nur teilweise Abbruch. Sichtbar nämlich wird in jedem Fall, für was die Person *als öffentliche Person* einsteht: Welche Werte, Lebensführungsmuster und Lebensstile werden in dieser Biografie und in dieser Medienfigur konkret verkörpert? Für Wähler können dies in Zeiten volatiler politischer Märkte durchaus wichtige Indikatoren sein.

2. Der politische Diskurs wird im Politainment ausgesprochen *inklusiv* gestaltet, weil er auch unterhaltungsorientierte Mediennutzer einbezieht. Politainment ist ein relevanter Teil des gesellschaftlichen Interdiskurses, der Kommunikationsräume über die Grenzen von Subsystemen, ideologischen Milieus und sozialstrukturellen Formationen hinweg eröffnet. Soziale Ungleichheiten in der gesellschaftlichen Wissensverteilung, die als Exklusionsmechanismus von Öffentlichkeit beobachtbar sind, greifen in diesem Bereich deutlich weniger. Sozialstrukturelle Unterschiede sind hier weitgehend zu vernachlässigen. Dieter Wedels *Affäre Semmeling* wird eben nicht nur von Intellektuellen, von Professoren und Journalisten, sondern auch von weniger gebildeten Fernsehzuschauern rezipiert.

3. Die emotionale Dimension steht im Unterhaltungsformat ganz im Vordergrund. Die Techniken des Entertainment ermöglichen es, das Politische im Modus des *Feel Good* darzubieten und dadurch eine positive Grundstimmung zu produzieren, die Entfremdungs- und Ablehnungstendenzen im Sinne der weit verbreiteten Politikverdrossenheit durchaus entgegenwirken kann. Politainment kann so auch als ein Stabilisator von politischem Systemvertrauen fungieren. Mediales *Feel Good* ist zwar instrumentalisierbar, beispielsweise im Kontext von Wahlkämpfen. Zudem entsteht die ernsthafte Gefahr einer Unterhaltungsfalle, in die zeitweise auch Gerhard Schröder nach seinem entertainisierten Wahlkampf 1998 hineingetappt ist. Die Fiktionalisierung des Politischen im Modus des *Feel Good* nämlich kann Erwartungshorizonte aufbauen, die später mit der grauen Realität des politischen Alltags heftig kollidieren. Hier muss von den Akteuren zumindest geduldige Über-

setzungsarbeit geleistet werden, damit das *Feel Good* nicht in den großen Frust der Bürger übergeht. Grundsätzlich jedoch ist die Gefühlsqualität unterhaltender Politik und politischer Unterhaltung als Integrationsfaktor einer modernen Massendemokratie keineswegs von geringem Wert.

4. Es sollte nicht unterschätzt werden, dass Mediennutzung tatsächlich politische Partizipationsräume eröffnet. Damit ist gemeint, dass mediale Angebote in Gesprächen und Diskussionen in der Alltagswelt verarbeitet und zur Meinungsbildung genutzt werden können. So führen beispielsweise auch die über das Internet verknüpften Fan-Gemeinden von Unterhaltungsserien Diskussionen über die politischen Inhalte. Weiterhin können Medienangebote zum Anlass für politische Aktionen gemacht werden. Die amerikanische Hausfrau Terry Rakolta hat beispielsweise das negative Bild der Familie in der Serie *Married ... with Children* (dt. *Eine schrecklich nette Familie*) zum Anlass genommen, eine groß angelegte Kampagne gegen die Serie zu führen und Werbekunden wie Coca Cola oder McDonald's zum Rückzug ihrer Aufträge zu bewegen.[47] Und die Ausstrahlung des Films *The Day After* wurde 1982 in den USA zum Kern einer landesweiten Aktion gegen Atomwaffen gemacht. Vor allem in den Vereinigten Staaten nutzen Parteien, Interessenverbände und *Watch Dog*-Gruppen immer wieder die Ausstrahlung von Sendungen dazu, Probleme zu thematisieren und politische Aufmerksamkeiten zu steuern – in Deutschland beginnen die politischen Akteure erst, dieses Potential zu entdecken.

5. Politainment wirkt an der Setzung von öffentlichen Themen mit. In einer Zeit der Informations- und Reizflut ist Aufmerksamkeit ein besonders knappes Gut. Daher müssen die Bildwelten, an denen sich eine Reflexion anschließen kann, bewirtschaftet und knapp gehalten werden. Die Marktmechanismen der populären Medienkultur leisten eine solche Verknappung, indem ein relativ kleines Segment der insgesamt produzierten Angebote jeweils so in den Mittelpunkt rückt, dass viele Menschen ihre knappe Zeit und Aufmerksamkeit diesem Angebot zuwenden.

6. Schließlich sind Unterhaltungsöffentlichkeiten auch ein wichtiger Faktor der Persistenzsicherung von politischen Kulturen. Indem sie Normalitätserwartungen bedienen und sich aus Marktgesichtspunkten in aller Regel im konsensfähigen Bereich bewegen, stellen sie Traditionsbestände auf Dauer sicher. In den USA sind Muster wie Republikanismus und Individualismus durch ihre stets neue Insze-

nierung in den Unterhaltungsmedien auch nach mehreren Jahrhunderten noch immer im öffentlichen Wahrnehmungsraum präsent. Für Deutschland lässt sich konstatieren, dass in Serien und Fernsehfilmen mit anti-nazistischen Werten ein wichtiger Teil des politisch-kulturellen Selbstverständnisses, der sich nach 1945 herausgebildet hat, auf unterhaltsame Weise lebendig gehalten wird. Diese Leistungen zeigen an, dass Unterhaltungsöffentlichkeiten in der modernen Gegenwartsgesellschaft durchaus Integrationsfunktionen wahrnehmen können.

Freilich stehen dem auch deutliche Defizite gegenüber: Das Politische wird im Unterhaltungsformat ohne Zweifel verkürzt, emotionalisiert und personalisiert. Bilder verdrängen oft Argumente, der Spaß überdeckt den Ernst der Entscheidungen. Eine differenzierte Information über den politischen Prozess kann hier nicht stattfinden. Aber Informationsdefizite sind bei der heutigen Politikmüdigkeit auch nicht das zentrale Problem. Man sollte bedenken, dass der emotionale Zugang zum Politischen, die Erfahrbarkeit seiner Relevanz in einer spannenden Bilderzählung, die Identifikationsmöglichkeiten und Katharsismomente bietet, keine geringe Leistung in einer Welt darstellt, in der politische Akteure und Institutionen immer ferner und abstrakter zu werden drohen. Nicht zuletzt deshalb auch hat die Bundeszentrale für politische Bildung vor kurzem einen neuen Fachbereich »Kulturelle Medien« eingerichtet, der populäre Medien als Zugang vor allem zu den jüngeren Alterskohorten nutzen will.

Bei all dem ist schließlich zu beachten, dass auch die plattesten Unterhaltungsangebote von einer kritischen Diskursguerilla als Anstöße für öffentliche politische Diskussionen in Dienst genommen werden können. So hat Christoph Schlingensief nur wenige Wochen nach dem Ende der ersten *Big Brother*-Runde von der Popularität der Show Gebrauch gemacht, indem er sie mit bitterbösem Sarkasmus zum Protest gegen die ausländerfeindliche Politik der österreichischen FPÖ umfunktionierte.[48] Im Rahmen der Wiener Festwochen ließ Schlingensief auf dem Herbert-von-Karajan-Platz einen Container aufstellen, in den zwölf von Schauspielern dargestellte Asylbewerber einzogen. Rund um die Uhr von vier Webcams beobachtet, standen diese »Kandidaten« ebenfalls zur »Herauswahl« durch das Publikum bereit. Unter dem Motto »Bitte liebt Österreich« konnte per Telefonwahl festgelegt werden, welcher Asylbewerber den Container verlassen musste, um in sein

Heimatland abgeschoben zu werden. Dem Gewinner winkten umgerechnet 2 500 DM und die Chance, per Internet eine Braut zur Einheirat in das österreichische Volk zu werben.

Die Aktion rief nicht nur heftige Reaktionen von Passanten hervor, sondern auch juristische Klagen von FPÖ-Politikern und zahlreiche öffentliche Debatten über die Ausländerpolitik der umstrittenen Koalition. Aus dem Quotenhit des Unterhaltungssenders wurde ein politischer Event geformt, der vielfache Anschlusskommunikationen über ein wichtiges Thema der aktuellen Politik auslöste. Ähnliches hat Schlingensief kürzlich mit der populären Quiz-Show »Wer wird Millionär« veranstaltet, als er in der Rolle des allseits beliebten Günther Jauch Quizaufgaben wie »ordnen Sie folgende KZs von Nord nach Süd an« formulierte.

Politainment ist eine zweischneidige Sache. Sie ist einerseits ungeheuer inklusiv und bietet Möglichkeiten einer neuen Politisierung der Öffentlichkeit. Andererseits besteht die Gefahr einer Entpolitisierung, wenn die Oberflächlichkeit der Medienformate ganz an die Stelle der argumentativen Auseinandersetzung rückt. Für die Wissenschaft folgt daraus, dass anstelle apokalyptischer Warnrufe und integrierter Wohlfühl-Appelle eine differenzierte empirische Analyse rücken muss, damit wir ein angemessenes Bild von den gegenwärtigen Entwicklungen erhalten können.

Anmerkungen

Hans Vorländer

1 WALTER GRASSKAMP: Die unästhetische Demokratie. Kunst in der Marktgesellschaft, München 1992, S. 7.
2 FRIEDRICH SCHILLER: Über die ästhetische Erziehung des Menschen in einer Reihe von Briefen. Mit den Augustenburger Briefen, hg. v. KLAUS L. BERGHAHN, Stuttgart 2000, S. 24 (Sechster Brief).
3 Vgl. hierzu JÖRG-DIETER GAUGER / JUSTIN STAGL (Hg.): Staatsrepräsentation, Berlin 1992. Die in diesem Band versammelten Beiträge verfolgen eine ganz ähnliche Problemstellung wie in diesem Band. Allerdings sind die Repräsentationsformen des Staates und nicht – wie hier, nämlich spezifischer – der Demokratie Gegenstand der Analyse. Sehr anregend sind die Beiträge von JÖRG-DIETER GAUGER, in: Ebd., S. 9ff und JÜRGEN HARTMANN: Selbstdarstellung der Bundesrepublik Deutschland in Symbolen, Zeremonie und Feier, in: Ebd., S. 175ff.
4 W. GRASSKAMP, Demokratie (wie Anm. 1), S. 8.
5 Zu den nationalen Projekten und Konzeptionen vgl. jetzt im Überblick: Demokratie als Bauherr. Die Bauten des Bundes in Berlin 1991–2000, hg. v. Bundesministerium für Verkehr, Bau- und Wohnungswesen, Hamburg 2000; HEINRICH WEFING: Abschied vom Glashaus. Die architektonische Selbstdarstellung der Bundesrepublik im Wandel, in: DERS. (Hg.): »Dem Deutschen Volke«. Der Bundestag im Berliner Reichstagsgebäude, Bonn 1999, S. 138–161; MICHAEL Z. WISE: Capital Dilemma. Germany's Search for a New Architecture of Democracy, New York 1998.
6 TILMANN BUDDENSIEG: Kuppel des Volkes. Zur Legitimität eines demokratischen Symbols, in: *Frankfurter Allgemeine Zeitung*, 2. 10. 1992.
7 So vor allem HEINRICH WEFING: Das Ende der Bescheidenheit. Monumentales Missverständnis. Das Bundeskanzleramt von Axel Schultes und Charlotte Frank, in: *Frankfurter Allgemeine Zeitung*, 26. 4. 2001.
8 HANNO RAUTERBERG: Pathos für die Republik, in: *Die Zeit*, 26. 4. 2001.
9 TILMANN BUDDENSIEG: Staatsgestalt und Baugestalt, in: *Frankfurter Allgemeine Zeitung*, 21. 5. 2001.
10 H. RAUTERBERG, Pathos (wie Anm. 8).
11 Vgl. den Beitrag von TONIO HÖLSCHER, in diesem Band.
12 WALTER BENJAMIN: Das Kunstwerk im Zeitalter seiner technischen Reproduzierbarkeit (1936), in: DERS.: Das Kunstwerk im Zeitalter seiner technischen Reproduzierbarkeit. Drei Studien zur Kunstsoziologie, Frankfurt am Main 1981, S. 7–44.
13 W. GRASSKAMP, Demokratie (wie Anm. 1), S. 8f. Vgl. zum Verhältnis von Staat und Künsten im Sozialismus jetzt auch PAUL KAISER / KARL-SIEGBERT REHBERG (Hg.): Enge und Vielfalt. Auftragskunst und Kunstförderung in der DDR. Analysen und Meinungen, Hamburg/Berlin/Dresden 1999. Vgl. auch zur politisch-ästhetischen Inszenierung der totalitären Herrschaftssysteme von

Nationalsozialismus und Sowjetunion PETER REICHEL: Der schöne Schein des Dritten Reiches. Ästhetik und Gewalt im Nationalsozialismus, München 1991, und CHRISTEL LANE: The Rites of Rulers. Ritual in Industrial Society – The Soviet Case, Cambridge 1983.

14 THEODOR HEUSS: Hitlers Weg. Eine historisch-politische Studie über den Nationalsozialismus, Stuttgart 1932. Heuss hat sich 1952 anlässlich eines Vortrags vor der »Vereinigung für die Wissenschaft von der Politik« darauf wieder bezogen, als er über die »Formkräfte einer politischen Stilbildung« (so der Titel) sprach. Vgl. DERS.: Die großen Reden. Der Staatsmann, Tübingen 1965, S. 184–223, hier S. 219.

15 ERIC VOEGELIN: Die politischen Religionen (1938), hg. und mit einem Nachwort versehen von PETER J. OPITZ, München 1993; GEORGE L. MOSSE: Die Nationalisierung der Massen. Politische Symbolik und Massenbewegungen in Deutschland von den Napoleonischen Kriegen bis zum Dritten Reich, Frankfurt am Main 1976.

16 W. GRASSKAMP, Demokratie (wie Anm. 1), S. 9.

17 HANNAH ARENDT: Vita Activa oder Vom tätigen Leben, München/Zürich 1987, S. 171ff.

18 REINHART KOSELLECK: Politische Sinnlichkeit und mancherlei Künste, in: SABINE R. ARNOLD / CHRISTIAN FUHRMEISTER / DIETMAR SCHILLER (Hg.): Politische Inszenierungen im 20. Jahrhundert. Zur Sinnlichkeit der Macht, Wien/Zürich/Weimar 1998, S. 25–34, hier S. 31.

19 Diese und die folgenden Überlegungen stehen in einem größeren Zusammenhang, der das Verhältnis von Symbol und Politik und die Formen der symbolischen Vermittlung des Politischen aufklären will. Dabei beschränkt sich die symbolische Dimension eben keineswegs allein auf die expressiv-darstellende Seite der Politik, spiegelt nicht (allein) Ideologie oder »falsches Bewusstsein« wider, sondern das Symbolische ist konstitutiv für das Politische wie auch für jede soziale und politische Ordnung. Vgl. hierzu jetzt die institutionenanalytischen Arbeiten des Dresdner Sonderforschungsbereiches 537 »Institutionalität und Geschichtlichkeit«. Vgl. u. a. KARL-SIEGBERT REHBERG: Weltrepräsentanz und Verkörperung. Institutionelle Analyse und Symboltheorien – Eine Einführung in systematischer Absicht, in: GERT MELVILLE (Hg.): Institutionalität und Symbolisierung. Verstetigungen kultureller Ordnungsmuster in Vergangenheit und Gegenwart, Köln/Weimar/Wien 2001, S. 3–49; GERT MELVILLE / HANS VORLÄNDER (Hg.): Geltungsgeschichten. Über die Stabilisierung und Legitimierung institutioneller Ordnung, Köln/Weimar/Wien 2002; HANS VORLÄNDER: Integration durch Verfassung? Die symbolische Bedeutung der Verfassung im politischen Integrationsprozess, in: DERS. (Hg.): Integration durch Verfassung, Wiesbaden 2002, S. 9–40. Vgl. zum Verhältnis von Politik und Ästhetik auch den Band S. R. ARNOLD / C. FUHRMEISTER / D. SCHILLER, Inszenierungen (wie Anm. 18) und die Beiträge von ANDREAS DÖRNER und ULRICH SARCINELLI (mit weiteren Nachweisen), in diesem Band.

20 Über Alkibiades berichtet Thukydides im Kapitel »Vermessenheit« in: Der große Krieg, übers. u. eingel. v. HEINRICH WEINSTOCK, Stuttgart 1938, S. 101f. Auch Plutarch berichtet – durch Euripides – von Alkibiades und seinem Auftritt als Olympiasieger.

21 HERFRIED MÜNKLER: Die Visibilität der Macht und die Strategien der Machtvisualisierung, in: GERHARD GÖHLER (Hg.): Macht der Öffentlichkeit – Öffentlichkeit der Macht, Baden-Baden 1995, S. 213–230.

22 Vgl. jetzt in historischer Perspektive BERND SÖSEMANN: Zeremoniell und Inszenierung. Öffentlichkeit und dynastisch-höfische Selbstdarstellung in der preu-

ßischen Krönung und den Jubiläumsfeiern (1701-1851), in: DERS. (Hg.): Kommunikation und Medien in Preußen vom 16. bis zum 19. Jahrhundert, Stuttgart 2002, S. 85-135.

23 So geschehen auf dem SPD-Parteitag in Leipzig am 17. April 1998, als Gerhard Schröder zum Kanzlerkandidaten der SPD erklärt wurde. Vgl. hierzu auch den Beitrag von ANDREAS DÖRNER, in diesem Band.

24 Vgl. hierzu den Beitrag von HEINRICH WEFING, in diesem Band. Zuvor schon DERS.: Kulisse der Macht. Das Berliner Kanzleramt, München 2001.

25 »Der freiheitliche, säkularisierte Staat lebt von Voraussetzungen, die er selbst nicht garantieren kann.« – So das berühmte, immer wieder bemühte Zitat aus ERNST-WOLFGANG BÖCKENFÖRDE: Die Entstehung des Staates als Vorgang der Säkularisation, in: DERS.: Staat, Gesellschaft, Freiheit. Studien zur Staatstheorie und zum Verfassungsrecht, Frankfurt am Main 1976, S. 42-64, hier S. 60.

26 Alle Zitate in diesem Abschnitt verdanken sich dem Artikel von TILMANN BUDDENSIEG über Edwin Redslob, der unter dem Titel »Kunst sei Hefe, nicht Zimt« erschienen ist in: *Der Tagesspiegel,* 24. 5. 1998 (Weltspiegel-Beilage).

27 Vgl. hierzu den Beitrag von TILMANN BUDDENSIEG, in diesem Band.

28 So Theodor Heuss in einem Brief an Konrad Adenauer vom 2. 5. 1952, abgedruckt in THEODOR HEUSS / KONRAD ADENAUER: Unserem Vaterlande zugute. Der Briefwechsel 1948-1963, bearb. v. HANS PETER MENSING, Berlin 1989, Nr. 75, S. 112.

29 Theodor Heuss in einem Brief an Konrad Adenauer vom 19. 6. 1951: »Es gibt eben nur die eine Melodie, die notwendigerweise die traditionalen Wortassoziationen weckt, von denen ich bei allem Respekt vor der Geschichte die Deutschen wegbringen möchte, um sie an das Pathos der Nüchternheit, das auch seine innere Größe und Würde haben kann und wird, heranzuführen.« In: Ebd., Nr. 41, S. 73.

30 Vgl. auch die Darstellung bei HANS MAIER, in diesem Band, S. 99-101.

31 Theodor Heuss an Konrad Adenauer vom 2. 5. 1952 (wie Anm. 28).

32 JOSEF ISENSEE: Staatsrepräsentation und Verfassungspatriotismus. Ist die Republik der Deutschen zu Verbalismus verurteilt?, in: J.-D. GAUGER / J. STAGL, Staatsrepräsentation (wie Anm. 3), S. 223-241, hier S. 226.

33 KARL-HEINZ BOHRER: Nach der Natur. Über Politik und Ästhetik, München/Wien 1988, S. 27.

34 Die »Demokratie als Bauherr« – das war die einprägsame Formel, die ADOLF ARNDT in einem gleichlautenden Vortrag prägte. (Vgl. DERS.: Demokratie als Bauherr, Berlin 1984.) Darin hieß es: »Sollte es nicht einen Zusammenhang geben zwischen dem Öffentlichkeitsprinzip der Demokratie und einer äußeren wie inneren Durchsichtigkeit und Durchgängigkeit der öffentlichen Bauwerke?« Ähnlich GÜNTER BEHNISCH: Bauen für die Demokratie, in: INGEBORG FLAGGE / WOLFGANG JEAN STOCK (Hg.): Architektur und Demokratie, Stuttgart 1992. Vgl. auch WOLFGANG KIL: Das sympathische Experiment. Der Bonner Plenarsaal nach 40 Jahren Streit über »Bauen für die Demokratie«, in: H. WEFING, »Dem Deutschen Volke« (wie Anm. 5), S. 100ff und H. WEFING, Abschied (wie Anm. 5).

35 ANDREAS DÖRNER: Der Bundestag im Reichstag. Zur Inszenierung einer politischen Institution in der »Berliner Republik«, in: Zeitschrift für Parlamentsfragen 31 (2000), S. 237-246, hier S. 245.

36 Vgl. etwa CHRISTOPH DIECKMANN: Der sterbende Schwan. Berlins Palast der Republik, Symbol des deutschen Umgangs mit Geschichte, wird 25 Jahre alt, in: *Die Zeit,* 19. 4. 2001.

37 Vgl. etwa PETRA KIPPHOFF: Das Volk und die Krümel, in: *Die Zeit*, 23. 5. 2000.
38 Dass das – in einem wechselseitig abgrenzenden Sinne – auch schon für die beiden deutschen Nachkriegsstaaten galt, zeigt KARL-SIEGBERT REHBERG: Der doppelte Ausstieg aus der Geschichte. Thesen zu den »Eigengeschichten« der beiden deutschen Nachkriegsstaaten, in: G. MELVILLE / H. VORLÄNDER, Geltungsgeschichten (wie Anm. 19), S. 319–347.
39 JÜRGEN HABERMAS: Symbolischer Ausdruck und rituelles Verhalten. Ein Rückblick auf Cassirer und Gehlen, in: G. MELVILLE, Institutitonalität (wie Anm. 19), S. 53–67, hier S. 67.
40 Vgl. v. a. MICHAEL S. CULLEN: Der Reichstag. Parlament, Denkmal, Symbol, Berlin 1995 und die Beiträge in H. WEFING, »Dem Deutschen Volke« (wie Anm. 5).
41 Vgl. HEINRICH WEFING: Parlamentsarchitektur. Zur Selbstdarstellung der Demokratie in ihren Bauwerken, Berlin 1995. Zum Verhältnis von Repräsentation und Ästhetik vgl. den äußerst anregenden Beitrag von HANS-GEORG SOEFFNER: Erzwungene Ästhetik. Repräsentation, Zeremoniell und Ritual in der Politik, in: HERBERT WILLENS / MARTIN JURGA (Hg.): Inszenierungsgesellschaft. Ein einführendes Handbuch, Opladen 1998, S. 215–234. Vgl. zudem WERNER J. PATZELT (Hg.): Parlamente und ihre Symbolik. Programm und Beispiele institutioneller Analyse, Wiesbaden 2001.
42 AXEL SCHULTES / CHARLOTTE FRANK: Kanzleramt Berlin/Chancellery Berlin, Stuttgart/London 2002.
43 Vgl. hierzu und zum Folgenden auch SABINE R. ARNOLD / CHRISTIAN FUHRMEISTER / DIETMAR SCHILLER: Hüllen und Masken der Politik. Ein Aufriss, in: DIES., Inszenierungen (wie Anm. 18), S. 12ff.
44 SEYLA BENHABIB: Die gefährdete Öffentlichkeit, in: Transit 13 (1997), S. 26–41, hier S. 30.
45 Vgl. JÜRGEN HABERMAS: Strukturwandel der Öffentlichkeit. Untersuchungen zu einer Kategorie der bürgerlichen Gesellschaft, Frankfurt am Main 1990, S. 60.
46 Dass das in der Bundesrepublik Deutschland in besonderem Maße für den »redenden«, öffentlich »reflektierenden« und insofern auch politische Kultur repräsentierenden Bundespräsidenten gilt, zeigen die Beiträge in: EBERHARD JÄCKEL / HORST MÖLLER / HERMANN RUDOLPH (Hg.): Von Heuss bis Herzog. Die Bundespräsidenten im politischen System der Bundesrepublik, Stuttgart 1999.
47 Vgl. hierzu die Beiträge von SARCINELLI und DÖRNER, in diesem Band, sowie ANDREAS DÖRNER: Politainment. Politik in der medialen Erlebnisgesellschaft, Frankfurt am Main 2001 und THOMAS MEYER: Mediokratie. Die Kolonisierung der Politik durch das Mediensystem, Frankfurt am Main 2001.

Tonio Hölscher

1 HEINRICH RYFFEL: Eukosmia, in: Museum Helveticum 4 (1947), S. 23–38; WARREN D. ANDERSON: Ethos and Education in Greek Music, Cambridge, Mass. 1968, S. 41f.
2 BERNHARD SCHWEITZER: Xenokrates von Athen, Halle 1932, S. 32–46; FELIX PREISSHOFEN / PAUL ZANKER: Reflex einer eklektischen Kunstanschauung beim Autor ad Herennium, in: Dialoghi di Archeologia 4–5 (1970–71), S. 100–119; TONIO HÖLSCHER: Römische Bildsprache als semantisches System, Abhandlungen der Heidelberger Akademie der Wissenschaften 1987, Nr. 2, S. 54–60.
3 PAUL ZANKER: Augustus und die Macht der Bilder, München 1987, S. 240–263.

4 Grundsätzlich dazu MARIANNE BERGMANN: Repräsentation, in: ADOLF H. BORBEIN/TONIO HÖLSCHER/PAUL ZANKER: Klassische Archäologie. Eine Einführung, Berlin 2000, S. 166–188.
5 Grundsätzlich zur Methode TONIO HÖLSCHER: Bildwerke: Darstellungen, Funktionen, Botschaften, in: A. H. BORBEIN/T. HÖLSCHER/P. ZANKER, Archäologie (wie Anm. 4), S. 147–165.
6 Dies entspricht dem Grundkonzept des Projekts »Politische Ikonographie« am Kunsthistorischen Institut der Universität Hamburg.
7 STURE BRUNNSAKER: The Tyrant-Slayers of Kritios and Nesiotes, Stockholm 1971; BURKHARD FEHR: Die Tyrannentöter. Oder: Kann man der Demokratie ein Denkmal setzen?, Frankfurt am Main 1984, dort die eindringendste Interpretation der visuellen Botschaft des Denkmals, der ich hier im Wesentlichen folge; MICHAEL W. TAYLOR: The Tyrant Slayers. The Heroic Image in 5th Century B. C. Athenian Art and Politics, Salem, N. H. ^{2}1991. – Zusammenfassend über politische Denkmäler Athens: TONIO HÖLSCHER: Images and Political Identity: The Case of Athens, in: DEBORAH BOEDEKER / KURT RAAFLAUB (Hg.): Democracy, Empire, and the Arts in Fifth Century Athens, Cambridge, Mass. 1998, S. 153–183.
8 GISELA M. A. RICHTER: Kouroi. Archaic Greek Youths, London 1970, S. 49–50; REINHARD LULLIES: Griechische Plastik, München ^{4}1979, S. 46–47; MICHAEL MAASS: Das antike Delphi, Darmstadt 1993, S. 186–187.
9 JOCHEN BLEICKEN: Die athenische Demokratie, Paderborn u.a. ^{2}1994, S. 326–327.
10 Der sog. Eid von Plataiai, mit dem die Griechen sich angeblich verpflichtet haben, die von den Persern zerstörten Heiligtümer nicht wieder aufzubauen, wird in seiner Authentizität vielfach angezweifelt: PETER SIEWERT: Der Eid von Plataiai, München 1972. Für Echtheit zuletzt: NATASCHA KREUZ: Der Eid von Plataeae und der frühklassische Tempelbau, in: Thetis 8 (2001), S. 57–68. Dass in Athen, ob mit oder ohne Eid, die Zerstörung der Heiligtümer und Monumente lange Zeit sichtbar gehalten wurde, ist nicht zu bezweifeln.
11 T. LESLIE SHEAR, JR.: The Monument of the Eponymous Heroes in the Athenian Agora, Hesperia 39 (1970), S. 145–222; JOHN TRAVLOS: Bildlexikon zur Topographie des antiken Athen, Tübingen 1971, S. 210–212; HOMER A. THOMPSON / RICHARD E. WYCHERLEY: The Athenian Agora 14: The Agora of Athens, Princeton 1972, S. 38–41; UTA KRON: Die zehn attischen Phylenheroen, Berlin 1976, S. 228–236; CHRISSULA IOAKIMIDOU: Die Statuenreihen griechischer Poleis und Bünde aus spätarchaischer und klassischer Zeit, München 1997, S. 100–106, 274–280; T. HÖLSCHER, Images (wie Anm. 7), S. 162.
12 Demos und Chariten: RICHARD E. WYCHERLEY: The Athenian Agora 3: Literary and Epigraphical Testimonia, Princeton 1957, S. 59–61. – Demos und Nymphen: UTA KRON: Demos, Pnyx und Nymphenhügel, in: Mitteilungen des Deutschen Archäologischen Instituts Athen 94 (1979), S. 49–75.
13 OLGA PALAGIA: A Colossal Statue of a Personification from the Agora of Athens, in: Hesperia 51 (1982), S. 99–113.
14 OLGA ALEXANDRI-ZAHOU: Demokratia, in: Lexicon Iconographicum Mythologiae Classicae 3, Zürich 1986, S. 372–374; DIES.: Demos, in: Ebd., S. 375–382.
15 O. ALEXANDRI-ZAHOU, Demokratia (wie Anm. 14), Nr. 6.
16 O. ALEXANDRI-ZAHOU, Demos (wie Anm. 14), Nr. 57.
17 O. ALEXANDRI-ZAHOU, Demokratia (wie Anm. 14), Nr. 7.
18 Zum Folgenden siehe TONIO HÖLSCHER: Öffentliche Räume in frühen griechischen Städten, Heidelberg ^{2}1998, S. 46–62.
19 HERODOT, S. 77–78.

20 GORHAM P. STEVENS: The Periclean Entrance Court of the Acropolis, in: Hesperia 5 (1936), S. 504–506; ANTONY E. RAUBITSCHEK: Dedications from the Athenian Akropolis, Cambridge, Mass. 1949, S. 191–194; PATRICK SCHOLLMEYER: Antike Gespanndenkmäler, Hamburg 2001, S. 53–61.
21 EVELYN B. HARRISON: The South Frieze of the Nike Temple and the Marathon Painting in the Stoa Poikile, in: American Journal of Archaeology 76 (1972), S. 353–378; TONIO HÖLSCHER: Griechische Historienbilder des 5. und 4. Jahrhunderts v. Chr., Würzburg 1973, S. 50–84; FRANCESCO DE ANGELIS: La battaglia di Maratona nella Stoa Poikile, in: Annali della Scuola Normale Superiore di Pisa IV 1, 1 (1996), S. 119–171; RALF KRUMEICH: Bildnisse griechischer Herrscher und Staatsmänner im 5. Jahrhundert v. Chr., München 1997, S. 102–109.
22 ANTONY E. RAUBITSCHEK/GORHAM P. STEVENS: The Pedestal of the Athena Promachos, in: Hesperia 15 (1946), S. 107–114; ELSIE MATHIOPOULOS: Zur Typologie der Göttin Athena im 5. Jahrhundert v. Chr., Bonn 1968, S. 7–47; WERNER GAUER: Weihgeschenke aus den Perserkriegen, Tübingen 1968, S. 31, 103–105; CHRISTOPH HÖCKER/LAMBERT SCHNEIDER: Phidias, Reinbek 1993, S. 58–60.
23 EUGENE VANDERPOOL: A Monument to the Battle of Marathon, in: Hesperia 35 (1966), S. 93–106; B. CH. PETRAKOU: Ho Marathon, Athen 1995, S. 27–30.
24 Über die Verfahrensformen bei der Aufstellung denkmalartiger Weihungen in griechischen Heiligtümern: ANNE JACQUEMIN: Offrandes monumentales à Delphes, Paris 1999, S. 101–107.
25 PLUTARCH, Kimon 8.
26 AISCHINES, Ktesiphon 186; T. HÖLSCHER, Historienbilder (wie Anm. 21), S. 55–57; R. KRUMEICH, Bildnisse (wie Anm. 21), S. 55–56 (der mich in diesem Fall nicht überzeugt).
27 T. HÖLSCHER, Historienbilder (wie Anm. 21), S. 113–115.
28 Quellen bei R. E. WYCHERLEY, Testimonia (wie Anm. 12), S. 210–217; H. A. THOMPSON/R. E. WYCHERLEY, Agora of Athens (wie Anm. 11), S. 158–160.
29 GISELA M. A. RICHTER: The Archaic Gravestones of Attica, London 1961, S. 38–39; REINHARD STUPPERICH: Staatsbegräbnis und Privatgrabmal im klassischen Athen, Münster 1977, S. 71–86; IAN MORRIS: Death-Ritual and Social Structure in Classical Antiquity, Cambridge 1992, S. 128–155.
30 CHRISTINE BREUER: Reliefs und Epigramme griechischer Privatgrabmäler, Köln 1994; JOHANNES BERGEMANN: Demos und Thanatos, München 1997; NIKOLAUS HIMMELMANN: Attische Grabreliefs, Nordrhein-Westfälische Akademie der Wissenschaften, Vorträge G 357, Opladen 1999; MARION MEYER: Gesten der Zusammengehörigkeit und Zuwendung. Zum Sinngehalt attischer Grabreliefs in klassischer Zeit, in: Thetis 5–6 (1999), S. 115–132.
31 J. BLEICKEN, Demokratie (wie Anm. 9), 371–379. PLINIUS, Naturalis historia 35, 69 berichtet von einem Gemälde des Malers Parrhasios (spätes 5. Jahrhundert v. Chr.), auf dem der Demos von Athen als »launisch, zornig, ungerecht, unbeständig, aber auch als leicht zu erbitten, mild, barmherzig und ruhmsüchtig, als erhaben und kleinmütig, als kühn und feig, und das alles zugleich und mit gleicher Ausdruckskraft« dargestellt gewesen sei. Wann diese Deutung, die dem Gemälde kaum aufgrund seiner Ikonographie, sondern nur aufgrund einer vorgefassten Konnotation abgelesen werden konnte, aufgekommen ist, lässt sich nicht entscheiden. Aber es sind im Prinzip die Clichés, die bereits im 5. Jahrhundert von den Gegnern der Demokratie aufgefahren wurden.
32 J. BLEICKEN, Demokratie (wie Anm. 9), S. 22–27; CHRISTIAN MEIER: Athen, Berlin 1993, S. 69–85.

33 HERMANN DIELS: Die Fragmente der Vorsokratiker I, Berlin ⁶1952, S. 133, Nr. 18.
34 CHRISTIAN MEIER: Die Entstehung des Politischen bei den Griechen, Frankfurt am Main 1980, S. 91–143.
35 T. HÖLSCHER, Images (wie Anm. 7).
36 FRANK KOLB: Agora und Theater, Volks- und Festversammlung, Berlin 1981.
37 ROLAND MARTIN: Recherches sur l'Agora grecque, Paris 1951.
38 J. TRAVLOS, Bildlexikon (wie Anm. 11), S. 466–476; H. A. THOMPSON/R. E. WYCHERLEY, Agora of Athens (wie Anm. 11), S. 48–52.
39 TONIO HÖLSCHER, in: DERS./ROLF LAUTER (Hg.): Formen der Kunst und Formen des Lebens, Ostfildern/Ruit 1995, S. 23–25.
40 MARTIN FLASHAR: Die Sieger von Marathon, in: ERNST HEINRICH / HANS-JOACHIM GEHRKE/MARTIN FLASHAR (Hg.): Retrospektive. Konzepte von Vergangenheit in der griechisch-römischen Antike, München 1996, S. 63–85; HANS-JOACHIM GEHRKE: Das europäische Iran-Bild zwischen Griechen und Mullahs, in: TONIO HÖLSCHER (Hg.): Gegenwelten zu den Kulturen Griechenlands und Roms in der Antike, München 2000, S. 85–110.
41 HEINER KNELL: Mythos und Polis, Darmstadt 1990, S. 95–126; LAMBERT SCHNEIDER/CHRISTOPH HÖCKER: Die Akropolis von Athen. Eine Kunst- und Kulturgeschichte, Darmstadt ²2001, S. 138–155.
42 KARL SCHEFOLD: Kleisthenes, in: Museum Helveticum 3 (1946), S. 65–67, 72–77; CHARLES DUGAS/ROBERT FLACELIÈRE: Thésée. Images et récits, Paris 1958; ANNE G. WARD: The Quest for Theseus, London 1970; JENIFER NEILS: The Youthful Deeds of Theseus, Rom 1987; CLAUDE CALAME: Thésée et l'imaginaire athénien, Lausanne 1990; H. ALAN SHAPIRO: Theseus. Aspects of the Hero in Archaic Greece, in: DIANA BUITRON-OLIVER (Hg.): New Perspectives in Early Greek Art, Washington 1991, S. 123–139. Demnächst eine Monographie von RALF VON DEN HOFF.
43 Theseus im demokratischen Athen: H. ALAN SHAPIRO: Theseus in Kimonian Athens, in: Mediterranean Historical Review 7 (1992), S. 29–49.
44 L. SCHNEIDER/CH. HÖCKER, Akropolis (wie Anm. 41), S. 147–152. NIKOLAUS HIMMELMANN: Minima Archaeologica, Mainz 1996, S. 62–66.
45 THUKYDIDES 2, 40.
46 THUKYDIDES 1, 10.

Eberhard Straub: Weiterführende Literatur

SABINE BEHRENBECK/ALEXANDER NÜTZENADEL (Hg.): Inszenierungen des Nationalstaates. Politische Feiern in Italien und Deutschland seit 1860/71, Köln 2000.
JÖRG-DIETER GAUGER/JUSTIN STAGEL (Hg.): Staatsrepräsentation, Berlin 1992.
LYNN HUNT: Symbole der Macht, Macht der Symbole. Die französische Revolution und der Entwurf einer politischen Kultur, Frankfurt am Main 1989.
ERNST KANTOROWICZ: The King's two bodies. A study in medieval political theology, Princeton, N.J. 1957.
THEODOR SCHIEDER: Das Deutsche Kaisereich von 1871 als Nationalstaat, Köln/Opladen 1961.
EBERHARD STRAUB: Repraesentatio Maiestatis oder churbayerische Freudenfeste. Die höfischen Feste in der Münchner Residenz vom 16. bis zum Ende des 18. Jahrhunderts, München 1969.

Daniel Schulz

1 So der Klassiker MURRAY EDELMANN: Politik als Ritual. Die symbolische Funktion staatlicher Institutionen und politischen Handelns, Frankfurt am Main/New York 1976.
2 Zu diesem Ansatz KARL-SIEGBERT REHBERG: Institutionen als symbolische Ordnungen. Leitfragen und Grundkategorien zur Theorie und Analyse institutioneller Mechanismen, in: GERHARDT GÖHLER (Hg.): Die Eigenart der Institutionen, Baden-Baden 1994, S. 47–84 und DERS.: Politische Institutionen und ihr Kontext. Begriffliche und konzeptionelle Überlegungen zur Theorie politischer Institutionen, in: DERS. (Hg.): Die Eigenart der Institutionen, Baden-Baden 1994, S. 19–46.
3 PETER L. BERGER / THOMAS LUCKMANN: Die gesellschaftliche Konstruktion der Wirklichkeit. Eine Theorie der Wissenssoziologie, Frankfurt am Main 1969.
4 FRANÇOIS FURET: Penser la Révolution française, Paris 1978; LYNN HUNT: Symbole der Macht, Macht der Symbole. Die Französische Revolution und der Entwurf einer politischen Kultur, Frankfurt am Main 1989.
5 PIERRE ROSANVALLON: Le peuple introuvable. Histoire de la représentation démocratique en France, Paris 1998; MARCEL GAUCHET: La Révolution des pouvoirs. La souveraineté, le peuple et la représentation 1789–1799, Paris 1995.
6 Zu einer ideengeschichtlichen Analyse des Republikanismus in Frankreich vgl. CLAUDE NICOLET: L'idée républicaine en France (1789–1924), Paris 1994.
7 MAURICE AGULHON: Marianne au combat. L'imagerie et la symbolique républicaines de 1789 à 1880, Paris 1979, S. 22. Zu den Abbildungen vgl. DERS./PIERRE BONTE: Marianne. Les Visages de la République, Paris 1992.
8 Ebd., S. 24.
9 Ebd.
10 Ebd., S. 27.
11 Ebd., S. 28.
12 Ebd., S. 30.
13 Ebd., S. 37.
14 Ebd., S. 47.
15 Ebd.
16 Ebd., S. 48f. »Indem sie an die Stelle der Königsstatuen die Statuen der Freiheit stellte, indem die kirchlich angeordneten und abgesegneten Zeremonien durch zivile und bürgerliche Feste ersetzt wurden, hatte die Republik ihre Ambition gezeigt, Wandel nicht nur in den Ideen und den wichtigsten politischen Institutionen zu bewirken, sondern auch in den Ritualen, im Rahmen des alltäglichen Lebens, in einem Wort: in der Folklore, verstanden in seinem stärksten Sinn. Am Tage nach der gewaltigen republikanischen Erfahrung steht Frankreich an der Schwelle zum neunzehnten Jahrhundert mit potentiell zwei Folkloren: Es besitzt nicht nur zwei politische Richungen (Revolution, Gegenrevolution) und zwei Denksysteme, sondern infolgedessen auch noch zwei verschiedene Zeichensysteme« (Übers. DS).
17 Ebd., S. 59.
18 Ebd., S. 62.
19 Ebd., S. 64. »Das Regime des Louis-Philippe mochte in der Tat ein liberales und nationales sein; es konnte jedoch nicht die Freiheit oder die Nation in Frauengestalt darstellen, ohne Gefahr zu laufen, zu seinen Ungunsten die Zeit ins Gedächnis zu rufen, in der die Frau der Nation und der Freiheit auch die Frau der Republik war. [...] Wenn nun ein König auf dem Thron saß, der von den Republikanern bekämpft wurde, so hätte eine Statue der [Freiheits-]

Göttin im Pantheon und an der Bastille, jenen zentralen Orten des Volkes in Paris, dazu geführt, dieser republikanischen Opposition geradezu prädestinierte Orte [politischen] Überschwanges und Zusammenschlusses zu liefern« (Übers. DS).
20 Ebd., S. 67.
21 Ebd., S. 70.
22 Ebd., S. 73.
23 Ebd., S. 73ff.
24 Ebd., S. 76f.
25 Ebd., S. 98.
26 Ebd., S. 110.
27 Ebd., S. 120.
28 Ebd., S. 129.
29 Ebd., S. 132.
30 Ebd.
31 Ebd., S. 158.
32 Ebd.
33 Ebd., S. 164. »Es lebe die universelle demokratische und soziale Republik! Amen!« (Übers. DS).
34 Ebd., S. 165.
35 Ebd., S. 182.
36 Ebd., S. 197.
37 Ebd., S. 238. »Eine Republik mit oder ohne Jakobinermütze war 1880 eine deutliche Entscheidung« (Übers. DS).
38 MAURICE AGULHON: Marianne au pouvoir. L'imagerie et la symbolique républicaines de 1880 à 1914, Paris 1989, S. 30.
39 Ebd., S. 31.
40 M. AGULHON, Marianne au combat (wie Anm. 7), S. 215. »Es handelt sich hierbei nicht um eine Invasion staatlicher Propaganda, sondern um einen Habitus, der damit beginnt, sich in der Folge der langsamen Eroberung der Rathäuser durch die überzeugten Republikaner langsam zu verbreiten« (Übers. DS).
41 M. AGULHON, Marianne au pouvoir (wie Anm. 38), S. 42.
42 Ebd., S. 45.
43 Ebd., S. 48.
44 Ebd., S. 52. »Der Einzug des weiblichen Bildnisses der Republik in die Rathäuser war alles andere als eine Staatsaktion. Es handelte sich vielmehr um eine tiefgreifende, vielfältige und starke soziokulturelle Bewegung. Das Zeitalter war durch intensive Propaganda, aber auch durch große Freiräume geprägt« (Übers. DS).
45 Vgl. zum deutschen Kaiserreich ANDREAS DÖRNER: Politischer Mythos und symbolische Politik. Der Hermannmythos: zur Entstehung des Nationalbewußtseins der Deutschen, Reinbek 1996, 180ff.
46 M. AGULHON, Marianne au pouvoir (wie Anm. 38), S. 57.
47 Ebd., S. 66.
48 Ebd., S. 102.
49 Ebd., S. 106.
50 Ebd., S. 111.
51 Ebd., S. 119.
52 Ebd., S. 123.
53 Ebd., S. 157 und 170.
54 Ebd., S. 160.

55 Ebd., S. 277ff.
56 Ebd., S. 326. Dazu GERD KRUMEICH: Jeanne d'Arc à travers l'Histoire, Paris 1993.
57 M. AGULHON, Marianne au pouvoir (wie Anm. 38), S. 285.
58 Ebd., S. 308f.
59 Ebd., S. 314.
60 Ebd.
61 Ebd., S. 344.
62 MICHAEL JEISMANN: Das Vaterland der Feinde. Studien zum nationalen Feindbegriff und Selbstverständnis in Deutschland und Frankreich 1792–1918, Stuttgart 1992.
63 MAURICE AGULHON: Les métamorphoses de Marianne. L'imagerie et la symbolique républicaines de 1914 à nos jours, Paris 2001, S. 24.
64 Ebd., S. 39.
65 Ebd., S. 41.
66 Ebd., S. 44.
67 Ebd., S. 51.
68 Ebd., S. 69.
69 Ebd., S. 94.
70 Ebd., S. 96.
71 Ebd., S. 97.
72 Ebd., S. 107.
73 MAURICE AGULHON: De Gaulle. Histoire, symbole, mythe, Paris 2000.
74 Die Reden Malraux' und de Gaulles zur Verkündung der neuen Verfassung finden sich in COMITÉ NATIONAL CHARGÉ DE LA PUBLICATION DES TRAVAUX PRÉPARATOIRES DES INSTITUTIONS DE LA VE RÉPUBLIQUE (Hg.): Documents pour servir à l'histoire de l'élaboration de la constitution du 4 octobre 1958, Band 3: Du conseil d'état au référendum 20 août – 28 septembre 1958, Paris 1991, S. 597f.
75 M. AGULHON, Métarmorphoses (wie Anm. 63), S. 140.
76 Ebd., S. 150. »Die Frau mit der Jakobinermütze besitzt nicht mehr das Monopol auf die Visualisierung des Staates« (Übers. DS).
77 Ebd., S. 194.
78 Ebd., S. 203.
79 Ebd., S. 191.
80 FRANÇOIS FURET / JACQUES JUILLARD / PIERRE ROSANVALLON: La République du Centre. La fin de l'exception française, Paris 1988; PIERRE BIRNBAUM: La France imaginée, Paris 1998.
81 HELMUT QUARITSCH (Hg.): Die Selbstdarstellung des Staates, Berlin 1977; JÖRG-DIETER GAUGER/JUSTIN STAGL (Hg.): Staatsrepräsentation, Berlin 1992.

Hans Maier

1 ALFONS KENKMANN: Wilde Jugend. Lebenswelt großstädtischer Jugendlicher zwischen Weltwirtschaftskrise, Nationalsozialismus und Währungsreform, Essen 1996, S. 240.
2 ALFRED DÖBLIN: Schicksalsreise. Bericht und Bekenntnis, Frankfurt am Main 1949, S. 400.
3 THEODOR HEUSS/KONRAD ADENAUER: Unserem Vaterlande zugute. Der Briefwechsel 1948–1963, bearb. v. HANS PETER MENSING, Berlin 1989, Nr. 75, S. 112.
4 ANDRZEJ SZCZYPIORSKI: Einige Gedanken über Deutschland, in: JEWGENIJ ALEXANDROWITSCH JEWTUSCHENKO u.a.: Reden über Deutschland, München 1990, S. 87–97, hier S. 94f.

5 HAGEN SCHULZE: Kleine Geschichte der Deutschen, München 1996; MICHAEL SALEWSKI: Deutschland. Eine politische Geschichte. Von den Anfängen bis zur Gegenwart, 2 Bände, München 1993.
6 FRIEDRICH SCHILLER: Deutsche Größe, in: NORBERT OELLERS/SIEGFRIED SEIDEL (Hg): Schillers Werke. Nationalausgabe, Band 2/1: Gedichte, hg. v. NORBERT OELLERS, Weimar 1983, S. 431–436, hier S. 435.
7 Übersetzt nach MME DE STAËL: De l'Allemagne, hg. v. JEAN DE PANGE, Band 1, Paris 1958, S. 61f.
8 FRIEDRICH SCHILLER: Am Antritt des neuen Jahrhunderts, in: N. OELLERS / S. SEIDEL, Werke, Band 2/1 (wie Anm. 6), S. 362f.

Tilmann Buddensieg

1 Dieser Text bezieht sich auf eine frühere Fassung dieser Skizze zu einem großen Thema der Bau- und Bildkultur der Weimarer Republik unter gewerkschaftlicher Führung in: TILMANN BUDDENSIEG: Berliner Labyrinth, neu besichtigt. Von Schinkels Unter den Linden bis Fosters Reichstagskuppel, Berlin 1999, S. 119ff. Siehe auch das Nachwort zum Neudruck von MAX TAUT: Bauten und Pläne, mit einer Einleitung von ADOLF BEHNE und einem Nachwort von TILMANN BUDDENSIEG, Berlin 1996 [Berlin/Leipzig/Wien/Chicago 1927], S. I–XI.
2 HEINRICH WAGNER, in: Handbuch der Architektur, Band IV, 4. Halbband, Heft 2, Stuttgart ³1904, S. 126ff.
3 HERMANN SEEGER, in: Handbuch der Architektur, Band IV, 7. Halbband, Heft 1a, Leipzig ³1933, S. 69.
4 Siehe die Abbildungen in: PAUL UMBREIT: 25 Jahre Deutsche Gewerkschaftsbewegung 1890–1915, Berlin 1915, S. 88ff: Verwaltungsgebäude des Bauarbeiterverbandes in Hamburg, des Holzarbeiterverbandes in Berlin, des Metallarbeiterverbandes in Stuttgart und Berlin, Letzteres mit zwei verschiedenen Fassaden vor Mendelsohns Neubau. Siehe auch die zahlreichen Abbildungen in der wichtigen Publikation des ADGB: Die wirtschaftlichen Unternehmungen der Arbeiterbewegung. Ein Blick in die Gemeinwirtschaft, mit einer Einleitung von THEODOR LEIPART, Berlin 1928.
5 Zu Leon Arons (1860–1919) siehe Meyers Großes Konversations-Lexikon, Band 1, Leipzig ⁶1902; STEFAN WOLFF, Der Fall des Physikers Leon Arons, in: TILMANN BUDDENSIEG / KURT DÜWELL / KLAUS-JÜRGEN SEMBACH (Hg.): Wissenschaften in Berlin, Band 2: Gedanken, Berlin 1987, S. 76ff; CARL LEGIEN: Leon Arons und die Gewerkschaftsbewegung, in: Sozialistische Monatshefte 25 (1919), S. 1064ff; ALBERT EINSTEIN: Leo Arons als Physiker, in: Ebd., S. 1055ff. Dr. Karl Mey, als Direktor der Glühlampenfabrik der AEG bekannt mit deren »künstlerischem Beirat« Peter Behrens, später Auftraggeber von Wilhelm Wagenfeld in den AEG-Glaswerken in Weißwasser, war Assistent bei Leon Arons. Siehe WALTER SCHEIFFELE: Der Modellfall. Die Vereinigten Lausitzer Glaswerke in Weißwasser, in: BEATE MANSKE (Hg.): Wilhelm Wagenfeld (1900–1990), Ostfildern 2000, S. 46ff.
6 ANNA SIMON: Das Berliner Gewerkschaftshaus, in: *Die Zeit*, Wien, 8. 6. 1901, S. 147ff. Anna Simon (1862–1928) war Textilarbeiterin, seit 1908 Angestellte des Textilarbeiterverbandes, nach 1918 in der Nationalversammlung und im Preußischen Landtag. Siehe WILHELM HEINZ SCHRÖDER: Sozialdemokratische Parlamentarier in den deutschen Reichs- und Landtagen 1867–1933. Biographien – Chronik – Wahldokumentation, Düsseldorf 1995, S. 705, Nr. 190600.

7 Siehe T. BUDDENSIEG, Labyrinth (wie Anm. 1), S. 100f, mit Lit. und Abb.; sowie DERS.: Berliner Labyrinth, Berlin 1993, S. 58ff.
8 CLARA ZETKIN: Kunst und Proletariat, in: Die Gleichheit 21 (1910/11), Beilage zu Nr. 8, abgedruckt in: DIES.: Über Literatur und Kunst, Berlin 1955, S. 113.
9 FRANCO BORSI: La Maison du Peuple. Sindicalismo come arte, Bari 1978; DERS./PAOLO PORTOGHESI: Victor Horta, Rom 1969. Zum Kontext siehe JEAN-GRÉGOIRE WATELET: Art Nouveau Belgique. Europalia 80, Brüssel 1980/81.
10 Siehe ANDREA MESECKE: Josep Puig i Cadafalch (1867–1956). Katalanisches Selbstverständnis und Internationalität in der Architektur, Frankfurt am Main 1995 (Diss. Bonn), S. 194ff.
11 Siehe LUDWIG HILBERSEIMER, in: Die Form 5 (1930), S. 337ff; WERNER HEGEMANN, in: Wasmuths Monatshefte für Baukunst und Städtebau 14 (1930), S. 51ff, 97ff; NORBERT HUSE: »Neues Bauen« 1918 bis 1933. Moderne Architektur in der Weimarer Republik, München 1975.
12 ERNST REUTER: Berliner Verkehr, in: Das Neue Berlin 1 (1929), Nachdruck: Basel 1988, S. 213f.
13 Siehe TILMANN BUDDENSIEG: Kunst sei Hefe, nicht Zimt, in: *Der Tagesspiegel,* 24. 5. 1998. Zum Einsatz von Redslob für den Reichstag siehe DERS.: Das Reichstagsgebäude von Paul Wallot. Rätsel und Antworten seiner Formensprache, in: HEINRICH WEFING (Hg.): »Dem Deutschen Volke«. Der Bundestag im Berliner Reichstagsgebäude, Bonn 1999, S. 30–43, hier S. 41.
14 THEODOR HEUSS: Staat und Volk. Betrachtungen über Wirtschaft, Politik und Kultur, Berlin 1926, S. 257–266.
15 THEODOR HEUSS: Was ist Qualität? Zur Geschichte und zur Aufgabe des Deutschen Werkbundes, Tübingen/Stuttgart 1951, S. 80. Siehe auch: DERS., in: Werk und Zeit 1 (1952), Nr. 4, abgedruckt in: WEND FISCHER: Zwischen Kunst und Industrie. Der deutsche Werkbund, hg. v. Die Neue Sammlung, München 1975, S. 418.
16 HENDRIK DE MAN: Zur Psychologie des Sozialismus, Jena 1927, S. 170, 181ff.
17 Gewerkschafts-Zeitung 38 (1928), S. 462.
18 Zu dem Pavillon von H. Schumacher, Köln, siehe ALBERT SIGRIST: Das Buch vom Bauen. Wohnungsnot, neue Technik, neue Baukunst, Städtebau, Berlin 1930, S. 69.
19 BRUNO TAUT: Der Neuaufbau des Leipziger Volkshauses, in: Freiheit, 29. 9. 1920: »Die Zeiten, da das Proletariat in seinen Bauten, Möbeln, Geräten, Bildern nichts anderes wird haben wollen als den Ausdruck seiner selbst«, seien noch ferne. Siehe auch ROMANA SCHNEIDER: Volkshausgedanke und Volkshausarchitektur, in: VITTORIO MAGNAGO LAMPUGNANI/DIES. (Hg.): Moderne Architektur in Deutschland 1900–1950. Reform und Tradition, Stuttgart 1992, S. 185ff; MARCO DE MICHELIS: La maison du peuple allemande. Une halte sur le chemin des avant-gardes, in: Maisons du peuple. Belgique, Allemagne, Autriche, France, Grande-Bretagne, Italie, Pays-Bas, Suisse, Brüssel 1984, S. 73–123.
20 ROBERT BREUER: Der Bauherr regiert, in: Sozialistische Monatshefte 26 (1920), S. 456ff: »Wer herrscht, der kann auch bauen, und wer nicht bauen kann, der herrscht nicht mehr oder noch nicht. Kaiser und Kirche können heute den Bauleuten nicht mehr befehlen; aber die Besitzer des Leipziger Volkshauses können es auch nicht.«
21 Adolf Behne wurde am 13. Juli 1885 in Magdeburg als Sohn eines Architekten geboren. In Berlin aufgewachsen, studierte er zunächst Architektur, dann Kunstgeschichte bei Heinrich Wölfflin und Karl Frey, promovierte 1911 und begann eine rege schriftstellerische Tätigkeit über die zeitgenössische Archi-

tektur und die bildende Kunst. Noch vor 1914 setzte er sich für Bruno und Max Taut ein. Waldens »Sturm« nahestehend, übernahm er 1919 den Vorsitz des »Arbeitsrates für Kunst«. Seit 1920 beschäftigte er sich mit der holländischen Architektur des »Stijl« und vollzog den Bruch mit dem »Tummelfeld expressionistischer Willkürlichkeiten« (1921). 1923 reiste Behne in die Sowjetunion und lernte den russischen Konstruktivismus kennen. 1923 schrieb er sein wichtigstes Buch »Der moderne Zweckbau«, erschienen 1926. 1927 veröffentlichte er »Neues Wohnen – Neues Bauen« und die Max-Taut-Monographie. Seine publizistische Tätigkeit über das »Neue Bauen« endete 1933 infolge entschiedener Gegnerschaft zum NS-Regime. Adolf Behne starb im August 1948 in Berlin-Charlottenburg. Siehe ADOLF BEHNE: Der moderne Zweckbau, Neuaufl., mit Vorwort von ULRICH CONRADS, Berlin 1964; HAILA OCHS (Hg.): Adolf Behne. Architekturkritik in der Zeit und über die Zeit hinaus. Texte 1913–1946, Basel 1994. Siehe jetzt die eindringliche Studie: ADOLF BEHNE: Essays zu einer Kunst- und Architekturkritik, hg. v. MAGDALENA BUSHART, Berlin 2000.

22 ADOLF BEHNE: Einige Bemerkungen zum Thema: Moderne Baukunst, in: M. TAUT, Bauten (wie Anm. 1), S. 5–22.
23 Ebd., S. 8, 10, 11 – mit deutlicher Polemik gegen Walther Rathenau, aber auch gegen Peter Behrens' Verwaltungsbau in Höchst und die »Dombauhütte« in München von 1921.
24 Siehe vor allem ADOLF BEHNE: Neue Kräfte in unserer Architektur, in: Feuer 3 (1921/22), S. 268ff.
25 ADOLF BEHNE: Bauhaus-Woche Weimar, in: Vorwärts 40 (1923), Nr. 403, 30. 8. 1923, Ausg. A, Nr. 201, S. 2.
26 ADOLF BEHNE: Eine Gelegenheit, die nicht verpaßt werden darf, in: *Freiheit,* 12. 4. 1922, Beilage. Zum Bau für den ADGB siehe: Berlin und seine Bauten, Band 9: Industriebauten, Bürohäuser, Berlin 1971, S. 143f, Abb. 193–198.
27 ADOLF BEHNE: Allerlei Bauten, in: *Freiheit,* 4. 5. 1922, Beilage. Siehe auch DERS.: Baukultur, in: Sozialistische Monatshefte 28 (1922), S. 431.
28 ADOLF BEHNE: Neubauten und Antiquitäten, in: Weltbühne 20 (1924), S. 525. Siehe auch Sozialistische Monatshefte 30 (1924), S. 408; sowie H. OCHS, Behne (wie Anm. 21), S. 133.
29 Abbildungen finden sich in: Die wirtschaftlichen Unternehmungen (wie Anm. 4), Titelbild, sowie S. 91, 93. Zur Arbeiterbank siehe den Beitrag von BERND MEYER, in: Ebd., S. 88–99.
30 ADOLF BEHNE: Tempelhofer Feld und Wedding, in: Die Weltbühne 22 (1926), S. 345; H. OCHS, Behne (wie Anm. 21), S. 129f, gleichlautend in: Kulturwille 3 (1926), Nr. 11, S. 223. Siehe auch den Artikel des bekannten Bauingenieurs Karl Bernhard, Mitarbeiter von Max Taut, in: Deutsche Bauzeitung 60 (1926), S. 73ff.
31 Siehe BERNADETTE SCHOLL: Die Büchergilde Gutenberg (1924–1933), in: *Börsenblatt für den Deutschen Buchhandel,* Frankfurter Ausgabe, 21. 9. 1983, S. 89ff – mit einem nützlichen Gesamtverzeichnis, bis zur Schließung und Emigration l933. Siehe auch die Ausstellung: Bücher, Bilder und Ideen. 75 Jahre Büchergilde, Staatsbibliothek Berlin 1999; sodann den Beitrag von ihrem Gründer BRUNO DRESSLER, in: Die wirtschaftlichen Unternehmungen (wie Anm. 4), S. 109ff.
32 ADOLF BEHNE: Max Tauts Gewerkschaftshaus in Frankfurt am Main, in: Wasmuths Monatshefte für Baukunst und Städtebau 15 (1931), S. 481ff. Max Taut (geb. am 15. 5. 1884, Königsberg, gest. am 26. 2. 1967, Berlin) in seinem eigenen Lebenslauf vom 12. 5. 1952: »Nach dem Schulbesuch habe ich das Zimmerhandwerk erlernt und die Baugewerkschule in Königsberg absolviert

(1905). Bis zur Selbständigkeit als freier Architekt sieben Jahre Arbeit in Architekturateliers u.a. bei Baurat Kiehl (1906/07), bei Hermann Billing (1906/11) etc. Als Architekt baute ich u.a. Schulen in Finsterwalde (1911), Nauen (1913/14), Köpenick (1927), Lichtenberg (1927), Senftenberg (1930), Siedlungen in Reinickendorf (1913/14, 1926), Eichkamp (1919–21), Ruhleben (1927) etc. Die Reichsknappschaft (1928), das Buchdruckerhaus (1924), das Warenhaus Oranienplatz (1929), Gewerkschaftshaus in der Wallstraße (1922) und Frankfurt a.M. (1929).« Siehe Max Taut / Franz Hoffmann: Bauten, Sonderdruck aus: Neue Baukunst, Berlin 1925. Sodann A. Behne, Bemerkungen (wie Anm. 22); ferner Max Taut: Bauten, mit einer Einleitung von Alfred Kuhn, Deutsche Architektur-Bücherei, Berlin/Leizig 1932; sowie Max Taut. Ausstellungskatalog der Akademie der Künste, Berlin 1964/1984.

33 Aus: *Volksstimme,* Frankfurt, 13. 7. 1931, zit. nach: Das Haus der Besitzlosen. 90 Jahre Gewerkschaftskartell, 80 Jahre Gewerkschaftshäuser, 50 Jahre Neues Gewerkschaftshaus in Frankfurt am Main, Redaktion Franz Neuland, Frankfurt am Main 1982, S. 24.

34 Hermann Seeger: Bürohäuser der privaten Wirtschaft, in: Handbuch der Architektur, Band IV, 7. Halbband, Heft 1a, Leipzig ³1933, S. 93. Siehe auch Heinrich Wagner: Gebäude für sonstige gemeinnützige Vereine und Wohlfahrtsgesellschaften, in: Ebd., Band IV, 4. Halbband, Heft 2, Stuttgart ³1904, S. 126–137.

35 In: Wasmuths Monatshefte für Baukunst und Städtebau 15 (1931), S. 484.

36 A. Behne, Bauhaus-Woche (wie Anm. 25), S. 11f.

37 Siehe Berlin und seine Bauten, Band 5,C: Schulen, mit Beiträgen von Jörn-Peter Schmidt-Thomsen u.a., Berlin 1991, S. 152f, Abb. 351–355 und S. 154–156, Abb. 356–361.

38 Max Osborn, in: *Berliner Illustrirte Zeitung* 33 (1924).

39 Hans Weigert: Tauts Berliner Gewerkschaftshaus, in: Der Kunstwanderer 6/7 (1924/25), S. 154.

40 Siehe Jahrbuch des Allgemeinen Deutschen Gewerkschaftsbundes 1924 (1925), S. 185f.

41 Siehe zuletzt Felix Reusse: Das Denkmal an der Grenze seiner Sprachfähigkeit, Stuttgart 1995, S. 159. Das Denkmal wurde 1935 vom NS-Regime gesprengt.

42 Siehe z.B. Das Haus der Besitzlosen (wie Anm. 33) S. 23: »Und dann zahlte jeder 10 Pfennig in der Woche zusätzlich für den Bau des Gewerkschaftshauses«. Zur Bundesschule des ADGB in Bernau von Hannes Meyer steuerten die Gewerkschaftsmitglieder 50 Pfennige bei, um dieses »Zentrum der gewerkschaftlichen Kultur zu verwirklichen«. Siehe Claude Schnaidt: Hannes Meyer. Bauten, Projekte und Schriften, Teufen 1965. 1930 zahlten über zweieinhalb Millionen Mitglieder weitere 60 Pfennige. Siehe Hermann Weber u.a. (Hg.): Quellen zur Geschichte der deutschen Gewerkschaftsbewegung im 20. Jahrhundert, Bd. 3/2: Die Gewerkschaften von der Stabilisierung bis zur Weltwirtschaftskrise 1924–1930, bearb. v. Horst-A. Kukuck/Dieter Schiffmann, Köln 1986, S. 1094ff.

43 Siehe Gewerkschafts-Zeitung 36 (1926), S. 298. Siehe zudem Winfried Nerdinger: Rudolf Belling und die Kunstströmungen in Berlin 1918–1923, Berlin 1981.

44 Fünfundsiebzig Jahre Industriegewerkschaft 1891–1966. Vom Deutschen Metall-Arbeiter-Verband zur Industriegewerkschaft Metall. Ein Bericht in Wort und Bild, Frankfurt am Main 1966, S. 272; nach: *Metallarbeiter-Zeitung,* 30. 8. 1930.

45 Die Rede Erich Mendelsohns, in: Der neunzehnte Verbandstag. Die Einweihung des neuen Verbandshauses in Berlin, in: *Metallarbeiter-Zeitung*, 30. 8. 1930. Den wunderbaren Leuchter für das Haupttreppenhaus, vielleicht von Mendelsohn entworfen, hat der reichere Verband deutscher Druck- und Papierfabrikanten, also die kapitalistische »Opposition«, gestiftet. Siehe TILMANN BUDDENSIEG (Hg.): Berlin 1900–1933, Berlin/New York 1987 (Titelphoto).
46 Oskar Schlemmer, Ausstellung Staatsgalerie Stuttgart 1977, Kat.-Nr. 220; KARIN VON MAUR: Oskar Schlemmer, München 1982.
47 Siehe Jahr- und Handbuch, hg. v. Vorstand des Deutschen Metallarbeiter-Verbandes 1927 (1928), S. 313.
48 Siehe TILMANN BUDDENSIEG: Staatsgestalt und Baugestalt – Eine Bilanz der Berliner Hauptstadtarchitektur, in: *Frankfurter Allgemeine Zeitung*, 21. 5. 2001; WOLFGANG SCHÄCHE: Architektur und Städtebau in Berlin zwischen 1933 und 1945. Planen und Bauen unter der Ägide der Stadtverwaltung, Berlin 1991, S. 218–226; Demokratie als Bauherr. Die Bauten des Bundes in Berlin 1991–2000, hg. v. Bundesministerium für Verkehr, Bau- und Wohnungswesen, Hamburg 2000, S. 232–247.
49 H. SEEGER, Bürohäuser (wie Anm. 34), S. 69.
50 A. SIGRIST, Buch (wie Anm. 18), S. 65.
51 Siehe WILFRIED VAN DER WILL/ROB BURNS (Hg.): Arbeiterkulturbewegung in der Weimarer Republik, 2 Bände, Frankfurt am Main 1982, Band 2: Texte – Dokumente – Bilder, S. 46.
52 So der Titel der detaillierten Untersuchung von OTTO DE LA CHEVALERIE, in: Gewerbefleiß 108 (1929), S. 181 ff. Siehe hierzu die gewerkschaftseigene grundlegende Untersuchung: Die wirtschaftlichen Unternehmungen (wie Anm. 4), sowie die von Moholy-Nagy ausgestattete Schrift: Bauhüttenarbeit, hg. v. Verband sozialer Baubetriebe, Berlin 1928.
53 Siehe die inhaltsreiche Studie von MANFRED SPEIDEL: Das Haus des Deutschen Verkehrsbundes in Berlin. Ein Werk von Bruno Taut, in: Architektur und Kunst im Abendland. Festschrift Günter Urban, Rom 1992, S. 179 ff. Siehe auch KURT JUNGHANNS: Bruno Taut, 1880–1938, Berlin ^{2}1983, S. 92, Abb. 274, 275. Der Bau war strittig zwischen Max und Bruno Taut. Speidels Argumente zugunsten von Bruno überzeugen, zumal Max den Bau nicht in seinem Œuvre-Verzeichnis erwähnt. Siehe ebd., Anm. 32.
54 A. SIGRIST, Buch (wie Anm. 18), S. 65. Adolf Behne kritisierte die Materialpracht von Mendelsohns Verbandshaus der Metallarbeiter. Siehe BEHNE, Essays (wie Anm. 21), S. 56.
55 PETER BEHRENS: Umbautes Licht. Das Verwaltungsgebäude der Hoechst AG, hg. v. BERNHARD BUDERATH, München 1990.
56 C. SCHNAIDT, Hannes Meyer (wie Anm. 42), S. 32; HANNES MEYER: Bauen und Gesellschaft. Schriften, Briefe, Projekte, hg. v. LENA MEYER-BERGNER, Dresden 1980, S. 99; K. JUNGHANNS, Bruno Taut (wie Anm. 53), S. 81.
57 Zur neueren Literatur über die Kulturpolitik der Gewerkschaften siehe DIETER DOWE: Zur Bedeutung der Bildungsarbeit für die Gewerkschaften in der Weimarer Republik. Siehe zudem DIETER LANGEWIESCHE: Politik – Gesellschaft – Kultur. Zur Problematik von Arbeiterkultur und kulturellen Arbeiterorganisationen in Deutschland nach dem 1. Weltkrieg, in: Archiv für Sozialgeschichte 22 (1982), S. 359 ff; RICHARD SHEPPARD: The SPD, its Cultural Policy and the German »Avant-Garde« 1917–1922, in: Internationales Archiv für Sozialgeschichte der deutschen Literatur 20 (1995), S. 16 ff.
58 A. SIGRIST, Buch (wie Anm. 18), S. 47.

59 AXEL SCHULTES/CHARLOTTE FRANK: Kanzleramt Berlin, Stuttgart/London 2002. Siehe auch T. BUDDENSIEG, Staatsgestalt (wie Anm. 48).
60 HEINRICH KLOTZ: Moderne und Postmoderne, in: WOLFGANG WELSCH (Hg.): Wege aus der Moderne. Schlüsseltexte der Postmoderne-Diskussion, Weinheim 1988, S. 100ff.
61 DIETER HOFFMANN-AXTHELM: Die Rettung der Architektur vor sich selbst. Zehn Polemiken, Braunschweig/Wiesbaden 1995, S. 123, 129.
62 Der ganz andere Ansatz des Wegnehmens, Entleerens und Umwandelns der NS-Architektur ist in den Raumplanungen von Gerhard Merz vor allem in der grandiosen Vorhalle, sonst im Bauwerk aber nur fragmentarisch zur Entfaltung gekommen. Siehe die in Anm. 48 zitierten Veröffentlichungen.
63 Siehe HANS KOLLHOFF: Architektur, Essay von FRITZ NEUMEYER, München 2002, S. 12, 14f.
64 JOHN SIEGFRIED MEHNERT: Die Gewerkschafts-Bande. Der größte Wirtschaftsskandal der Nachkriegsgeschichte, Hamburg 1997. Der Autor war in der Öffentlichkeitsarbeit der »Neuen Heimat« tätig.

Michael S. Cullen

1 MICHAEL S. CULLEN: Der Reichstag. Die Geschichte eines Monuments, Berlin 1983.
2 GERHARD HAHN: Die Reichstagsbibliothek – ein Spiegel deutscher Geschichte. Mit einer Darstellung zur Geschichte der Bibliotheken der Frankfurter Nationalversammlung, des Deutschen Bundestages und der Volkskammer sowie einem Anhang: Ausländische Parlamentsbibliotheken unter nationalsozialistischer Herrschaft und Dokumenten, Düsseldorf 1997.
3 PETER SCHINDLER: Datenhandbuch zur Geschichte des Deutschen Bundestages, Bd. 3, Baden-Baden 1999, S. 3344f.
4 Abschrift eines Briefs von Adolf Arndt an den Deutschen Werkbund vom 1. Februar 1957 in einem undatierten, hektografierten Werkbundbericht im Besitz des Verfassers.
5 In: *Westdeutsche Allgemeine Zeitung*, 6. 4. 1957.
6 P. SCHINDLER, Datenhandbuch, Bd. 3 (wie Anm. 2), S. 3345.
7 Vermerk über die Sitzung vom 5. Februar 1957 in der Registratur des Bundesamts für Bauwesen und Raumordnung (BBR), Berlin.
8 Vgl. hierzu EUGEN GERSTENMAIER: Streit und Friede hat seine Zeit. Ein Lebensbericht, Frankfurt am Main 1981, S. 398; Walter Menzel an Otto Suhr vom 4. 6. 1957, in: Archiv der sozialen Demokratie, Bonn, Nachlass Carlo Schmid, 1357.
9 So zu lesen bei WERNER DURTH / NIELS GUTSCHOW: Träume in Trümmern. Planungen zum Wiederaufbau zerstörter Städte im Westen Deutschlands 1940–1950, 1. Band: Konzepte, Braunschweig/Wiesbaden 1988, S. 208.
10 Die beste Quelle ist von Christine Fischer-Defoy in ihrem Band über die unmittelbaren Nachkriegsjahre der Hochschule der Künste: CHRISTINE FISCHER-DEFOY: »... und die Vergangenheit sitzt immer mit am Tisch«. Dokumente zur Geschichte der Akademie der Künste (West) 1945/1954–1993, Berlin 1997, S. 449. In der »Bauwelt« nach Wedepohls Tod wird nicht der 17., sondern der 7. März als Todesdatum angegeben.
11 Vermerk in der Regisratur des BBR (wie Anm. 7), 18. 11. 1957.
12 Vermerk, 26. 2. 1958, in: Bundesarchiv, Ministerielle Bundesbauverwaltung, B 157, 4252.
13 Die kursiven Stellen sind im Original gesperrt gedruckt.

14 Mertz' Vermerk vom 12. September 1958 befindet sich unpaginiert in der Registratur des BBR (wie Anm. 7).
15 Vgl. HANS VOLLMER (Hg.): Allgemeines Lexikon der bildenden Künstler des XX. Jahrhunderts, Bd. 3, Leipzig 1956, S. 504.
16 Hinsichtlich der Pläne für den Ausbau vgl. G. HAHN, Reichstagsbibliothek (wie Anm. 2), S. 365ff.
17 Bundesarchiv, Ministerielle Bundesbauverwaltung, B 157, 4260, S. 47.
18 Bundesarchiv, Ministerielle Bundesbauverwaltung, B 157, 4258.
19 Ebd.
20 Vgl. BARBARA VOLKMANN / ELISABETH LUX / ROSE-FRANCE RADDATZ / MARTIN WIEDEMANN (Hg.): Paul Baumgarten. Bauten und Projekte 1924–1981. Katalog der Adademie der Künste Berlin, Ausstellung Berlin 1988, S. 220f.

Heinrich Wefing

1 Zur Planungsgeschichte ausführlich HEINRICH WEFING: Kulisse der Macht. Das Berliner Kanzleramt, München 2001.
2 Zitiert nach JÜRGEN LEINEMANN: Helmut Kohl. Die Inszenierung einer Karriere, Berlin 1998, S. 44.
3 Vgl. SILKE WENK: Henry Moore, Large Two Forms. Eine Allegorie des modernen Sozialstaates, Frankfurt am Main 1997.
4 JOSEF ISENSEE: Staatsrepräsentation und Verfassungspatriotismus. Ist die Republik der Deutschen zu Verbalismus verurteilt?, in: JÖRG-DIETER GAUGER / JUSTIN STAGL (Hg.): Staatsrepräsentation, Berlin 1992, S. 223–241, hier S. 226.
5 MICHAEL STÜRMER: Die Republik auf der Suche nach Staat und Stil, in: GUENTER ERMISCH u.a. (Hg.): Wanderungen durch die Kulturpolitik. Festschrift für Sieghardt v. Köckritz, Berlin 1993, S. 15–19, hier S. 17.
6 KARL HEINZ BOHRER: Nach der Natur. Über Politik und Ästhetik, München 1988, S. 27.
7 M. STÜRMER, Republik (wie Anm. 5), S. 19.
8 Kanzlerentscheidung vom 28. Juni 1995, zitiert nach: BUNDESMINISTERIUM FÜR RAUMORDNUNG, BAUWESEN UND STÄDTEBAU (Hg.): Neubau des Bundeskanzleramtes in Berlin. Architektenwettbewerb, Entscheidungsfindung, Köln 1995, S. 46.
9 Helmut Kohl, Gespräch mit dem Verf., 6. November 2000.
10 Anton Pfeifer, Gespräch mit dem Verf., 10. August 2000.
11 AXEL SCHULTES: Ich will einen Ort des Gleichgewichts, in: *Frankfurter Allgemeine Zeitung*, 29. 6. 1995.
12 Vgl. Eine offene Republik. Ein Zeit-Gespräch mit Bundeskanzler Gerhard Schröder, in: *Die Zeit*, 4. 2. 1999.
13 Axel Schultes, Gespräch mit dem Verf., 8. November 2000.
14 Zitiert nach PETRA BORNHÖFT: Wenn die Felsenbirne grünt, in: *Der Spiegel* 51/2000, 18. 12. 2000.
15 GERHARD SCHRÖDER: Ansprache anlässlich des Richtfestes am 22. Oktober 1999, Redemanuskript.
16 So P. BORNHÖFT, Felsenbirne (wie Anm. 14).
17 GUSTAV SEIBT: Der Schönwetterkaiser, in: *Die Zeit*, 9. 11. 2000. Wohlwollendere Kritiken von Kunsthistorikern und Architekturkritikern erschienen erst später. Vgl. etwa enthusiastisch MICHAEL MÖNNINGER: Sehnsucht nach der Leichtigkeit des Steins, in: AXEL SCHULTES / CHARLOTTE FRANK (Hg.): Kanzleramt Berlin, Stuttgart/London 2002, S. 27–48 und TILMANN BUDDENSIEG: Staatsgestalt und

Baugestalt, in: *Frankfurter Allgemeine Zeitung,* 21. 5. 2001; unentschieden: HANNO RAUTERBERG: Pathos für die Republik, in: *Die Zeit,* 26. 4. 2001.
18 GERHARD SCHRÖDER: Rede bei der Schlüsselübergabe im neuen Bundeskanzleramt am 2. Mai 2001 in Berlin, Manuskript veröffentlicht vom Bundespresseamt. Im Internet unter »www.bundeskanzler.de/Reden- .7715.31430/Rede-von-Bundeskanzler-Gerhard-Schroeder-bei-der...htm«.
19 Vgl. *Frankfurter Allgemeine Zeitung,* 27. 6. 2001.
20 AXEL SCHULTES: Bundeskanzleramt, in: Demokratie als Bauherr. Die Bauten des Bundes in Berlin 1991–2000, hg. v. Bundesministerium für Verkehr, Bau- und Wohnungswesen, Hamburg 2000, S. 152–167, hier S. 167.
21 MATTHIAS EHLERT: Am Hofe, in: *Frankfurter Allgemeine Zeitung,* 27. 5. 2002.
22 MANFRED SACK: Mehr Gelassenheit!, in: *Die Zeit,* 7. 7. 1995.
23 Vgl. BUNDESBAUDIREKTION (Hg.): Realisierungswettbewerb Bundeskanzleramt Berlin. Ergebnisprotokoll, Berlin 1994, ohne Seiten (S. 22).
24 Zitiert nach Notizen von Manfred Sack, Archiv Sack.
25 Alexander Gauland, Gespräch mit dem Verf., 4. August 2000.
26 Helmut Kohl, Gespräch mit dem Verf., 6. November 2000.
27 Helmut Kohl, Gespräch mit dem Verf., 6. November 2000.
28 A. SCHULTES, Ort (wie Anm. 11).
29 Helmut Kohl, Gespräch mit dem Verf., 6. November 2000.
30 A. SCHULTES, Ort (wie Anm. 11).
31 MICHAEL MÖNNINGER: Die politische Architektur der Hauptstadt, in: THORSTEN SCHEER/JOSEF PAUL KLEIHUES/PAUL KAHLFELDT (Hg.): Stadt der Architektur. Architektur der Stadt. Berlin 1900–2000, Berlin 2000, S. 389–397, hier S. 391.
32 Kahn hatte das Zusammenspiel von großen Öffnungen und darunter liegenden Mauer-Schlitzen entwickelt, das als »keyhole-window« in die Architekturgeschichte eingegangen ist.
33 Frappierend sind zwei von Schultes gern betonte Parallelen: Zum einen entstand der Ali Quapu, der nicht nur Torbau, sondern auch Palast war und insofern dem Kanzramt sogar funktionell ähnelt, in einer annähernd vergleichbaren Umbruchsituation wie das neue Berliner Regierungsviertel. Ziemlich genau vierhundert Jahre vor dem deutschen Hauptstadtumzug verlegte der Schah Abbas der Große 1598 den persischen Regierungssitz von Kaswin nach Isfahan und ließ dort repräsentative Bauten aufführen, unter anderem eine prächtige Moschee. Zum anderen liegt der Ali Quapu am Rande eines riesigen, architektonisch gefassten Platzraumes, des »Maidan-i-Shah«, der Schultes zufolge »exakt die gleiche Größe wie der Platz der Republik im Tiergarten« besitzt.
34 AXEL SCHULTES: Vortrag auf dem 2. Reichstags-Kolloquium des Deutschen Bundestages am 12. März 1993 in Berlin, zitiert nach: ARBEITSGRUPPE BERLIN-WETTBEWERBE (Hg.): Hauptstadt Berlin. Parlamentsviertel im Spreebogen, Berlin/Basel/Boston 1993, S. 49.
35 A. SCHULTES, Ort (wie Anm. 11).
36 Für den Bau einer Moschee, scherzte Schultes einmal im Gespräch mit einem Journalisten, »würde ich mich glatt zum Glauben bekehren lassen.« Vgl. HANNO RAUTERBERG: Enthusiast des neuen Raums, in: *Die Zeit,* 12. 10. 2000.
37 WOLFGANG PEHNT: Ab durch die grüne Mitte?, in: Der Architekt 1980, S. 83–87, hier S. 84.
38 A. SCHULTES, Ort (wie Anm. 11).
39 Ebd.
40 Anton Pfeifer, zitiert nach JAN GERD BECKER-SCHWERING: Der Neubau des Bundeskanzleramtes in Berlin, Maschinenschriftliche Magisterarbeit, Berlin 1999, S. 73.

41 HELMUT KOHL: Kanzlerentscheidung. Auszug aus der Pressekonferenz vom 28. Juni 1995, in: BUNDESMINISTERIUM, Neubau (wie Anm. 8), S. 46.
42 A. SCHULTES, Bundeskanzleramt (wie Anm. 20), S. 166.
43 TILMANN BUDENSIEG: Das Reichstagsgebäude von Paul Wallot, in: HEINRICH WEFING (Hg.): »Dem Deutschen Volke«. Der Reichstag im Berliner Reichstagsgebäude, Bonn 1999, S. 30–43, hier S. 36.
44 A. SCHULTES, Ort (wie Anm. 11).
45 HEINRICH LOEWE: Berlin, Mark Brandenburg und Altmark, Berlin 1907, S. 49f; zitiert nach HANS WILDEROTTER: Alltag der Macht. Berlin Wilhelmstraße, Berlin 1998, S. 43.
46 T. BUDDENSIEG, Reichstagsgebäude (wie Anm. 43), S. 31.
47 A. SCHULTES, Ort (wie Anm. 11).

Ulrich Sarcinelli

1 JOHANN WOLFGANG VON GOETHE, zit. nach: ARNOLD BERGSTRAESSER: Zum Begriff des politischen Stils, in: GERHARD A. RITTER / GILBERT ZIEBURA (Hg.): Faktoren der politischen Entscheidung. Festschrift für Ernst Fraenkel zum 65. Geburtstag, Berlin 1963, S. 39–55, hier S. 43.
2 So der Titel eines allerdings inhaltlich anders akzentuierten Beitrages von MICHAEL SCHMOLKE: Von der repräsentativen zur präsentativen Demokratie. Die Teilhabe der Medien an der Macht, in: Freie Argumente 15 (1988), Folge 3, S. 25–31. Vgl. zudem ULRICH SARCINELLI: Repräsentation oder Diskurs? Zu Legitimität und Legitimitätswandel durch politische Kommunikation, in: Zeitschrift für Politikwissenschaft 8 (1998), S. 547–567.
3 ANTJE VOLLMER: Befreit das deutsche Parlament, in: *Die Zeit,* 14. 3. 2002.
4 PETER MÜLLER: Das haben wir dann gemacht, in: *Frankfurter Allgemeine Zeitung,* 28. 3. 2002.
5 GUIDO WESTERWELLE, zit. nach: GÜNTER BANAS: Das zertrennliche Paar, in: *Frankfurter Allgemeine Zeitung,* 7. 6. 2002.
6 Vgl. dazu AXEL MURSWIECK: Führungsstile in der Politik in vergleichender Perspektive, in: HANS-HERMANN HARTWICH / GÖTTRIK WEWER (Hg.): Regieren in der Bundesrepublik. Band 2: Formale und informale Komponenten des Regierens, Opladen 1991, S. 81–95.
7 THOMAS ELLWEIN: Das Regierungssystem der Bundesrepublik Deutschland, Opladen ^{3}1973, S. 358. In späteren Auflagen von Ellweins bzw. Hesse/ Ellweins Lehrbuch taucht die Kategorie »politischer Stil« nicht mehr auf.
8 Vgl. die Unterscheidung zwischen »Bonn-Stil« und »Basis-Stil« bei UWE THAYSEN: Repräsentation in der Bundesrepublik Deutschland, in: DERS. u.a. (Hg.): US-Kongreß und Deutscher Bundestag. Bestandsaufnahmen im Vergleich, Opladen 1988, S. 73–107, hier S. 95.
9 Vgl. diese mit Bezug auf Bonn gemachte Aussage bei ULRICH SARCINELLI: Parlamentarische Sozialisation in der Bundesrepublik Deutschland: zwischen politischer »Sonderkultur« und Basislegitimation, in: Zeitschrift für Parlamentsfragen 20 (1989), S. 388–407, hier S. 401.
10 Vgl. JEREMY RICHARDSON / GUNNEL GUSTAFSSON / GRANT JORDAN: The Concept of Political Style, in: DIES. (Hg.): Political Styles in Western Europe?, London/ Boston/Sydney 1982, S. 1–16, hier S. 2; ROLAND STURM: Die Politikstilanalyse. Zur Konkretisierung des Konzeptes der Politischen Kultur in der Policy-Analyse, in: HANS-HERMANN HARTWICH (Hg.): Policy-Forschung in der Bundesrepublik

Deutschland. Ihr Selbstverständnis und ihr Verhältnis zu den Grundfragen der Politikwissenschaft, Opladen 1985, S. 111–116.
11 Martin und Sylvia Greifenhagen: Ein schwieriges Vaterland. Zur politischen Kultur Deutschlands, München 1979, S. 116.
12 A. Bergstraesser, Begriff (wie Anm. 1), S. 39.
13 So bereits Wilhelm Hennis: Zum Begriff des politischen Stils, in: Gesellschaft – Staat – Erziehung 9 (1964), S. 225–237, hier S. 225.
14 Vgl. hierzu und im Folgenden Ulrich Sarcinelli: Politischer Stil – eine vergessene Kategorie?, in: CIVIS 1986, H. 4, S. 27–34; Ders., Symbolische Politik. Eine Analyse zur Wahlkampfkommunikation in der Bundesrepublik Deutschland, Opladen 1987, insb. S. 30–42.
15 Vgl. insb. das DFG-Schwerpunktprogramm Theatralität. Siehe dazu u.a.: Herbert Willems / Martin Jurga (Hg.): Inszenierungsgesellschaft. Ein einführendes Handbuch, Opladen/Wiesbaden 1998.
16 Vgl. typischerweise die insb. im theoretischen Teil grundlegende Arbeit von Anreas Dörner: Politische Kultur und Medienunterhaltung, Konstanz 2000.
17 Vgl. Hans-Georg Soeffner: Stil und Stilisierung. Punk oder die Überhöhung des Alltags, in: Hans Ulrich Gumbrecht / K. Ludwig Pfeiffer (Hg.): Stil. Geschichten und Funktionen eines kulturwissenschaftlichen Diskurselements, Frankfurt am Main 1986, S. 317–341.
18 Vgl. U. Sarcinelli, Repräsentation (wie Anm. 2), S. 551.
19 Peter Glotz: Politisches Wrestling statt reales Kräftemessen, in: Politik richtig vermitteln, hg. v. d. Bertelsmann-Stiftung, Gütersloh 1996, insb. S. 29.
20 Vgl. Peter Radunski: Politisches Kommunikationsmanagement. Die Amerikanisierung der Wahlkämpfe, in: Ebd., S. 33–52. Zur strategischen Rolle des Fernsehens für die Politikvermittlung vgl. bereits Radunskis Monographie: Ders.: Wahlkämpfe. Moderne Wahlkampfführung als politische Kommunikation, München/Wien 1980. Zur weithin konsensualen Sicht professioneller Politikvermittlung aus Politik und Agenturpraxis vgl. Ulrich Sarcinelli / Jens Tenscher (Hg.): Machtdarstellung und Darstellungsmacht, Baden-Baden 2003.
21 In Analogie zu Wolfgang Koeppens Roman »Das Treibhaus« aus dem Jahre 1953, in dem der Schriftsteller den politischen Betrieb in Bonn mit geradezu visionärer Kraft als eine eigene, in einer Art Dunstglocke abgeschottete Welt schilderte.
22 Vgl. Jens Tenscher: Talkshowisierung als Element moderner Politikvermittlung, in: Ders. / Christian Schicha (Hg.): Talk auf allen Kanälen. Akteure, Angebote und Nutzer von Fernsehgesprächssendungen, Wiesbaden 2002, S. 55–71.
23 So der Titel von Klaus von Beyme: Die politische Klasse im Parteienstaat, Frankfurt am Main 1993, der allerdings auf die Problematik der »Kommunifizierung« des Politischen und die damit verbundenen elitenspezifischen Auswirkungen nicht eingeht. Siehe vereinzelte Hinweise bei Ansgar Klein: Politische Eliten in der Demokratie. Zugänge zur Diskussion über die »Politische Klasse«, in: Thomas Leif /Hans-Josef Legrand /Ansgar Klein (Hg.): Die politische Klasse in Deutschland. Eliten auf dem Prüfstand, Bonn/Berlin 1992, S. 16–34, insb. S. 26. Interessante empirisch gestützte Hinweise zu diesem Forschungsdesiderat bieten verschiedene Beiträge des Bandes: Beziehungsspiele – Medien und Politik in der öffentlichen Diskussion. Fallstudien und Analysen von Wofgang Donsbach, Otfried Jarren, Hans Mathias Kepplinger und Barbara Pfetsch, Gütersloh 1993.
24 Ernst Fraenkel: Deutschland und die westlichen Demokratien, Frankfurt am Main 1991 (1964), S. 153.

25 Vgl. ULRICH SARCINELLI: Politische Klasse und Öffentlichkeit, in: HANS HERBERT VON ARNIM (Hg.): Politische Klasse und Verfassung, Berlin 2001, S. 123-144.
26 Vgl. dazu BIRGIT PETERS: Prominenz. Eine soziologische Analyse ihrer Entstehung und Wirkung, Opladen 1996.
27 Vgl. RALF DAHRENDORF: Das Zerbrechen der Ligaturen und die Utopie der Weltbürgergesellschaft, in: ULRICH BECK / ELISABETH BECK-GERNSHEIM (Hg.): Riskante Freiheiten, Frankfurt am Main 1994, S. 421-436.
28 Vgl. NIKLAS LUHMANN: Die Realität der Massenmedien, Opladen 1995.
29 SANDRA SEUBERT: Paradoxien des Charisma. Max Weber und die Politik des Vertrauens, in: Zeitschrift für Politikwissenschaft 12 (2002), S. 1123-1148, hier S. 1141f.
30 UDO DI FABIO: Ein großes Wort. Verantwortung als Verfassungsprinzip, in: *Frankfurter Allgemeine Zeitung*, 2. 5. 2002.
31 ANGELO BOLAFFI: Lieb Vaterland, dich kauf ich mir, in: *Die Zeit*, 2. 5. 2002.
32 WILHELM HENNIS: Amtsgedanke und Demokratiebegriff, in: DERS.: Politikwissenschaft und politisches Denken, Tübingen 2000, S. 127-147.

Andreas Dörner

1 JACQUES LE GOFF: L' imaginaire médiéval. Essais, Paris 1985, S. III.
2 VALENTIN N. VOLOŠINOV: Marxismus und Sprachphilosophie. Grundlegende Probleme der soziologischen Methode in der Sprachwissenschaft (1928), hg. v. SAMUEL WEBER, Frankfurt am Main u.a. 1975, S. 56.
3 Ebd., S. 58.
4 ALFRED LORENZER: Das Konzil der Buchhalter. Die Zerstörung der Sinnlichkeit. Eine Religionskritik, Frankfurt am Main 1984, S. 44.
5 ARNOLD GEHLEN: Urmensch und Spätkultur. Philosophische Ergebnisse und Aussagen, Frankfurt am Main ^{3}1975, S. 24.
6 HAROLD D. LASSWELL: The Signature of Power. Buildings, Communication, and Policy, New Brunswick, N.J. 1979, S. 84ff.
7 Zum Reichstagsbau vgl. die Analyse bei ANDREAS DÖRNER: Der Bundestag im Reichstag. Zur Inszenierung einer politischen Institution in der »Berliner Republik«, in: Zeitschrift für Parlamentsfragen 31 (2000), S. 237-246.
8 JAN MUKAŘOVSKÝ: Ästhetische Funktion, Norm und ästhetischer Wert als soziale Fakten (1936), in: DERS.: Kapitel aus der Ästhetik, Frankfurt am Main 1970, S. 7-112, hier S. 16.
9 Ebd., S. 14f.
10 WALTER BENJAMIN: Das Kunstwerk im Zeitalter seiner technischen Reproduzierbarkeit (1936), in: DERS.: Das Kunstwerk im Zeitalter seiner technischen Reproduzierbarkeit. Drei Studien zur Kunstsoziologie, Frankfurt am Main 1981, S. 7-44.
11 WERNER BUSCH (Hg.): Funkkolleg Kunst. Eine Geschichte der Kunst im Wandel ihrer Funktionen, 2 Bde., München/Zürich 1987.
12 MARTIN WARNKE: Das Bild als Bestätigung, in: W. BUSCH, Funkkolleg (wie Anm. 11), S. 483-506.
13 CLIFFORD GEERTZ: Centers, Kings, and Charisma: Reflections on the Symbolics of Power, in: SEAN WILENTZ (Hg.): Rites of Power. Symbolism, Ritual, and Politics since the Middle Ages, Philadelphia 1985, S. 13-38.
14 GEORGE L. MOSSE: Die Nationalisierung der Massen. Politische Symbolik und Massenbewegungen in Deutschland von den napoleonischen Kriegen bis zum Dritten Reich, Frankfurt am Main 1976.

15 RUDOLF OTTO: Das Heilige. Über das Irrationale in der Idee des Göttlichen und sein Verhältnis zum Rationalen (1917), München ³¹1963.
16 W. BENJAMIN, Kunstwerk (wie Anm. 10), S. 42.
17 Siehe dazu auch KARL ROHE: Politische Kultur und ihre Analyse. Probleme und Perspektiven in der Politischen Kulturforschung, in: Historische Zeitschrift 250 (1990), S. 321–346, hier S. 338. Bohrers Kritik findet sich in KARL HEINZ BOHRER: Ästhetik und Politik sowie einige damit zusammenhängende Fragen, in: Merkur 40 (1986), S. 719–724, hier S. 721 und DERS.: Nach der Natur. Über Politik und Ästhetik, München/Wien 1988.
18 GEORGE SANTAYANA: The Sense of Beauty. Being the Outlines of Aesthetic Theory (1896). Critical Edition, hg. v. WILLIAM G. HOLZBERGER/HERMANN J. SAATKAMP, Jr., Cambridge, Mass./London 1988, S. 72.
19 Siehe RALF DAHRENDORF: Das ›Westminster-Game‹ und die englische Freiheit, in: Merkur 40 (1986), S. 735–745 und GÜNTER METKEN: ›La mère patrie‹ oder die Doppelgesichtigkeit. Anmerkungen zum französischen Staatsschauspiel, in: Merkur 40 (1986), S. 746–753.
20 J. MUKAŘOVSKÝ, Norm (wie Anm. 8), S. 37ff.
21 PIERRE BOURDIEU: Die feinen Unterschiede. Kritik der gesellschaftlichen Urteilskraft, Frankfurt am Main 1982.
22 UMBERTO ECO: Apokalyptiker und Integrierte. Zur kritischen Kritik der Massenkultur, Frankfurt am Main 1984, S. 40.
23 LUDGERA VOGT: ›Kunst‹ oder ›Kitsch‹ – ein ›feiner Unterschied‹? Zur Soziologie ästhetischer Wertung, in: Soziale Welt 45 (1994), S. 363–384.
24 KONRAD BREITENBORN: Bismarck. Kult und Kitsch um den Reichsführer, Frankfurt am Main 1990.
25 ROLF STEINBERG (Hg.): Nazi-Kitsch, Darmstadt 1975, S. 80f.
26 HARRY PROSS: Kitsch. Soziale und politische Aspekte einer Geschmacksfrage, München 1985; SAUL FRIEDLAENDER: Kitsch und Tod. Der Widerschein des Nazismus, München/Wien 1984.
27 HANS-GEORG SOEFFNER: Die Inszenierung von Gesellschaft – Wählen als Freizeitgestaltung, in: DERS.: Die Ordnung der Rituale. Die Auslegung des Alltags, Bd. 2: Die Ordnung der Rituale, Frankfurt am Main 1992, S. 157–176.
28 So beispielsweise ROBERT JEWETT / JOHN SHELTON LAWRENCE: The American Monomyth, Garden City, N.Y. 1977; JAMES COMBS: Polpop. Politics and Popular Culture in America, Bowling Green, Ohio 1984; DERS.: Polpop 2. Politics and Popular Culture in America Today, Bowling Green, Ohio 1991.
29 Zu den Bedingungen der Politikvermittlung in der Mediendemokratie siehe ausführlich die Beiträge in ULRICH SARCINELLI (Hg.): Politikvermittlung und Demokratie in der Mediengesellschaft. Beiträge zur politischen Kommunikationskultur, Bonn 1998.
30 ANREAS DÖRNER: Politainment. Politik in der medialen Erlebnisgesellschaft, Frankfurt am Main 2001.
31 Die USA spielen hier zweifelsohne eine Vorreiterrolle; siehe dazu ausführlich ANDREAS DÖRNER: Politische Kultur und Medienunterhaltung. Zur Inszenierung politischer Identitäten in der amerikanischen Film- und Fernsehwelt, Konstanz 2000, S. 233ff.
32 Siehe dazu die Befunde bei ULRICH VON ALEMANN: Das Parteiensystem der Bundesrepublik Deutschland, Opladen 2000, S. 184ff.
33 Vgl. dazu auch die international vergleichend angelegte Diagnose bei KLAUS VON BEYME: Parteien im Wandel. Von den Volksparteien zu professionalisierten Wählerparteien, Opladen/Wiesbaden 2000.

34 ANDREAS DÖRNER/LUDGERA VOGT: Der Wahlkampf als Ritual. Zur Inszenierung der Demokratie in der Multioptionsgesellschaft, in: Aus Politik und Zeitgeschichte B15–16/2002, S. 15–22, hier S. 19.
35 Die Prozentzahlen sind hier gerundet worden.
36 Siehe dazu die Daten bei UWE HASEBRINK: Politikvermittlung im Zeichen individualisierter Mediennutzung. Zur Informations- und Unterhaltungsorientierung des Publikums, in: U. SARCINELLI (Hg.), Politikvermittlung (wie Anm. 29), S. 345–367, hier S. 531.
37 Siehe dazu die Analyse bei RONALD KURT: Der Kampf um Inszenierungsdominanz: Gerhard Schröder im ARD-Politmagazin ZAK und Helmut Kohl im Boulevard Bio, in: HERBERT WILLEMS / MARTIN JURGA (Hg.): Inszenierungsgesellschaft. Ein einführendes Handbuch, Opladen/Wiesbaden 1998, S. 565–583.
38 Daher ist es auch alles andere als Zufall, dass zahlreiche Politiker versucht haben, in der Kampagnenzeit als Gäste in der Lindenstraße auftreten zu dürfen. Vgl. CHRISTINA HOLTZ-BACHA: Bundestagswahlkampf 1998 – Modernisierung und Professionalisierung, in: DIES. (Hg.): Wahlkampf in den Medien – Wahlkampf mit den Medien. Ein Reader zum Wahljahr 1998, Opladen/Wiesbaden, S. 9–23, hier S. 18.
39 MARION MÜLLER: Parteienwerbung im Bundestagswahlkampf 1998. Eine qualitative Produktionsanalyse politischer Werbung, in: Media Perspektiven 9 (1999), S. 251–261, hier S. 258.
40 Dieser Slogan verstieß allerdings gleichsam gegen die eigene Botschaft, weil er ein Plagiat darstellte; die Siemens-AG hatte seit geraumer Zeit schon damit geworben, so dass der Slogan nach dem Parteitag fallen gelassen werden musste.
41 JOHN FISKE: Media Matters. Race and Gender in U.S. Politics, Minneapolis/London 1996, S. 61ff.
42 Ebd., S. 74.
43 Siehe dazu beispielsweise die Ausführungen von THOMAS MEYER: Mediokratie. Die Kolonisierung der Politik durch die Medien, Frankfurt am Main 2001.
44 U. ECO, Apokalyptiker (wie Anm. 22), S. 16ff.
45 Siehe dazu ausführlich A. DÖRNER, Kultur (wie Anm. 31), S. 98ff.
46 ANDREAS DÖRNER: Politik vor dem »Auge Gottes«. Wie Talkshows den politischen Diskurs in der Mediengesellschaft prägen, in: *Neue Zürcher Zeitung,* 15./16. 12. 2001.
47 J. FISKE, Media (wie Anm. 41), S. 117.
48 Siehe zu dieser Aktion nun auch die Buchpublikation von MATTHIAS LILIENTHAL/CLAUS PHILIPP: Schlingensiefs Ausländer raus. Bitte liebt Österreich, Frankfurt am Main 2000.

Die Autoren

TILMANN BUDDENSIEG, Dr. phil., Professor emeritus für Kunstgeschichte, Honorarprofessor an der Humboldt-Universität zu Berlin

MICHAEL S. CULLEN, M.A., freier Publizist, ansässig in Berlin

ANDREAS DÖRNER, Dr. phil., Privatdozent am Institut für Politikwissenschaft der Universität Magdeburg

TONIO HÖLSCHER, DR. PHIL., Professor für Klassische Archäologie an der Universität Heidelberg, Forschungsprofessur am Deutschen Archäologischen Institut Rom

HANS MAIER, Dr. phil., Dr. h.c. mult., Bayerischer Staatsminister a.D., Professor emeritus für Politikwissenschaft, zuletzt Inhaber des Lehrstuhls für christliche Weltanschauung, Religions- und Kulturtheorie an der Universität München

ULRICH SARCINELLI, Dr. phil., Professor für Politikwissenschaft an der Universität Koblenz-Landau

DANIEL SCHULZ, M.A., Stipendiat am Europäischen Graduiertenkolleg an der Technischen Universität Dresden

EBERHARD STRAUB, Dr. phil., Historiker und freier Journalist, bis 1997 Pressereferent des Stifterverbandes für die Deutsche Wissenschaft

HANS VORLÄNDER, Dr. phil., Professor für Politikwissenschaft, Inhaber des Lehrstuhls für Politische Theorie und Ideengeschichte an der Technischen Universität Dresden

HEINRICH WEFING, Dr. phil., Kulturkorrespondent der Frankfurter Allgemeinen Zeitung

Personenregister

Abbas der Große 177, 242
Adenauer, Konrad 100, 102, 105, 137, 143, 192
Adorno, Theodor W. 219
Agulhon, Maurice 74f, 83, 88, 93
Alkibiades 16, 226
Amrehn, Franz 157
Antigonos I. 46
Aristogeiton 34-39, 47
Arndt, Adolf 143, 157
Arnold, Matthew 219
Arons, Leon 112, 116, 235
Augustinus 59
Augustus 31
Bärwald, Rudolf 123
Bardot, Brigitte 91-93
Bartholdi, Frédéric Auguste 87
Bartning, Otto 145, 146, 148
Bartoszewski, Wladyslaw 105
Baudrillard, Jean 216
Baumgarten, Paul G. R. 139, 150, 151, 152, 155, 156, 157, 158, 159
Becher, Johannes R. 100
Beckmann, Reinhold 218
Behne, Adolf 119f, 123, 124, 125, 132, 136, 137, 236f, 239
Behnisch, Günter 21
Behrens, Peter 117, 120, 136, 235, 237
Belling, Rudolf 127, 130
Benjamin, Walter 14, 204
Benn, Gottfried 20, 100
Bergstraesser, Arnold 193
Beyme, Klaus von 96
Billing, Hermann 128
Bismarck, Otto von 35, 105, 107, 108, 112, 182, 207
Blair, Tony 192
Bleichröder, Gerson 112
Böckenförde, Ernst-Wolfgang 18
Böhme, Erich 189

Bohrer, Karl Heinz 104, 164
Bolaffi, Angelo 199
Bonatz, Paul 136
Bonifatius 105
Bourdieu, Pierre 206
Brandt, Willy 105, 137, 140, 142f, 151, 157, 192
Breuer, Robert 119
Brinckmann, Woldemar 154
Brutus 46
Bucerius, Gerd 140f
Bush, George W. 192
Caesar 46
Canaris, Wilhelm 146
Cassius 46
Casta, Laetitia 91, 93
Ceaușescu, Nicolae 168
Chateaubriand, François René Vicomte de 107
Chlodwig I. 105
Christiansen, Sabine 189, 217
Christo 22
Churchill, Winston 95, 101
Cicero 59
Claudel, Paul 108
Clinton, Bill J. 16
Croce, Benedetto 107
Dahrendorf, Ralf 198
Dehler, Thomas 157
Delacroix, Eugène 80f
Demetrios Poliorketes 46
Demetrios von Phaleron 46
Deneuve, Catherine 91-93
Désmoulins, Camille 64
Dirks, Walter 97
Disraeli, Benjamin 107
Döblin, Alfred 96
Döllgast, Hans 97, 150, 151, 155
Düttmann, Werner 157
Ebert, Friedrich 20, 99
Eco, Umberto 219
Eich, Günter 102

250 Personenregister

Eiermann, Egon 97, 150, 153, 155, 156
Eisenman, Peter 22
Eisler, Hanns 100
Erhard, Ludwig 163, 192
Fiske, John 216
Foster, Norman 12, 23, 203
Fraenkel, Ernst 196
Frank, Charlotte 12, 24, 161, 167, 174
Franklin, Benjamin 107
Frantz, Konstantin 107
Frey, Karl 236
Friedrich, Emil 127
Friedrich der Große 22
Friedrich Wilhelm IV. 175
Galandi, Johannes 153
Gaulke, Fritz 151, 152, 155
Gaulle, Charles de 90, 91, 101
Geertz, Clifford 204
Gehlen, Arnold 202
Gerstenmaier, Eugen 143f, 145, 146, 148f, 155, 156, 157, 158f
Giraudoux, Jean 108
Glotz, Peter 194, 195
Goebbels, Joseph 101
Göring, Hermann 137
Goethe, Johann Wolfgang von 70, 108, 110, 187
Gottschalk, Thomas 212
Gradl, Johann Baptist 157
Grasskamp, Walter 14
Greiffenhagen, Martin 192
Greiffenhagen, Sylvia 192
Gropius, Walter 120, 127, 132
Haacke, Hans 22
Häring, Hugo 117
Hahn, Gerhard 139
Harmodios 34-39, 47
Haydn, Joseph 100
Hebebrand, Werner 145
Heise, Josef 127
Herodot 42
Heuss, Theodor 14, 20, 95, 98, 100, 110, 117f, 137, 141, 144, 226
Hilberseimer, Ludwig 117
Hillebrecht, Rudolf 145
Hipparch 34
Hippias 34, 36
Hitler, Adolf 14, 67, 100, 101, 105, 207
Hobbes, Thomas 65
Hoffmann-Axthelm, Dieter 137
Hoffmann von Fallersleben, August Heinrich 20
Hombach, Bodo 212
Horkheimer, Max 219
Horta, Victor 115f
Huarte, Juan de la 59
Illner, Maybrit 189
Isensee, Josef 164
Jaeger, Richard 157
Jauch, Günther 223
Jeanne d'Arc 59, 88
Kahn, Louis 177, 178, 180, 181, 242
Kaiser, Jakob 140f, 142
Kaiser, Joachim 101
Kant, Immanuel 109
Karl V. 105
Kenkmann, Alfons 96
Kerner, Johannes B. 218
Kiesinger, Kurt Georg 192
Kleisthenes 34, 39, 42, 47, 48, 49
Koch-Weser, Erich 19
Koeppen, Wolfgang 244
Körner, Alfred 136
Kohl, Helmut 105, 163-168, 175f, 180, 183, 192, 212-214
Kollhoff, Hans 137
Kornelius, Stefan 163
Kraft, Otto 123
Krahn, Johannes 150, 152, 155
Kreis, Wilhelm 136
Kritias 41
Krüger, Walter 150, 155
Kuttler, Bodo 153
Lafontaine, Oskar 215, 216
Lasswell, Harold D. 203
Le Corbusier 177, 180, 181
Legien, Carl 127
Le Goff, Jacques Louis 200
Leipart, Theodor 127, 132
Lenz, Otto 141
Leuschner, Wolfgang 153
Liebknecht, Karl 127
Lindrath, Hermann 151
Lissitzky, El 118, 123
Lorenzer, Alfred 202
Louis-Philippe 79, 81, 232
Lucae, Richard 150
Luckhardt, Wassili 150, 152, 155, 156, 157, 159
Luhmann, Niklas 198
Luther, Martin 105
Luxemburg, Rosa 127

Personenregister 251

Machning, Matthias 212
Mahler, Karl 141f
Malraux, André 91
Man, Hendrik de 118
Mann, Thomas 109
Masaryk, Tomás 107, 181
Mathieu, Mireille 91f
Meier, Christian 48
Mendelsohn, Erich 111, 112, 116, 119, 120, 127-136, 235, 239
Menzel, Walter 145
Mertz, Carl 144, 148f, 151, 152, 155, 156, 157
Merz, Gerhard 240
Messel, Alfred 114, 137
Metternich, Klemens Wenzel Fürst von 105
Mey, Karl 235
Meyer, Hannes 116, 124, 132, 136, 238
Meyer, Thomas 191
Mies van der Rohe, Ludwig 120, 127, 136, 179, 180
Miltiades 44, 45
Mitterrand, François 91
Möllemann, Jürgen 190, 217
Moholy-Nagy, Laszlo 239
Molzahn, Johannes 118
Moore, Henry 164
Mosse, George L. 14, 205
Müller, Peter 190
Müntefering, Franz 212
Mukařovský, Jan 203, 206
Mussolini, Benito 14
Napoleon III. 84
Nero 172
Ochs, Helga 153
Ochs, Karl Wilhelm 150, 151, 152, 155
Oesterlen, Dieter 150, 151f, 155
Ortega y Gasset, José 54
Osborn, Max 125f
Otto der Große 105
Otto, Rudolf 205
Paderewski, Ignacy Jan 107
Palladio, Andrea 137
Parrhasios 230
Perikles 39, 53
Perse, Saint-John 108
Pétain, Henri Philippe 90
Pfeifer, Anton 165, 180
Philipp II. 60
Platon 11
Platz, Gustav August 126
Plecnik, Josip 181
Plutarch 45
Poelzig, Hans 117, 119, 120, 124f
Puig i Cadafalch, Josep 116
Radbruch, Gustav 134
Radunski, Peter 195
Rakolta, Terry 221
Rathenau, Walther 237
Redslob, Edwin 19, 20, 117f
Reuter, Ernst 117, 182
Reutter, Hermann 20, 100
Rinke, Moritz 170
Riphahn, Wilhelm 150, 151, 155
Robespierre, Maximilien 64
Rössing, Karl 123
Rohe, Karl 94
Roosevelt, Franklin D. 101
Rossig, Johannes 144-157
Ruf, Sepp 163
Saavedra y Fajardo, Diego 59
Sack, Manfred 174
Sagebiel, Ernst 132
Saint-Just, Louis Antoine Léon de 64
Salewski, Michael 105
Sanmicheli, Michele 137
Santayana, George 205
Schäche, Wolfgang 146
Schäuble, Wolfgang 101
Scharoun, Hans 139, 146, 148, 150, 151, 152, 155, 156, 157, 158
Scharping, Rudolf 220
Scheidemann, Philipp 182
Schiller, Friedrich 11, 54, 61, 63, 70, 108, 109
Schinkel, Karl Friedrich 172, 179
Schlegel, Friedrich 102
Schlemmer, Oskar 130, 131
Schlingensief, Christoph 222f
Schmid, Carlo 157, 158
Schmidt, Harald 217, 218
Schmidt, Helmut 192
Schnurre, Wolfdietrich 102
Schröder, Gerhard 167-172, 192, 200, 212, 214-217, 227
Schroeder, Louise 140
Schröder, Rudolf Alexander 20, 100
Schultes, Axel 12, 24, 137, 161-183, 242
Schulze, Hagen 105
Schulze, Heinrich 123

Schumacher, Kurt 20
Schwarz, Hans-Peter 105
Schwarz, Rudolf 150, 151f, 155-157, 159
Seeger, Hermann 111f
Seibt, Gustav 168
Siedler, Wolf Jobst 147
Sigrist, Albert 132, 136f
Simon, Anna 114, 235
Solon 47
Solvay, Ernest 116
Sophanes aus Dekeleia 45
Spaak, Paul Henri 101
Speer, Albert 137, 145, 146
Speidel, Manfred 239
Spengler, Oswald 177
Staël, Madame de 108
Stampfer, Friedrich 143
Stephan, Hans 145
Stoiber, Edmund 217
Stresemann, Gustav 105
Stürmer, Michael 164
Suhr, Otto 140, 143
Szczypiorski, Andrzej 103
Taut, Bruno 112, 117, 118, 119, 120, 124, 132, 134-137, 237, 239
Taut, Max 112, 116, 118-128, 134, 237f, 239
Tessenow, Heinrich 119
Thukydides 53

Trossmann, Hans 144, 153, 155, 157
Tschichold, Jan 118, 123
Velde, Henry Clemens van de 119
Vietor, Albert 138
Voegelin, Eric 14
Vollmer, Antje 137, 189, 191
Vološinov, Valentin N. 201
Wacher, Gerhard 157
Wagenfeld, Wilhelm 235
Wagner, Heinrich 111
Waigel, Theodor 213
Wallot, Paul 150, 181, 182
Wedel, Dieter 220
Wedepohl, Edgar 145, 146, 147, 148, 150, 151, 155f, 157, 240
Wehner, Herbert 140f
Weigert, Hans 126
Weissmann, Adolf 119
Westerwelle, Guido 169, 190f, 243
Wichtendahl, Wilhelm 150, 155, 156, 157
Wiedemann, Josef 150, 152, 155
Wilhelm II. 22
Wilhelmi, Hans 157
Winckelmann, Johann Joachim 29
Windthorst, Ludwig 107
Wölfflin, Heinrich 236
Xenophanes von Kolophon 47
Zbinden, Emil 123
Zetkin, Clara 114, 116

Stiftung Bundespräsident-Theodor-Heuss-Haus
WISSENSCHAFTLICHE REIHE

Die Stiftung gibt in dieser Reihe die Tagungsbände zum Theodor-Heuss-Kolloquium, umfangreichere wissenschaftliche Monographien und Editionen heraus.

Band 1
Streiten um das Staatsfragment
Theodor Heuss und Thomas Dehler berichten aus dem Parlamentarischen Rat

Bearbeitet von Patrick Ostermann
Mit einem Essay von Michael Feldkamp
Hrsg. von Thomas Hertfelder und Jürgen C. Heß
328 Seiten, Stuttgart 1999

Band 2
Von Heuss bis Herzog
Die Bundespräsidenten im politischen System der Bundesrepublik

Hrsg. von Eberhard Jäckel, Horst Möller und Hermann Rudolph
240 Seiten, Stuttgart 1999

Band 3
Kritik und Mandat
Intellektuelle in der deutschen Politik

Hrsg. von Gangolf Hübinger und Thomas Hertfelder
365 Seiten, Stuttgart 2000

Band 4
Ulrich Baumgärtner
Reden nach Hitler
*Theodor Heuss – die Auseinandersetzung
mit dem Nationalsozialismus*

479 Seiten, Stuttgart 2001

Band 5
Politischer Irrtum im Zeugenstand
*Die Protokolle des Untersuchungsausschusses des
Württemberg-Badischen Landtags aus dem Jahre 1947
zur Zustimmung zum »Ermächtigungsgesetz«
vom 23. März 1933*

Herausgegeben und bearbeitet im Auftrag der Stiftung
Bundespräsident-Theodor-Heuss-Haus und des Landtags
von Baden-Württemberg von Ernst Wolfgang Becker
und Thomas Rösslein
431 Seiten, Stuttgart 2003

Band 6
Zur Ästhetik der Demokratie
Formen der politischen Selbstdarstellung

Herausgegeben von Hans Vorländer
252 Seiten, Stuttgart 2003

Stiftung Bundespräsident-Theodor-Heuss-Haus
WISSENSCHAFTLICHE REIHE